遊戲VS.課程
幼兒遊戲定位與實施

周淑惠 著

重要篇章

第壹篇　基礎概念篇
第貳篇　幼兒課程篇
第參篇　教師教學篇
第肆篇　具體落實篇

周淑惠

現任：國立清華大學幼兒教育學系／所教授

學歷：美國麻州大學教育博士（主修幼兒教育）

美國麻州大學教育碩士

國立政治大學法學碩士（公共行政）

經歷：新加坡新躍大學兼任教授

徐州幼兒師範高等專科學校客座教授

澳門大學客座教授

美國北科羅拉多大學研究學者

美國內布拉斯加大學客座教授

美國麻州大學客座學者

國立新竹師範學院幼兒教育學系／所主任

國立新竹師範學院幼兒教育中心主任

行政院農業發展委員會薦任科員

考試：公務人員高等考試普通行政組及格

作者序

這本書《遊戲 VS. 課程：幼兒遊戲定位與實施》可以說是以筆者這 20 年來的研究為基礎，重新思索幼兒遊戲與課程間關係的新體認，也是筆者對 20 年來個人研究與教學的大統整，以及對師資培育的重要課程——幼兒遊戲課程的再定位。孩子玩的遊戲是快樂的，與老師的較有結構性課程相比，在一般人眼中通常是對立的，筆者以為其實這兩者是可以交融密織的。在廣閱文獻及累積多年教學與研究經驗後，本書所定位的遊戲為基於社會建構論，在師生共構下的成熟與統整的高品質遊戲，而非放任幼兒的自由遊戲（free play），它包括假扮遊戲、規則遊戲與角落遊戲，而且希望是以統整的課程面貌出現；職是之故，本書提出兩種遊戲課程取向：一是「諧融的遊戲萌生課程」，另一是「諧融的課程萌生遊戲」。

詳言之，諧融的遊戲萌生課程，就好比更為重視教師搭架引導的「萌發式課程」，諧融的課程萌生遊戲，就好比更為強調幼兒興趣與引領的坊間預設之「主題式課程」，其主要精神在於師生平權共構的概念，讓老師的經驗與孩子的創意能擦出火花，共同譜出精彩的課程內涵。亦即師生在這兩類課程中是平權的，有時由教師主導，有時由幼兒引領，有時共同引領，基本上是強調共構的；而幼兒在這兩類遊戲課程中，自然地伴隨探索行為與運用心智工具，均表現出心智上與行為上的靈活自主。

在另一方面，家長對遊戲通常持較為負面的態度。筆者以為，此一平權共構的遊戲／探究課程較能化解家長的迷思，因為它不僅強調教師的引導鷹架，著重提升孩子的發展與表現；而且幼兒在過程中也能運用語文心智靈活地探索著，其探索歷程與結果的語文能力表現，可舒緩家長對遊戲的負面態度。當然最重要的是，親師生共構的實質做法，讓家長在共構中得以體認遊戲之美。

基於上述論點與期盼遊戲能在實務上真正落實，因此本書篇章安排不僅著重遊戲的基礎概念，而且也重視理論與實務落實部分，希冀幼教現場能確實付諸實施，扭轉遊戲在幼兒教育中的邊緣角色。本書基本上分為四篇：第壹篇論述遊戲的意涵與其發展及作用，並探討孩子為何遊戲與遊戲的功用；第貳篇著眼遊戲與課程間的關係，揭示遊戲的成熟、統整品質與兩類遊戲與課程真正融合的課程，以及介紹坊間所呈現的遊戲課程；第參篇聚焦於居於鎖鑰地位的教師，論述如何與幼兒共構遊戲，也就是如何將各類遊戲與遊戲課程引導至高品質，包含最基礎的觀察記錄及各種遊戲情境中的角色與鷹架；最後一篇則針對高品質遊戲課程的落實，包括遊戲課程設計與實施的具體步驟，如何抗辯成人期望與迷思，以及親、師與幼兒間如何共構遊戲，最後則探討在教學上猶如第三位教師的室內、外遊戲「環境」的規劃與運用，如此軟、硬體兼備，以真正落實遊戲課程。

在邁入教學第 21 個年頭，本書實具統整個人研究與教學之作用，將一個似是而非的主題再度深思與定位，此種基於社會建構論的師生共構遊戲課程，其實也反映當代幼兒教育趨勢，與時代理念接軌。本書得以完成必須感謝很多人，如曾與我一同做研究的夥伴們——及幼幼兒園與親仁幼兒園的夥伴們，以及與筆者相處 20 年的同事們，由於你們的激盪與啟發，讓筆者能在寫作海裡仍然吁喘游著。當然最要感謝的是筆者先生之支持與不斷地幫忙修稿，還有小犬與小女的溫馨支持，讓筆者帶著微笑、永不疲累，才能完成這退休前送給自己的禮物。筆者才疏學淺、年老力衰，雖然很「用力地」想做一番統整與建樹，但難免有所疏漏，請先輩們不吝指教。

淑惠

誌於 2013 年元月清冷冬陽

目次

表次

圖次

第八章

基礎概念篇

遊戲知多少？

初探遊戲

遊戲的種類與發展

遊戲理論與遊戲功用

孩子為何遊戲：遊戲理論

遊戲對幼兒之作用

第壹篇「基礎概念篇」顧名思義是介紹遊戲的一些基本概念，為全書揭開序幕，含括對遊戲的基本認識（第一章），以及孩子為何遊戲與其對幼兒有何作用（第二章）。首先，吾人回歸基本面，在第一章先試圖定位遊戲，從而探討遊戲的基本本質與意涵各是什麼？接著探究遊戲有哪些種類以及幼兒遊戲是如何發展的，以為後續課程與教學篇章鋪墊。

第一節　初探遊戲

「好好玩喔！我還要玩！」這出自一位剛玩過【球兒滾滾滾】團體遊戲的五歲幼兒之口；不僅幼兒，其實老老少少都遊戲（Else, 2009）。雖然大家對遊戲十分耳熟與喜愛，卻也有某種程度的陌生，無法正確表述遊戲到底是什麼，其實學界對遊戲的定義也眾説紛紜。本節初探遊戲，由幾個遊戲情節楔子企圖定位本書所推崇的遊戲，從中也論述遊戲的本質、意涵，以及一窺它與「探究」行為間的異同關係。

一、定位本書的遊戲

【遊戲情節一：我們一起玩】

〈甄俐在操作角專注地玩著小方塊造型盤，她在鑲嵌盤裡拼出有著一對長耳朵像是小兔子的造型，旁邊的眉莊正在拼組樂高玩具，思其走了過來……〉

思其：好可愛呀！它是兔子嗎？我也要玩，我們一起玩！
甄俐：是我先拿到的。（繼續在盤裡移動著五顏六色的小方塊）
思其：蓋房子，我在邊邊蓋房子給牠住！（身體湊近甄俐與造型盤）
甄俐：這是我的！（用手蓋住造型盤，然後用手抓著裝有小方塊的袋子）
思其：我們一起玩！老師說、老師說要合作、合作啊！（甄俐仍然緊抓著袋子）
思其：我要玩！等一下大野狼要來，要蓋房子！（用手去搶甄俐手中的小方塊袋子，兩人吵了起來）
眉莊：怕怕！大野狼來了。（用手抱胸裝成害怕表情）
甄俐：快躲起來！（做身體緊縮狀，似乎忘了被搶走的小方塊袋子）
眉莊：看我做的酷斯拉，牠要和兔子玩！（舞動樂高拼成的酷斯拉去接近兔子造型，不小心將兔子造型碰得七零八落）

〈甄俐哭叫了起來，思其愣在那兒，眉莊藉機溜走，引來老師的注目〉

【遊戲情節二：熱鍋加油站】

〈最近的主題是「交通工具」，孩子們在角落玩著與交通工具相關的事物：昨天方偉、玉珍們玩著「一家人開車去麥當勞」的情節，今天子丹堆疊積木幾分鐘後開始玩著加油站遊戲，阿泰則一人玩著開飛機的遊戲……〉

子丹：熱鍋加油站開幕囉！誰要加油？（站在畫有一口鍋子招牌的大型積木加油站旁，彎腰用手勢做出請入的動作）

元浩：我要加油！

子丹：你的車子呢？你要假裝開車，你要開車、開車！

元浩：叭叭！叭叭！老闆我要加油！（微蹲，一手作勢持方向盤、一手按喇叭）

子丹：給你加油。（手持長條數棒當加油管，假裝對著元浩的車子加油）

子丹：還有誰要加油？還有誰要加油？（向四面張望）

靜和：我要加油！（兩手做出轉動方向盤狀）

子丹：給你加油。（手持長條積木當加油管假裝對著靜和的車子加油）

子丹：今天降五毛錢，還有誰要加油？

書楓：老闆！加油。（兩手握拳分開、轉動拳頭，嘴裡發出轟隆轟隆聲）我開摩托車啦！

子丹：你要熄火！加油要熄火。（手持長條積木假裝對著書楓的摩托車加油）

〈就這樣玩著誰要加油、我要加油、給你加油……的情節；而旁邊的阿泰還是一個人繼續手持飛盤反向坐在椅子上，假裝開著飛機，嘴巴不停地發出轟轟聲。〉

【遊戲情節三：球兒滾滾滾】

〈老師在地面貼了三個側邊黏地面的開口紙盒，並召集全班說明協力滾動乒乓球的遊戲與規則，在發送每組兩把紙扇後，就讓幼兒分三組進行遊戲〉

孩子們兩兩一對用扇子搧動乒乓球，讓它滾入前方的標的物（紙盒）內，這是需要兩個孩子協力、適度平衡力氣與時間的遊戲。有的孩子急著用力搧，球滾到離目標的盒子好遠，反而必須花較久的時間把球反搧回來。孩子們很專注地搧著，伴隨著觀眾「大力一點」、「小力一點」的指點聲與加油聲，有時也夾雜著幼兒相互指責對方太用力的聲音。有不少對幼兒在前一對幼兒未搧進球盒前就急著出發，馬上引來其他幼兒抗議，於是又退了回去，有一組幼兒則急著辯稱沒有先出發，教室聲浪很大……。遊戲結束後，老師與幼兒熱切地共同計數各組的球數，贏的組別興奮地叫了起來，老師接著問孩子哪一組多、哪一組少、又多多少的問題，孩子們鬧哄哄地回答著。最後老師鼓勵每一組都好認真、都分工合作達成目標，同時也要幼兒給自己愛的鼓勵（掌聲）。

（一）遊戲楔子釋義

以上遊戲情節相信大家都很熟悉，均是幼兒園中常見的遊戲情節。第二個遊遊戲情節【熱鍋加油站】以及本章末第五個遊戲情節【生病、車禍、救護車】，都是俗稱扮家家酒的「扮演遊戲」，即學界所謂的象徵性遊戲（symbolic play）、戲劇遊戲（dramatic play）、假扮遊戲（make-believe play, pretend play）、角色扮演遊戲（role play）等。而其

中的【熱鍋加油站】則與第一個遊戲情境【我們一起玩】均是建構遊戲與象徵遊戲的結合，孩子在以材料建構出物體或情境後，將之融入扮演遊戲中，這是幼兒常見的遊戲現象。

扮演遊戲是孩童生活中非常自然的現象，這樣的遊戲植基於孩子在心中創造意義，並透過手勢動作、語言與物體來表達孩子心中的意義（Hoorn, Nourot, Scales, & Alward, 1993），例如：眉莊以兩手抱胸做出害怕表情表達大野狼即將來臨的恐怖情境；子丹將長條數棒當成油槍對著佯裝的車體加油；書楓以握拳、轉動拳頭並發出轟隆轟隆聲代表開著摩托車。又【生病、車禍、救護車】遊戲情節中的仙芸以冰棒棍當體溫計對著洋娃娃量體溫；天臻以伸出手的動作假裝付錢；森田身披白布代表醫生穿著白袍；葛青發出喔咿喔咿聲代表開著救護車等均是。亦即扮演遊戲充分反映與再現幼兒的日常生活經驗，例如：車子加油、油價漲了、孩子生病、買藥、看醫生等均為日常生活中的情景；而有時扮演遊戲也會融入一些想像的故事情節，例如：【我們一起玩】情節中的大野狼來了。

至於第三個遊戲情節【球兒滾滾滾】是老師組織全班進行的團體遊戲，本章第二節第四個遊戲情節【四面相關】則是在角落中進行的牌卡操作遊戲，二者均屬於「規則遊戲」，孩子在遊戲時必須遵守一定的遊戲規則，遊戲才得以進行下去，例如：必須等前組幼兒將球搧進球盒後，下一組才能出發搧球；還有按圖卡指示連接在邏輯上有相關及正確數量的圖卡等。在這些有規則的遊戲中，幼兒須專注、自治與維護規則，無論是在心靈思考上或是在行為表現上均須如此；在這兩個遊戲情節中，大多具有以上表現。例如：在【球兒滾滾滾】遊戲中幼兒對提早出發者的抗議；【四面相關】遊戲中嵐方、蓮若甚至是旁觀的君德之心靈專注與維護規則狀。當然也看到孩子不能自律的一面，如【球兒滾滾滾】遊戲中提早出發且為自己辯解的孩子。

其實吾人無時無地都可見孩童們在進行著遊戲，像是孩子在空地上玩著跳房子或一二三木頭人的規則遊戲、小女生對著洋娃娃假扮媽媽訓斥孩子的象徵遊戲、小男孩一面蓋著積木一面喃喃自語演出怪獸入侵的建構／象徵遊戲。可以說遊戲是全世界孩童非常普遍的一個現象，雖然在不同的文化中可能看起來不一樣，但是不可否認的是，所有的孩子皆遊戲（Edwards, 2000; Else, 2009; Fleer, 2010a; Gosso, 2010）。

（二）遊戲趨勢與實務概況

在另一方面，研究證實遊戲對兒童發展與學習確實具有功效（將於第二章論述），在諸多國家層級的文件或課程指引中據此把遊戲列為幼兒教育的重要精神或方法。舉例而言，英國自《普勞登報告》（*Plowden Report*）指出遊戲是幼兒時期的主要學習方式後，不僅為社會大眾背書遊戲的價值，而且也逐漸提升遊戲在教室中的地位（Rogers & Evans, 2008）。最近，英國教育與技能部（Department for Education and Skills）所出版的《幼年基礎時期》（*Early Years Foundation Stage*）一書，亦明白指出：「遊戲支撐幼兒所有的發展與學習，雖然有些需要成人的支援，大多數的孩童是自發性地遊戲，亦即透過遊戲，孩童可以發展智慧、創意、體能、社會與情緒」，也就是將遊戲合法化為教學與學習及課程傳遞的一項工具（Department for Education and Skills, 2007, 引自 Wood, 2010a: 17）。

全美幼兒教育協會（National Association for the Education of Young Children）基於周全的文獻探討與集結各方意見後，頒布了第三版《零至八歲適性發展幼教實務》（*Developmentally Appropriate Practice in Early Childhood Programs: Serving Children from Birth through Age 8*），此份文件歸納數項可為幼教實務參照之發展與學習原則，其中第十項明載：「遊戲是發展自我管理以及促進語文、認知與社會能力的一個很重要

的媒介」（Copple & Bredekamp, 2009: 14），並且指出：「教師要提供充足時間、材料與經驗讓幼兒遊戲、探索與互動」（Copple & Bredekamp, 2009: 18）。

不僅英美兩國把遊戲高舉，澳洲政府亦是如此。近年來，澳洲政府議會（Council of Australian Governments，簡稱 COAG）之教育、技能、訓練與幼兒發展議題工作小組文件中，將遊戲描述為：「為出生後幼兒與在所有教保環境中傳遞幼教學習方案，所不可或缺的」（Council of Australian Governments, 2008, 引自 Nolan & Kilderry, 2010: 108）。

遊戲是普世存在的現象，且文獻顯示其重要性，也被多國列入國家級的重要文件中，然而在現實與實務上，遊戲並沒有受到應有的重視，例如：美國學者 Saracho（2012）於《幼兒統整化遊戲課程》（*An Integrated Play-Based Curriculum for Young Children*）一書中引據研究指出，近一、二十年來學前機構著重學業知能，遊戲從幼教課程中被排除。較早時 Elkind 相繼於其著作《被催促長大的孩子》（*The Hurried Child*）（1981）、《錯誤的教育》（*Miseducation*）（1987）也指出，孩子們被揠苗助長催促著長大，很少有遊戲機會，也錯失寶貴童年；而英國學者 Jenkinson（2001）也指出，英國亦有此一失掉童年與遊戲的現象。因此 Elkind（1981）鄭重呼籲：童年是孩子的最基本人權，遊戲是揠苗助長現象的最佳解藥。筆者亦曾呼籲在童顏蕭瑟的今日，吾人應省思如何在軟硬體上還給兒童快樂的童年；就此，在硬體上創造遊戲／探索的彈性開放空間，在軟體上祭出遊戲解藥讓孩子沉浸在遊戲中學習，似為當急之務（周淑惠，2008）。以上呼籲也是本書撰寫的重要目的。

的確，若從家長的角度而言，對於幼兒園充滿以上的遊戲情節，難免會提出「為什麼我的孩子一天到晚在幼兒園玩呢？」的疑惑，質疑遊戲的教育功效，這是無可厚非的，因為家長與社會大眾多持有「遊戲與工作對立」的迷思，同時也不了解遊戲對幼兒發展的重要性與價值。而且在另一方面，以上這些遊戲情節也並非全是「高品質遊戲」，有些甚至並未見教師在幼兒遊戲中的合宜角色，當然家長會有所疑惑與不安。以【熱鍋加油站】遊戲情節為例，似乎無法脫離誰要加油、我要加油、給你加油的重複單調情節；在【生病、車禍、救護車】遊戲情節中，也只是重複再現孩子生病的表淺經驗；又在【我們一起玩】遊戲情節中，只是凸顯孩子爭奪教具的一面，均未見老師做了什麼；【球兒滾滾滾】遊戲情節中，只見孩子很興奮地哄鬧一團，有些孩子甚至不遵守遊戲規則，難怪家長會質疑孩子到底可以從這些遊戲裡面學到什麼？即遊戲有何教育價值。

（三）本書遊戲定位

在此鄭重聲明的是，本書雖然認同遊戲之於幼兒的重要性，但是所強調的是「高品質的遊戲」，而非放任幼兒之「自由遊戲」（free play）。首先，它強調教師在幼兒遊戲中的共構與鷹架角色。竊以為兒童的遊戲若無教師的搭架引導，勢成船過水無痕、鏡花水月之態勢，如上述的【熱鍋加油站】扮演遊戲可能在一再重複加油的情況下，逐漸流失興趣、不了了之；【生病、車禍、救護車】也可能不斷再現零星的經驗，無法相互連結與延伸發展。此外，在自由遊戲中，若無教師的仲介引導，霸氣的孩子可能永遠主導著角落的建構遊戲或扮演遊戲，又男孩子間的爭執很容易演變為粗野的「打鬧遊戲」。其次，這高品質的遊戲經驗是不僅能讓幼兒表現心智上靈活自主與行為上的自治，而且是有系統地與兼顧彈性地發展著，整合了孩子的各面向經驗與知能，以孩子全人發展為目標。簡言之，本書所定位與倡導的遊戲型態是高品質的遊戲，它在師生共構下有兩個重要特徵：成熟的與統整的，絕非是放任幼兒的自由遊戲。至於有關遊戲的品質將於第貳篇

第三章續加探討。

具體言之，成熟、統整的遊戲極為看重教師扮演適切角色與搭構合宜鷹架，不僅在幼兒遊戲之中，而且也在遊戲之前與之後。遊戲之中，老師有如戲劇演出的導演兼演員與孩子共構遊戲，扮演觀察研究、仲介管理、激發引導、共同參與等角色；遊戲之前，教師有如為孩子登上遊戲舞台而預備般，扮演預備者角色；遊戲之後，老師有如為下一齣更亮麗的演出滋補與強化般，扮演充實經驗者角色。這充實經驗包括外出參訪、邀請來賓入班教示、團體討論、教學活動、角落陳列或遊戲、以學習單與父母共構等，將於第參篇「教師教學篇」第六章「教師於遊戲課程中之角色（II）：鷹架與實務」中詳加敘述。綜言之，本書支持高品質遊戲，而有品質的遊戲係指教師與幼兒共構的成熟與統整的遊戲；誠如全美幼兒教育協會指出，並非任何的遊戲皆屬「適性發展的遊戲」，只有高品質、複雜的遊戲才對幼兒最有助益，而且只有在老師負起規劃與促進幼兒遊戲之責才能臻此境界，老師在幼兒的發展與學習上，實具有重大角色（Copple & Bredekamp, 2009; Gronlund, 2010）。

至於這高品質遊戲的範疇涵蓋孩子自發的象徵性遊戲、規則遊戲與角落遊戲（或稱興趣區、學習區遊戲）。規則遊戲有兩類，一是大團體進行如體能、合作等遊戲，一是角落操作如盤面、牌卡等遊戲；角落遊戲內涵甚廣，除益智角操作的規則遊戲、娃娃家與積木區的象徵與建構遊戲外，尚包括其他各角落遊戲如科學角、美勞角的探索遊戲等。而這些遊戲均強調師生共構，顯現成熟與統整樣貌。綜合上述，你覺得教師在【熱鍋加油站】的建構／象徵遊戲、【球兒滾滾滾】的規則遊戲、【我們一起玩】的角落遊戲中各要如何扮演角色與搭建鷹架，方能將這些遊戲提升為高品質遊戲呢？

二、遊戲的本質

遊戲既然那麼重要，卻在現實生活與教育實務上不受重視，筆者以為可歸諸於兩大因素：(1)遊戲本身很難下定義；(2)一般人存有「遊戲與工作兩極對立」之迷思。「遊戲與工作兩極對立」意指一般人認為工作是嚴肅的、正式的，而遊戲是孩子自發的、歡樂的、幼稚的，處在對立的另一端；此一信念顯示遊戲在人們心目中缺乏地位與信任，導致在教育實務上通常被視為邊緣的與娛樂性的，將在第肆篇第七章敘述這些迷思以及如何抗辯之。而遊戲很難下定義，造成一般人對遊戲的模糊理解，遑論在教學實務上的落實。這兩項因素實共同造成在現實生活與教育實務上，遊戲未受到應有重視的現象。

確實有許多學者認為遊戲沒有簡單的定義（Hughes, 1999），或很難被定義（Johnson, Christie, & Wardle, 2005; Sluss, 2005; Sutton-Smith, 1997; Wood & Attfield, 2006）。誠如 Sutton-Smith（1997）在其《遊戲的模糊性》（*The Ambiguity of Play*）一書中指出：遊戲有許多詞彙，每一詞彙都有它自己的價值、遊戲形式與遊戲理論，這些詞彙包括：遊戲即進步、遊戲即命運、遊戲即權力、遊戲即認同、遊戲即想像、遊戲即自我、遊戲即輕鬆娛樂等七大類。舉例而言，遊戲即進步係指孩子從遊戲中學到有用事物，涉及生理、心理、教育領域；遊戲即命運乃指賭博與其他類的機會遊戲，涉及經濟、統計與數學領域。隸屬於不同詞彙下的研究者對於遊戲的定義就會不同，很難去捕捉它的真正意涵，這也意味著沒有絕對的真理存在。無怪乎學界對遊戲的定義或理論充分顯現眾說紛紜、複雜與多變的現象（Fleer, 2010a）。針對兒童遊戲難被定義或眾說紛紜，乃涉及遊戲的本質，茲說明如下。

(一)遊戲情境多類多面

遊戲的多面與多特性的本質，讓人很難下定義（Else, 2009），以上 Sutton-Smith 所指遊戲的模糊性亦充分說明遊戲情境多類與多面向；無可否認地，遊戲的種類實在是太多了，每一種遊戲都涉及廣泛的活動與行為，各不相同，因此 Wood 與 Attfield（2006）也明白指出，遊戲很難被定義或分類，主要是因為它總是依附於情境，而情境是變化不同的。說實在地，孩童玩什麼東西？在哪裡玩？跟什麼人玩？玩什麼內容？均有無數的可能性；有些遊戲是高度心靈專注與嚴肅的，也有遊戲是無目的地廝混玩鬧，亦即遊戲本身是多變與複雜的。Johnson 等人（2005）也認為，遊戲概念本身是多面向與流動變化的，就如同在現實生活與世界上有各種遊戲一樣，例如：在幼兒教育上就有體能遊戲、語文遊戲、規則遊戲、自由遊戲與假扮遊戲等，形成在定義上的困難。

(二)遊戲性質似是而非

遊戲具似是而非的性質，也形成定義上的困難，因為孩子在遊戲中試圖將自己與現實脫離，同時他們也藉此更接近於現實，如扮演遊戲。遊戲代表認知、文化、歷史、社會與物理實體上的相互連結，涉及幾方面的對話：現實與虛幻、真實與非真實、真實世界與遊戲世界、古今與未來、邏輯與荒謬、已知與未知、實際與可能、安全與危險、混亂與秩序，充分顯現似是而非的狀態（Wood & Attfield, 2006）。俗語「人生如戲」，真假難分，遊戲亦是如此。

(三)遊戲層面具抽象性

遊戲很難被定義的第三個原因是：遊戲就像「愛」、「快樂」一樣抽象難以形容，它比較容易去舉例說明它是什麼，而不是去定義它（Johnson et al., 2005）。是的，遊戲不僅涉及外顯行為表現，也涉及內在情性，是受內在驅使的，因此難以適切定義。

三、遊戲的意涵

承上所述，由於遊戲的多類多面、似是而非性質與具抽象層面，讓遊戲很難清楚正確地被定義，出現眾說紛紜現象；也因為遊戲定義的多樣性，Moyles（1994）才會指出，想要清楚了解遊戲概念就猶如欲抓取泡沫一樣地虛幻。然而，也有學者試圖釐清它，例如：Smith（2010）就曾援用 Krasnor 與 Pepler 判斷遊戲行為的四項標準：彈性、正向效果、假扮的、內在動機，來評斷某種行為是否為遊戲，即如果所觀察到的判準愈多，就愈是遊戲行為；在另一方面，有學者試圖舉出兒童遊戲的特徵，讓人們從另一個角度來認識遊戲。以下舉出學者提出的特徵或定義描述，期能更加理解遊戲的意涵。

（一）遊戲的特徵

Johnson 等人（2005: 14-16）綜合文獻後指出，遊戲有五項特徵：

1. 遊戲具有好玩、快樂的正向效果。
2. 遊戲具想像脫離現實的特性。
3. 遊戲是受內在動機驅使的、本身就是報酬。
4. 遊戲著重於過程而非結果。
5. 遊戲是自由選擇的。

Meckley（2002, 引自 Wood & Attfield, 2006: 4-5）指出，遊戲有七項特性：

1. 遊戲是孩子選擇的。
2. 遊戲是孩子發明的。
3. 遊戲是假裝的卻好似真實地做出。
4. 遊戲強調做的過程而非結果。
5. 遊戲是孩童遊戲者所做的，而非成人可規劃的。
6. 遊戲必須活躍地涉入。
7. 遊戲是好玩有趣的。

Isenberg 與 Jalongo（1997: 42）認為，遊戲具有如下特徵：

1. 遊戲是自願的與受內在激勵的。
2. 遊戲是象徵的、有意義的與轉化的。
3. 遊戲是主動活躍的。
4. 遊戲是受規則約束的。
5. 遊戲是愉悅快樂的。

Fromberg（1987: 36）認為，遊戲具有以下特徵：

1. 以「好像」或「如果」假扮方式來表徵現實。
2. 與經驗連結、充滿意義的。
3. 忙碌其中、積極活躍的。
4. 即使是嚴肅地全心投入，也是愉悅快樂的。
5. 不管是出於好奇心、想精熟掌控或欲參與涉入，均是自願與受內在激勵的。
6. 受內隱或明顯陳述的規則所管制的。
7. 有如插曲般以孩子自發、隨興轉換目標為特色地跳躍變化著。

Rubin、Fein 與 Vandenberg（1983: 698-700）綜合文獻與各家理論指出，遊戲有六項特徵：

1. 遊戲是受內在動機所激勵的行為，而非外在要求驅使的。
2. 遊戲是著重於過程，而非遊戲的目的。
3. 遊戲行為與探索行為有異。
4. 遊戲與工具性行為有關，具有象徵性表達特性。
5. 遊戲是沒有外在規則。
6. 遊戲者必須活躍參與於遊戲中。

Else（2009: 11）基於 Hughes 與 King 之見解，將遊戲做如下解釋：

1. 遊戲是一個過程（而非我們玩什麼，這就是遊戲為何重要的原因）。
2. 遊戲是遊戲者自由選擇的，非他人使意的。
3. 遊戲是個人主導的，兒童決定了遊戲的舉止內涵。
4. 沉入遊戲中是遊戲本身之故，動力來自內在（孩子必須覺得該活動能滿足他並帶來快樂）。

（二）遊戲的定義

綜觀學者們對遊戲特徵或定義的描繪，大致可以分成三類，有些強調的是行為表現，有些著重的是內在狀態或情意特質，也有些學者著墨於情境上的因素，多不相同，至今仍缺乏共識的定義（Johnson et al., 2005; Rubin et al., 1983; Wood & Attfield, 2006）。Rubin 等人（1983: 698）則認為，這三大類定義均反映了「遊戲是發生在可描述與重新製造情境的一個行為情性，以及可用多樣可觀察的行為表現出來」。

有趣的是，有學者主張應將遊戲看待成像一個「連續體」（con-

tinuum）般去定義或者是歸類，也就是從非遊戲、到少遊戲、到純遊戲行為狀態，基本上是程度多寡的區分，而非絕對的「有」或「無」的兩極對立狀態（Moyles, 1989, 1994; Wood & Attfield, 2006），認為這樣或許能解決遊戲與工作對立的迷思與問題。其實以上 Smith（2010）的愈多準則愈是遊戲行為之見，即沒有絕對的遊戲與非遊戲，也將遊戲視為一連續體狀態。此外，還有學者將遊戲視為孩子的工作，試圖解決以上對立問題，例如：Smidt（2011）在經過許多遊戲觀察後，特別將遊戲定義為在一個情境、文化與社會內的孩子著手開始任何或所有以下事情：(1)試圖解決他們自己所設的問題；(2)探索或經驗他們覺得有趣、關心、驚嚇或刺激的一些事情；(3)表達與溝通與其經驗有關的感覺。因此遊戲對孩子而言總是有目的的與具有主權的（agency），而且是嚴肅的，有時也是很有難度的。Smidt 認為，若將遊戲做如是定義，就容易視遊戲為孩子的工作，使遊戲不再與工作對立。

綜合上述，筆者將幼兒遊戲定義為：「是一種受內在激勵的、願受規則指引的、具有好玩與快樂正面功效的『情性表現』，而且也具外顯的、活躍涉入的『行為表現』，它多與象徵性表達有關。」首先，絕大部分遊戲都有規則：戲劇扮演遊戲有該角色與情節所特有的規則（例如：小狗就是要汪汪叫，媽媽就是要照顧生病的娃娃，情節是大家討論與約定好的）；規則遊戲有古老傳統流傳的規則或參與者共同約定的規則；角落自由探索遊戲也有各角落的行為規則才得以運作得宜。其次，遊戲是好玩、快樂的，遊戲本身就是一種報酬，個體心甘情願加入遊戲之中，遵守遊戲規則，並且享受遊興與活躍參與以讓遊戲持續；所以遊戲是一種情性表現，也是一種行為表現。

最後，幼兒遊戲多與象徵性表達有關，學前階段是以假扮遊戲為主要活動，其他的功能遊戲、建構遊戲通常是與象徵性遊戲相生相隨的，例如：以積木與樂高蓋出城堡後，又玩起機器怪獸出沒城堡的象徵性遊戲；還有本書開頭【我們一起玩】、【熱鍋加油站】的遊戲情節也是在建構物體後與象徵遊戲交織結合的。又孩子在玩角落的棋類、盤面或團體進行的規則遊戲時，常把遊戲情境象徵化，全心全意地投入想像情境中，充分顯示幼兒遊戲與象徵表達的密切關係。以上定義也可看出遊戲的重要特徵為：受內在激勵的、受規則指引的、具好玩與快樂功效的、活躍涉入的、一種情性表現、一種行為表現、多具象徵表達性。再次強調的是，本書所看中與定位的遊戲是能帶給幼兒統整經驗與具成熟特徵的高品質遊戲，期待孩子能在成人或同儕的共構引導下，提升發展與學習層次，故以上遊戲情節都還有空間成為高品質遊戲。

四、遊戲與探索的關係

從另一方面而言，了解遊戲與探究有何不同？兩者間有何關係？亦有利吾人理解遊戲的真正意涵。

（一）一般學者見解——先探索再遊戲

一般而言，探究是被外來的刺激或問題所引導，例如：「這個東西是什麼？」以及「它可以做什麼？」。它是被想獲得這個物品特性或情勢狀況的訊息所主導著，是外來刺激所主導的行為；而相對地，遊戲是被個體自身所產生的問題所引導，例如：「我可以用這個物品做什麼？」是個體自身所主導的行為。通常物品或情境是不熟悉的或尚未被了解時，探索行為就產生了；而遊戲是當物體或情境是熟悉時所產生的行為，因此遊戲多在探索之後（Cecil, Gray, Thornburg, & Ispa, 1985; Johnson et al., 2005; Rubin et al., 1983）。Johnson 等人曾綜合文獻進一步比較遊戲與探索有六點不同（表 1-1）。

表 1-1　Johnson、Christie 與 Wardle 之遊戲與探索區別

遊戲類別 / 相異變項	探索	遊戲
時間	先於遊戲	後於探索
情境	陌生	熟悉
目的	希望得到訊息	希望產生刺激
行為	定型的	變化的
情緒	嚴肅的	快樂的
心跳變化	低心跳的	高心跳的

資料來源：Johnson 等人（2005: 18）

然而 Hutt 等人則有另類看法，他們認為遊戲有兩種層次，第一個層次是「知識遊戲」（epistemic play），包括獲得知識與訊息，運用解決問題與探索的方式，發現「這東西是做什麼用的？」；第二個層次是「嘻鬧遊戲」（ludic play），假扮是嘻鬧遊戲的主要形式，在嘻鬧遊戲中，孩童發現「我能夠利用這東西做什麼？」（Hutt, 1989, 引自 Wood & Attfield, 2006: 85）。也就是說，依據 Hutt 的看法，探索也是遊戲行為的一種，這兩種行為都是幼兒擬欲認識玩物及玩物的使用方法。而從探索至遊戲行為間的使用與轉換物體，均提供了創造力學習的情境（Wood & Attfield, 2006）。

（二）本書見解——遊戲與探索相生相隨

筆者十分認同以上「探索也是遊戲行為的一種」的論點。此外，即使是如 Johnson 等人所指被外來的刺激或問題所引導的探索行為，也是出自個體本身的動機意願，試圖了解那個東西或情境的本質、特性，實在很難與這個東西或情境可以做什麼、或怎麼玩的內在動機導引的遊戲行為，做截然的劃分，兩者皆是出於個體內在動機的驅使。事實顯示，很多幼兒初次接觸新玩具或到一新鮮環境時，通常是一面遊戲一面探索，在遊戲的氛圍下探索著，或在探索的氛圍下遊戲著，兩者相生且互隨，時而探究、時而遊戲，有時則完全交織融合，旁觀者也很難分辨他到底是在遊戲還是在探索，實在沒有必要區分孰先孰後。

舉例論之，當孩童初到一個遊戲場，他很可能被新鮮的遊具、設備所吸引，雖然所有的情境是陌生的，卻抵擋不住立即投入遊戲的誘惑，可能先遊戲再慢慢探索或一面遊戲一面探索，而無論是遊戲或探索，其身心是完全投入的、認真的與神情愉悅的，似乎與 Johnson 等人所見不同。也難怪探索與遊戲常被相提並論，甚至有「探索性遊戲」（exploratory play）一詞出現，或將遊戲看作是一種「廣泛的探索」（Sponseller, 1982; Vandenberg, 1986, 引自黃瑞琴，2001）。因此探究與遊戲兩者關係本就密切，難以區分，沒有必要刻意去劃分它們。

無論是「探索是遊戲行為的一種」，或者是「遊戲是一種廣泛的探索」，均顯示遊戲與探索兩者是相生相隨、緊融密織的。重要的是，探索與遊戲行為聯合發生後往往能產生創造行為，幼兒的創造行為始於好奇而探索、遊戲而玩弄，最後臻至重新創造的境界（周淑惠，2011；Cecil et al., 1985; Wood & Attfield, 2006），是不爭之事實。身為幼教實務工作者必須善加運用遊戲與探究，不僅促進幼兒身心各方面發展，而且可以激發幼兒的創造力與創造性成果，在講求創造力的當代社會，則顯得更為重要。舉世聞名的義大利瑞吉歐（Reggio Emilia）幼教課程就是強調幼兒的遊戲與探究，孩子一面遊戲一面深入探究，並透過不斷的表徵，顯現令人驚豔的創造力，即為最佳例證。因此本書不刻意劃分探究與遊戲行為，在幼兒遊戲中自然蘊含探索行為，在論述孩子遊戲時自然含括探究面向。

（三）遊戲／探索再剖析

至於幼兒的探究包含一連串的細部行為——觀察、操作、推論、預測、記錄、討論、訪談、以行動驗證、溝通等，是「科學程序能力」（scientific process skill）的範疇（周淑惠，1998），它與操作行動或遊戲行為不可分，例如：幼兒拿到手電筒時通常會很興奮把玩、四處亂照，當見到手電筒拿近拿遠，所被投射物體的影子大小也會跟著變化時，在好奇心驅使下，可能形成推論或預測；然後再用操作行動去驗證其想法——不斷對著物體把玩手電筒，將手電筒或物體調近、調遠或從不同角度操作，觀看投影結果，最後將其發現大聲宣布或手舞足蹈地宣示。說實在的，這個孩子在遊戲中探索著，也在探索中遊戲著。

值得注意的是，幼兒的探究不僅限於科學現象，人文社會現象亦可探究，例如：初到一個廟宇或教堂，興奮地到處走動並觀察，當看到某處特別光亮或特別污穢，孩子可能會先形成推論（對所觀察現象提出合理的解釋），然後透過訪談廟方或教堂人員，或者是查閱書籍、百科圖鑑去驗證其推論。事實也顯示，幼兒常在主題課程中交織運用遊戲與探究行為，熱切、積極地建構主題相關知識，與前述遊戲定義之具外顯的、活躍涉入的行為表現，實乃相符。換言之，遊戲與探究難以切割，遊戲／探究後可能建構知識或表現創意，而能引導幼兒在遊戲中探索或在探索中遊戲，似乎是遊戲的一個較高境界，因為在遊戲／探索中的孩子，其心智與行為均是靈活自治的，離高品質遊戲不遠矣。

本節小結

總之，由於遊戲的本質複雜迷離，類別眾多紛歧，又難有共識的定義，本書綜合文獻試圖將幼兒遊戲定義為一種兼俱情性與行為的表現，且多與象徵表達有關。又筆者認為遊戲常與探究行為共伴相隨、關係糾結，並定義本書所指遊戲為師生共構的成熟與統整的高品質遊戲。

第二節　遊戲的種類與發展

上一節初探遊戲，本節再探遊戲的種類與發展。幼兒發展諸項特徵之一即為漸序發展性（周淑惠，2006），遊戲也是一樣，本節旨在探討遊戲的發展概況。而有關遊戲種類各家分類不一，有從認知發展觀點加以分類，有按社會發展觀點分類，有依統整認知與社會觀點而分類；此外，亦有按學科領域加以分類。茲依據各類遊戲說明其發展狀況，並進而於節末歸納幼兒遊戲發展的共通特性。

一、認知觀點的遊戲

Piaget（1962）從認知觀點把遊戲分為三類：練習遊戲、象徵遊戲與規則遊戲；其後 Smilansky 參照 Piaget 的分類，保留規則遊戲，而在練習遊戲與象徵遊戲之間加入建構遊戲，並將其他兩類改名為功能遊戲（即練習遊戲）、戲劇遊戲（即象徵遊戲）（Smilansky & Shefatya, 1990）。茲將以認知觀點為主的各類遊戲的定義與發展狀況說明如下。

（一）功能遊戲（練習遊戲）

功能遊戲係指簡單、重複性、愉悅的肌肉運動，涉及操作物體，也可以不涉及物體的操作，這是出生至兩歲期間感覺動作期的幼兒經常進行的遊戲（Rubin et al., 1983; Smilansky & Shefatya, 1990），例如：反覆用玩具鐵槌敲打、來回地單腳跳、執意地套接樂高類積木、不停地說：「我是萬獸之王，跟我朝拜！」等。有三分之一的學前幼兒還是進行這樣的遊戲，但是只有小於六分之一的小學生玩功能遊戲（Rubin et al., 1983）。

（二）建構遊戲

孩子的建構遊戲也是焦注於感覺動作，但卻是伴隨著預先設想的計畫，最後產生一個創作；也就是說，孩子操作物體或使用材料，並且是有意圖地做出一些東西或造型，這是兩歲以後幼兒所表現的遊戲型態之一（Rubin et al., 1983; Smilansky & Shefatya, 1990），例如：用積木建構出城堡或農場、用回收材料做出立體拼貼等。孩子由功能遊戲發展到建構遊戲，最大的不同是由操作物品到創造物品，透過創作表達，對自己產生信心，覺得自己是個創作者（Smilansky, & Shefatya, 1990）。有趣的是，建構遊戲、功能遊戲與戲劇遊戲常於學前期相互伴隨（Rubin et al., 1983），例如：孩子在參觀完火車站後，用積木連接建蓋一列火車與鐵軌，並假扮著坐火車去動物園玩的遊戲。本章開頭的【我們一起玩】、【熱鍋加油站】遊戲情節即是建構遊戲與戲劇遊戲交織的例子。

（三）象徵遊戲（戲劇遊戲）

象徵遊戲又稱為假扮遊戲、戲劇遊戲、角色扮演遊戲，俗稱「辦家家酒」，其高階發展是社會戲劇遊戲，是孩子表徵社會中的或想像中的角色，並且與其他孩子協調這些角色的扮演（Fein & Schwartz, 1986）。亦即孩子模仿、運用想像力演出假裝的情境，這是出生第二年後就日漸發展至七歲前的運思期幼兒所經常顯現的遊戲型態。象徵遊戲有三個要素：創造一個幻想情境、扮演其中的角色，與遵守扮演角色的一套規則（Bodrova & Leong, 2007）。此一遊戲型態容許孩子透過象徵性的表徵心中意義，體驗生活與人際關係，例如：以筆當針筒打、以積木當電話用；而隨著發展，三、四歲後兒童愈能抽象表徵，逐漸脫離具體物的限制，例如：直接握拳附在耳旁做打電話狀、兩手握拳向前伸上下輪動代表開車。本章第一節的【熱鍋加油站】遊戲情節與本章末研討問題的【生病、車禍、救護車】遊戲情節，均屬此類遊戲。

象徵遊戲的高階發展就是所謂的「社會戲劇遊戲」（sociodramatic play），通常涉及兩個人或以上，在扮演遊戲進程中，彼此協商劇情發展，以口語與肢體互動，孩子同時是演員、觀察者與互動者，因此與功能遊戲、建構遊戲及規則遊戲最大的不同點在於它是「以人為取向」（person-oriented），而非以材料或物體為取向（Smilansky & Shefatya, 1990: 3）。Smilansky（1990: 20; Smilansky & Shefatya, 1990: 24）指出，戲劇遊戲與社會戲劇遊戲有六個元素：以模仿扮演角色、與物體有關的假裝、與行動及情境有關的假裝、角色扮演的持續性、社會互動、口語溝通（後兩者是社會戲劇遊戲有別於戲劇遊戲之處）。所以象徵遊戲包括戲劇遊戲（約在兩、三歲）與較高層次的社會戲劇遊戲（約在三、四歲以後）。Smith（2010）歸納假扮遊戲有以下三項發展趨勢。

1 去自我中心

去自我中心是指社會戲劇遊戲的發展是從孩童自我本身為遊戲代理人慢慢移轉到其他人或物體，也就是孩子先是自己做出假扮行動（例如：以行動假扮媽媽在炒菜），然後漸漸發展至把他人（把媽媽當成小嬰兒）或物體（洋娃娃、小熊）當主角。

2 去情境脈絡

去情境脈絡是指使用較不逼真的東西去替代真實物品，例如：使用積木當電話或蛋糕。在假扮遊戲早期，孩子強烈依賴實際的物品，例如：真的梳子、真的盤子，慢慢地發展成用較不相像的東西去替代那項物品；到了後期更厲害的是不需要實際的物品或替代物，而是用想

像的物體或動作，例如：刷牙是以伸出的手指左右移動，或是用手握著想像的牙刷左右移動，再如【熱鍋加油站】遊戲情節中的書楓以握拳動作佯裝騎著摩托車，元浩也是以動作假裝開著汽車，又如【生病、車禍、救護車】遊戲情節中的天臻以伸出手佯裝給錢的動作亦屬之。

3 統整

統整意指結合一連串的假扮行動、人物成為有敘事順序的情節，例如：先餵 Baby 喝奶，再幫她洗澡，再放到嬰兒床哄她睡覺，是有情節順序的。

（四）規則遊戲

有一些遊戲具有相當明顯的規則與玩法存在，通常是傳統流傳的規則、約定俗成的，或可以讓遊戲者討論約定的，當幼兒約六歲進入具體運思期時，逐漸能接受與遵守規則，所出現的規則遊戲型態日益增加。Kamii 與 DeVries（1980）在《幼教團體遊戲》（*Group Games in Early Education*）一書中，指出八項具有規則的團體遊戲：瞄準遊戲（例如：保齡球、彈珠等遊戲）、賽跑遊戲（例如：兩人三腳、合力運物等遊戲）、追逐遊戲（例如：貓抓老鼠等遊戲）、躲藏遊戲（例如：捉迷藏等遊戲）、猜測遊戲（例如：猜領袖、神秘袋等遊戲）、口令遊戲（例如：老師說等遊戲）、牌卡遊戲（例如：撲克牌等遊戲），以及盤面遊戲（如棋類、大富翁等遊戲）。另外，有些「教導性遊戲」也屬此類規則遊戲，它是運用遊戲的形式來教導學科內容知識與能力（Bodrova & Leong, 2007），例如：涉及數量概念的釣魚數學遊戲、故事接龍的語文遊戲、人際合作的螞蟻搬豆社會性遊戲等。本章第一節的【球兒滾滾滾】與以下之【四面相關】均屬於規則遊戲，前者是全班分組進行的團體遊戲，後者是在角落進行的牌卡操作遊戲。

【遊戲情節四：四面相關】

〈兩個小孩正在益智角玩老師製作的「四面相關」圖卡遊戲，孩子要根據牌卡上的圖像與阿拉伯數字，連接有邏輯關係且正確數量的圖卡。君德則在旁觀看著，偶爾也插嘴……〉

嵐方：車車。（在房子圖卡旁邊接了一張車子圖卡）
蓮若：不行，不行！沒有關係！老師說要有關係。
嵐方：有啦！因為我家房子旁邊都停滿車車。
蓮若：嗯～可是……（用手指著車子圖卡）
蓮若：方向盤！（在車子圖卡旁接了一張方向盤圖卡）
君德：還要再接一張，這邊寫 2。（意指車子圖卡上有 2，就得接兩張圖卡）
……

依據 Smilansky 與 Shefatya（1990: 35-36）之見，規則遊戲與社會戲劇遊戲兩者皆提供參與者內在滿足感，而且也受外在規則所指引，但是此兩類遊戲仍有顯著不同：(1)規則遊戲的規則是相當明顯與武斷的，社會戲劇遊戲的規則來自於生活習性，是較為原則性的，而且會隨劇情改變；(2)規則遊戲通常是專注在規則之下的特定技能，而社會戲劇遊戲通常涉及全人各方面能力發展；(3)通常規則遊戲是競爭的，而社會戲劇遊戲則是合作的；(4)規則遊戲的滿足快樂通常是達成目標、贏得勝利，而社會戲劇遊戲的滿足則是來自於創造力；(5)規則遊戲運用口語溝通較為有限，而口語溝通是社會戲劇遊戲的核心統合部

分。此外，Bodrova 與 Leong（2007）的見解也補充說明這兩類遊戲的不同。他們指出，規則遊戲的驅動力來自於想要贏的動機，而象徵遊戲來自孩子內在，是自發的；又象徵遊戲的想像情境是非常明顯的，反之規則遊戲卻沒那麼明顯；最後規則遊戲需要時間與精力練習，象徵遊戲卻可以得到立即的滿足。

社會觀點的遊戲

Parten 則從社會發展的觀點將遊戲分為：無所事事行為（unoccupied behavior）、旁觀行為（onlooker behavior）、單獨遊戲（solitary play）、平行遊戲（parallel play）、聯合遊戲（associative play），以及合作遊戲（cooperative play）等六大類（Isenberg & Jalongo, 1997）。茲將以社會觀點為主的各類遊戲的定義與發展狀況說明如下。

（一）無所事事行為

顧名思義是沒有做任何特定的遊戲，似乎是無目的的行為，或許是閒晃，又或許是無聊地走動。

（二）旁觀行為

係指在旁觀看他人遊戲或活動，也許有跟身旁的孩子談話，但基本上是置身事外、沒有參與，但比前項無所事事行為要來得活躍些。

（三）單獨遊戲

這是兩三歲孩子典型的活動，約發生在兩歲到兩歲半。乃指單獨一個人進行遊戲，目的在玩著手邊自己的玩具或物體，自己玩自己的，沒有涉及他人。

（四）平行遊戲

約發生在兩歲半到三歲半。是指孩子彼此在旁邊玩著，或在附近玩著，玩物或玩具或許相同，但基本上還是自己玩自己的，沒有交集，只是形體接近而已。

（五）聯合遊戲

約發生在三歲半到四歲半。意指孩子間的遊戲有一些類似，如都在玩著積木，也有些許的互動關係，如問問題、使用彼此玩具，但是該項活動本身沒有嚴謹的結構，意即沒有共同合作的意圖或共同目的。

（六）合作遊戲

約發生在四歲半以後。即指孩子間的遊戲行為基本上是合作的、有交集的，彼此是有目標的、共同目的的，運用協調、分工、輪流等方式讓遊戲得以進行，如共同用積木蓋一個農場或一條高速公路，或是共同扮演一齣戲劇。

統整認知與社會觀點的遊戲

Rubin 等人將以上 Parten 以社會觀點分類的六類遊戲整理為單獨、平行與團體遊戲三大類，並統整認知與社會觀點，將認知觀點四個遊戲層次與社會觀點三個遊戲層次交織結合成 4×3 的 12 個遊戲類別（Rubin, Watson, & Jambor, 1978），如下所示。

單獨—功能	單獨—建構	單獨—戲劇	單獨—規則
平行—功能	平行—建構	平行—戲劇	平行—規則
群體—功能	群體—建構	群體—戲劇	群體—規則

舉例而言，「單獨—規則」遊戲是指幼兒獨自一人在玩有規則的遊戲，如在益智角玩著辨識異同的牌卡遊戲或棋類遊戲，未與任何人有所互動；「平行—建構」遊戲是指幼兒彼此在附近玩著類似的建構類玩物，基本上還是各自遊戲、沒有交集，例如：兩位幼兒都在益智角玩著同樣的型式積木，或都在積木角玩著單位積木，各自製作自己的造型、建蓋自己的積木，彼此間沒有合作的跡象；「群體—功能」遊戲是指孩子共同進行著簡單動作的功能遊戲，如四個孩子共同敲打著鼓面，重複不斷地敲打著。

四、其他遊戲分類

以上三項是按發展分類的遊戲型態，坊間常見的遊戲分類是按學科加以分類，如數學遊戲、語文遊戲、科學遊戲、體能（育）遊戲等，即在各個學科中滲入遊戲因子，教導學科知識與能力，如數學手指謠、創意語詞接龍、影子遊戲、色水遊戲、球類遊戲等；Bodrova 與 Leong（2007）稱之為「教導性遊戲」，並將其歸屬於規則遊戲。這些學科分類的遊戲可以是以團體遊戲的方式進行，也可以是在興趣區（俗稱角落）中操作進行。又在興趣區的遊戲有時也被稱之為「自由遊戲」，因為孩子在興趣區時段可以自由選擇遊戲角落與遊戲內涵；而這些自由遊戲其實包括上述分類之規則遊戲（例如：益智區）、建構遊戲（例如：積木區）、扮演遊戲（例如：娃娃家）、探索遊戲（例如：科學區、美勞區）等，範圍十分廣泛。

五、幼兒遊戲的發展通則

從以上幼兒各類遊戲的發展階段與狀況，可見幼兒遊戲是漸序發展的，筆者歸納四項共通特性如下。

（一）由自我獨玩到與人遊戲

幼兒由自我中心的獨自遊戲日漸發展到平行遊戲，進而至與人互動的聯合遊戲，再到運用社會技巧協調與溝通的合作遊戲，漸漸地脫離自我中心、能與人互動遊戲。以扮演遊戲為例，由兩、三歲個別扮演遊戲到三、四歲後涉及兩人以上「以人為取向」的社會戲劇遊戲，充分顯現愈來愈趨向社會性、能與人合作的遊戲型態。

（二）由不語、獨語到運用語言

孩子在遊戲發展中，由自己自玩、獨自口語表徵角色，或是在與人互動時鮮少使用口語溝通的狀況，發展到能用口語協調角色、劇情、遊戲規則或進行角色扮演等，整體而言口語表現愈來愈進步，語言被視為溝通、扮演的工具。亦即口語溝通是較大幼兒社會戲劇活動的重要特徵。

（三）由簡單行為到複雜能力

幼兒由簡單的反覆自我練習遊戲，逐步發展到較為複雜、完成作品的建構遊戲，再到涉及多元角色扮演、物體轉換的社會戲劇遊戲，最後到複雜充滿規則的遊戲型態，例如：棋類遊戲、球類遊戲、盤面遊戲等，充分顯示所涉及行為與能力的日趨複雜度。尤其在扮演遊戲中逐漸能統合不同角色、交織不同主題與情節，顯現愈來愈複雜的能力。

（四）由具體思考到抽象思考

在遊戲中幼兒愈來愈能抽象思考，不受限於具體事物，例如：在扮演遊戲中，較小幼兒必須依賴具體實物如洋娃娃、模型炒鍋等，其後逐漸發展到能以大積木包衣服當娃娃、一塊木板當炒鍋的象徵性思考，甚至到用動作或話語代表炒菜、開車、打電話、火災、車禍等動作或情境，完全無須具體實物的呈現，思考能力愈來愈抽象。

本節小結

總之，遊戲的種類繁多，且其分類架構多所不同，無怪乎遊戲定義紛紜、莫衷一是。筆者歸納幼兒遊戲漸序發展的四項通則如上，而以上四項發展之共通性，實與 Carvey（1977, 引自黃瑞琴，2001）所見略同——隨著孩童日漸發展，其遊戲有四種變化趨勢：由生物性成熟獲得愈多技能、能結合不同資源愈趨精緻與複雜、思考愈趨抽象、能納入生活經驗中之因果關係。

研討問題

一、如果你是幼兒教師，針對以下遊戲情節你有何看法？你會採取什麼態度以對？為什麼？

【遊戲情節五：生病、車禍、救護車】

〈最近孩子接續著咳嗽、發燒，也有孩子因腸病毒在家休息，也有孩子因車禍住院後剛回來上課，孩子連著幾天在角落裡玩著以下的遊戲……〉

＊天臻對以諾說「老闆！我要買咳嗽藥！」以諾說：「錢呢？要 100 塊！」天臻說：「我沒錢。」隔了一會兒，伸出手說：「給你錢！」以諾拿了一盒藥給天臻。

＊仙芸拿冰棒棍對著洋娃娃量體溫說：「100 度，好燙！」、「不哭！媽媽抱抱。」然後重複著量、說與抱抱的動作……。

＊虹依對著之韻說：「媽媽～我發燒了。」之韻用手摸摸虹依的額頭說：「哇！好燙！來吃藥藥（做出以手餵食狀）。」兩人身體靠近，相當親密，不時發出笑聲，就這樣重複著發燒與吃藥的對話……。

＊旁邊的森田身上披掛著白布，一面咳嗽、一面四處跑叫著：「我是醫生，誰要看病？」一不小心撞到正在開著「喔咿！喔咿！」救護車的葛青。葛青說：「醫生不能跑啦！」

＊葛青對著娃娃家的瑄敏說：「假裝你車禍了，我是救護車送你去醫院。」並接著說：「你要躺在地上，你要假裝很痛，你車禍了喔！」

二、請以本章【熱鍋加油站】遊戲情節為例，說明本書對遊戲的定義。

三、請舉實例說明本書所指遊戲與探究的關係？

兒童為什麼會沉醉於遊戲中？理論幫助吾人了解現象，因此，本章第一節旨在探討遊戲為什麼會發生與其作用之相關理論。此外，相當多的學者與研究亦指出遊戲對兒童的社會／情緒、語文、認知（想像創造力、解決問題、其他認知能力）等各方面的發展具有功效與極具價值性，所以本章第二節即在探討遊戲對個體發展的具體功能。

第一節　孩子為何遊戲：遊戲理論

鑒於學者所言，遊戲是揠苗助長現象的最佳解藥（Elkind, 1981, 1987），沒有高品質的遊戲就很難提供高品質的課程（Wood & Attfield, 2006），吾人實有必要先對遊戲有所理解，尤其是「孩童為什麼遊戲」，方能支持孩童的遊戲。本節探討各類解釋兒童為什麼會遊戲的理論，試圖理解遊戲行為發生之因，俾利吾人提升遊戲層次與課程品質，以促進孩童的發展與學習。

社會科學的學者提出理論通常是為了解釋社會現象的發生與原因，以幫助世人理解。有關遊戲為何產生，從古至今有諸多學者從不同角度或觀點提出理論試圖解釋之，這些理論大體上有兩種分類法：一為依內涵分類，例如：Fromberg（1999）將遊戲理論按其解釋內涵區分為「心理觀點派」與「文化情境學派」兩個觀點，Smith（2010）則分為「演化理論」、「心理分析觀點」、「人類學觀點」與「心理學觀點」等學派。另一為按時間分類，例如：Johnson 等人（2005）以及 Sluss（2005）等按時間序別分為「古典理論」、「當代理論」，甚至「後現代理論」三大類別。古典理論係指源自於 19 世紀與 20 世紀早期，當代理論係指 1920 年代以後的理論（Johnson, Christie, & Yawkey, 1987）。

筆者參酌諸多文獻並統整以上內涵與時間兩類劃分法，在古典與當代兩大類別中並按內涵加以細分；此外，晚近有些頗具特色的遊戲理論，例如：腦神經科學、後現代理論等，筆者將其歸類於「特色理論」，這些理論如表 2-1 所示。

表 2-1　遊戲理論彙整表

理論或學派		對遊戲的解釋	主要作用領域
古典理論	賸餘精力論	消耗體內過剩的精力。	體能
	消遣娛樂論	再度產生因工作耗盡的精力。	體能
	練習論	發展未來生存所需的技能。	體能、技能
	複演論	消除成人生活不再需要的原始衝動。	體能
當代理論	心理分析學派	消除心理焦慮，達到快樂。	情緒、社會
	Piaget認知發展學派	透過各種遊戲練習與鞏固所學的知能，或有利認知發展。	智能
	Vygotsky 社會文化學派	促進孩子的認知發展並實現孩童無法滿足的需求與慾望。	智能、情緒、社會
	人類學派	模仿、重組與建構成人社會活動，延續族群生活。	社會、智能（創造、想像力）
特色理論	腦神經學派	遊戲可以刺激腦神經網絡的連線。	全人
	後現代學派	遊戲的意涵在不同文化、情境中不盡相同。	智能、社會

資料來源：作者自行整理

一、古典理論

19 世紀到 20 世紀初期之古典理論，大致上包括四種理論：賸餘精力論、消遣娛樂論、練習論，以及複演論（黃瑞琴，2001；陳淑敏，1999；劉焱，2009；Hughes, 1999; Johnson et al., 1987, 2005; Rubin et al., 1983; Sluss, 2005; Smith, 2010），茲分別說明如下。

（一）賸餘精力論

賸餘精力論的倡始者為被稱為「社會達爾文主義」（Social Darwinism）學家、著有《心理學原則》（*Principles of Psychology*）的英國哲學家 Spencer，他認為每種生物都會產生精力以應付其生存所需，而需求滿足後的過剩精力累積日久必須消耗掉，遊戲的目的就是要消耗去除這些過剩的精力。此一理論觀點仍為許多人所持有，它似乎可以解釋為何兒童遊戲比成人要來得多，以及一到下課時間兒童不約而同地奔向遊戲場的現象，因為成人照顧了兒童的生存，耗掉許多精力，使得兒童有較多的賸餘精力去遊戲；然而它卻無法解釋為何兒童玩到精疲力竭、眼皮都快要閉上時，仍然持續其遊戲行為，甚至是玩到睡著。

（二）消遣娛樂論

相較於賸餘精力論，德國詩人 Lazarus 則認為，工作用盡了人們的精力，個體必須再度產生精力，而遊戲通常是與工作對立的，它是重新儲存在工作中所失精力的重要方式。換句話說，遊戲的目的在於個體精力不足時使其再度產生精力。在現實生活中也確實如此，在勞心、勞力工作一段時間後，我們必須藉其他遊戲、娛樂活動或完全不同性質的活動來恢復精力；然而這個理論卻不能解釋為何成人工作比兒童多，卻在遊戲的質與量上比兒童少。

（三）練習論

著有《動物的遊戲》（*The Play of Animals*）與《人類的遊戲》（*The Play of Man*）二書的德國作家 Groos 批評 Spencer，認為遊戲比消耗賸餘精力之說有更多的功能，遊戲提供一個安全的方式去練習與精進未來生存所需的技能，也就是說遊戲的目的在於發展成人生活所需的技能，例如：兒童在戲劇遊戲中扮演父親、母親角色是在為未來生活做準備。不過從當代劇烈變化的世界而言，兒童在遊戲中的練習似乎難以因應未來世界所需之生存技能；而且此一理論也無法解釋孩童較為原始性的遊戲行為如打鬥、爬樹或打鬧遊戲等，為何是未來生活所需。

（四）複演論

《美國心理期刊》（*American Journal of Psychology*）創始者兼教育家 Hall 批評 Groos 的練習論，他認為兒童遊戲並非練習對未來生活有用的技能，而是藉重演祖先的活動反映種族歷史與進化階段，例如：小孩爬樹是在團結遊戲之前，反映人類是由原始人進化到部落群居狀態，而遊戲的目的則是在消除當代成人生活不再需要的原始衝動。顯而易見的是，兒童的遊戲行為非常多元，各類遊戲出現階段並非如人類歷史進化順序；而且現代兒童所玩的遊戲或玩具，例如：Wii 與 PS3 等電子遊戲，比較是反映現代科技生活，而非重演人類歷史的一些原始活動。

當代理論

基本上 1920 年代前之早期遊戲理論多受達爾文進化論的影響來解釋遊戲是如何發生的，都是比較主觀、常識性的看法，沒有科學實徵研究以為基礎，而且焦點多在體能、技能方面。隨著科學的進步，當代理論有了研究做為基礎，大體而言，當代理論可以歸類為以下數學派：心理分析學派、以 Piaget 為首的認知發展學派、以 Vygotsky 為首的社會文化學派，而除了以上的心理學派外，尚有從不同人類社會進行研究的人類學派。

（一）心理分析學派

心理分析學派主要代表人物為 Freud，其主要論點是遊戲的價值主要在於情緒方面，因其容許孩子減輕兩種焦慮：一是依賴外在生存照料的無助焦慮與恐懼；二是性好奇、破壞等內在本能焦慮，在遊戲時可以給予孩子控制掌握感與探索不受歡迎情緒的機會（Freud, 1974, 引自 Hughes, 1999），對於兒童的情緒發展有所助益。換句話說，遊戲是一個表達侵略或性衝動等的一個安全情境，也提供了孩子實現各種願望（例如：像其他成人）的一條管道；此外，遊戲也是撫平創傷事件的管道（Rubin et al., 1983; Smith, 2010），在遊戲中可以透過「角色轉換」與「重複行為」兩項機制去消除負面、不愉快的情緒或撫平創傷。角色轉換是指孩子從被動收受不愉悅經驗者轉換成給予經驗者，移轉負面感受到另一個替代物，例如：孩子被父親揍了後可能會鞭打洋娃娃或假裝打遊戲同伴以宣洩情緒；此外，孩子也會透過重複扮演行為，將經驗化成小的、可處理的部分，慢慢同化、吸收創傷所帶來的負面情緒（Johnson et al., 2005）。簡言之，孩子透過遊戲是在避免苦痛、尋求快樂，「快樂原則」（pleasure principle）是兒童遊戲的主要動機（Freud, 1959, 引自 Sluss, 2005）。

Erikson 延伸心理分析論，認為遊戲的發展具有探索與建立自我的功能，因為它帶來了可以增進孩子自尊的體能與社會技巧（Hughes, 1999）。又「遊戲創造了一個不確定、焦慮與自我願望可以戲劇化改編的場域」（Rubin et al., 1983: 704）。而遊戲的發展階段有三：由探索玩弄自己身體器官的「自我宇宙」階段（約出生至兩歲），逐漸了解自己與他人不同；歷經探索周遭玩物的「小宇宙」階段，強化了自我認識；再到進入幼兒園與同伴遊戲互動的「大宇宙」階段，更加了解自我、社會文化與所扮演的角色（Hughes, 1999）。

（二）Piaget 認知發展學派

瑞士心理學家 Piaget 是認知發展學派的主要代表人物，他的「動態均衡理論」（Equilibration Theory）指出，個體要發展與學習，必須經過認知上的「適應」（adaptation），而認知上的適應是需要透過改變外在現實以符合內在認知架構的「同化」（assimilation），與改變內在認知架構以符合外在現實的「調適」（accommodation）兩項互補功能，才能達到平衡的狀態（Ginsburg & Opper, 1988; Piaget, 1976）。又他認為遊戲是認知上的同化作用強過於調適作用的一個不平衡狀態（Piaget, 1962），即遊戲多為將新資訊與技能設法納入既有的認知架構中，鮮少改變現有認知基模。

將遊戲視為同化作用，是指在遊戲中重複練習新獲得的行為或技巧，以不同方式表徵同樣一件事，其結果是新獲得的技巧或行為變得熟練穩固（Rubin et al., 1983）。舉例而言，當孩子剛學會溜滑梯時，會以各種不同方式來溜它，例如：坐著溜、躺著溜、蹲著溜、倒著溜、揮手溜等。對 Piaget 而言，在剛學會溜滑梯時是適應作用，接下來用各

種方式去練習、不斷地同化就是遊戲。所以，兒童在遊戲中雖然不是學習新的概念、技巧，在學習上不扮演截然重要的角色，但它仍是學習發生的重要條件，因為它鞏固了行為或技巧（Johnson et al., 2005）。

又 Piaget 認為，孩子的遊戲型態會隨著認知發展而變化，兩歲以前的主要遊戲型態是練習遊戲，兩歲到七歲的前運思期主要是象徵遊戲與建構遊戲，七歲以後的具體運思期則是傾向規則遊戲。除 Piaget 外，認為遊戲對認知發展具有作用的學者尚有 Bruner 與 Sutton-Smith 等人，不過他們比 Piaget 更進一步認為遊戲對認知具較大作用，孩子在遊戲中著重的是遊戲過程，遊戲使孩子在行動中彈性思考與運用多元想法去創意解決問題（Isenberg & Jalongo, 1997）。

（三）Vygotsky 社會文化學派

相對於 Piaget，Vygotsky 認為遊戲對於兒童發展具有積極重大的作用，是「發展上的一個最主要的因素」（a leading factor in development）（Vygotsky, 1978: 101）。又人是活於社會文化之中，透過人際互動歷程不斷地創造其近側發展區（Zone of Proximal Development，簡稱 ZPD）以提升發展層次的；亦即個體的思想、概念受社會文化的影響至深且鉅，而遊戲正好可以克服衝動行為，獲得社會生活規則，促進發展水平，因此 Vygotsky 的理論被稱之為「社會文化論」（Socio-Cultural Theory）（Berk, 2001）。有關社會文化論於本書第參篇「教師教學篇」之第五章「教師於遊戲課程中之角色（I）：理論與基礎」部分，有進一步的討論。

具體言之，遊戲是來自於情緒社會性的壓力，當孩子的慾望無法被社會情境所滿足，過一段時間仍無法滿足也無法忘懷時，就會進入一個想像與虛構的情境中，這個情境就是遊戲；也就是透過遊戲中的想像去解決壓力、克服衝動，滿足現實中所無法實現的慾望（Vygotsky,

1978），例如：幼兒一直想要出去搭車，就會假想正在開著車子，做出手持方向盤狀，或在身上套著紙箱當成車子。因此他又認為孩子的象徵遊戲可以被了解為：「是一個透過傳達與表明玩物意義的手勢動作的一個非常複雜的『言談』系統」（Vygotsky, 1978: 108）。也就是說，孩子在假扮遊戲中運用手勢動作與言談溝通賦予物體象徵性的功能與意義。如上述開車實例，孩子以肢體動作表徵車子意象，有時還會配合動作對玩伴說出「假裝這是車子」或「假裝我在開車」。

可見Vygotsky學派所指的遊戲為創造一個想像情境的假扮遊戲，它在孩子發展上具重大功能，包括：(1)創造近側發展區（有關近側發展區之意義，將於第參篇第五章說明），促進認知發展；(2)使思考不受限於物體，逐漸邁向抽象思考；(3)發展自我規範能力；(4)具有規劃、完成目標的動機；(5)遠離自我中心（Bodrova & Leong, 2007; Vygotsky, 1978, 1991）。

（四）人類學派

一般的遊戲研究多以歐美開發國家為研究對象，有些學者則從跨文化的角度做研究，或人類學家在非開發國家做研究，這些研究顯示：遊戲是普世存在的現象，但是卻具有文化的特殊性（Edwards, 2000; Else, 2009; Fleer, 2010a; Gosso, 2010）。舉例而言，Gosso（2010）發現，巴西北部Parakana印地安社會的生活方式非常不同於一般所觀察的西方都市社會，其孩子的遊戲自然也不同，諸如用棕櫚葉做籃子玩、背著媽媽的草籃採不可食用的果子玩、假裝篩揉麵粉、扮演男人集會並學大人於節慶活動中歌舞、以箭射馬鈴薯玩、將弓箭向上拋空射出、追捕老鼠或蜥蜴等。

再如人類學家 Fortes（1970, 引自黃瑞琴，2001）發現，在西非的Taleland 傳統部落社會中的兒童，透過打獵、祭祀、婚姻、扮演等自發

遊戲，很自然地傳承著傳統部落社會的習俗，然而他們並非只是完全模仿成人活動，而是加入想像與創造成分，例如：將三隻蝗蟲想像成牛、用樹皮做成牛欄、用石頭將穀粒磨成粉並置入陶器碎片中祭祀……最後丟擲碎石嚇走小鳥。換句話說，不同文化的孩子都揉合了他們的現實世界、創造力與想像力去創造與改變遊戲中的新規則，或是加入新元素於遊戲中。由此可見，從人類學家的觀點來看，兒童在遊戲中不僅是模仿成人社會生活，而且將創造力與想像力加入以建構他們的理解，學習與延續族群生活。

三、特色理論

晚近的特色理論包含腦神經學派與後現代學派，茲說明其理論如下。

（一）腦神經學派

腦神經科學方面的研究認為遊戲激發腦神經網絡，建議吾人必須從出生到十歲間幫助孩童發展腦的連線，強化腦的神經網絡。當孩子遊戲的時候，他們從事可以強化神經網絡的多元活動，因為遊戲是孩子主導的，孩子在體能與及人際社會上與環境互動，它是互動性的，也是回應性的，回應了孩子的個別需求。遊戲可以強化神經網絡的另一個原因是它是整合性的行為，當孩子在進行扮演遊戲時，他使用了語言、從事於問題解決、發展著社會技巧與能力、運用抽象思考、涉入多種感覺與情緒，凡此種種活動均廣泛地刺激著神經網絡（Johnson et al., 2005）。

（二）後現代學派

後現代主義挑戰客觀真理的假設，認為知識是主觀受到研究者信念、價值、世界觀與方法學的影響（Johnson et al., 2005）。後現代主義批判理論者 Gannella 曾建議以不同的方式來看待遊戲，他特別關心在美國，遊戲是代表中產階級歐洲觀點，認為將此遊戲觀點運用在全世界是否定了多元價值結構與知識。他提出三項批判觀點：第一是批判 Piaget 的遊戲發展階段太嚴苛了，並未反映不同文化的兒童，因為有些孩童在很小時就玩有規則遊戲；第二是對有關遊戲是受到玩物激勵觀點的質疑，例如：非洲小孩卻是使用較多的口語遊戲；第三個關注點是理論界與實務界並沒有提供一個廣泛討論的環境，導致唯一正確模式的觀點。雖然 Gannella 挑戰了過去的理論，但是並未提出替代方式去考量或處理這些議題，只是留下了爭辯的問題（Sluss, 2005）。

此外，有名的遊戲專家 Sutton-Smith（1997）在《遊戲的模糊性》一書中明白指出，並非所有的遊戲都是令人愉悦的，也未必為兒童帶來正向的成果；此外他也批評 Piaget 理論的矛盾，例如：遊戲只涉及同化作用。總之，後現代學派挑戰現有的主流觀點，希望以不同方式來探討遊戲議題。

事實上，以上學派、理論的分類，也沒有一個絕對的劃分標準。又 Nolan 與 Kilderry（2010）指出，近年來學界上發生一些變化，「後發展主義」（Postdevelopmentalism）逐漸形成，它匯聚了多種理論如後現代主義、社會文化論、批判論、後結構主義、女性主義等，打破傳統幼兒教育中對孩子、童年、發展、學習、遊戲等被認為是理所當然的看法。後發展主義似乎也打破了本書遊戲理論的分類，凝聚了不同類別的理論。進一步地說，在過往半世紀以來，Piaget 的階段發展理論與建構論成為幼教界教學實務的核心，後發展主義匯聚多種理論與學派，

試圖重新建構幼兒發展與遊戲理論，有別於傳統主宰學界的「真理」，結果導致教學景觀產生變化，「自由遊戲」遭受挑戰，幼兒教育實務從焦點在個別孩童與其順階段發展，轉移至學習的社會文化基礎之考量，強調文化成員間的共構（Fleer, 2005）。這也是本書定位成熟與統整的高品質遊戲，並強調夥伴共構的教學實務之因。

本節小結

綜上遊戲理論可以發現，早期遊戲理論大都沒有科學實驗或實徵研究為基礎，其實現代許多人尚持有這樣的看法或信念，只是內隱不自知而已，例如：遊戲是為了消耗過剩精力；而相對地，當代理論是在比較有科學實證的支持下所發展的論點。很重要的是，遊戲理論指引著教師對幼兒遊戲的看法以及在幼兒教室中的教學實務，身為教師的你，曾檢視過你個人所持的遊戲理論嗎？你個人所持的遊戲理論是屬於哪一學派或理論？最後值得注意的是，理論的建構是為了解釋現象，在歷史上，遊戲理論或學派層出不窮，許多理論在當時尊為上策，結果也難免成為過眼雲煙或流於遭受質疑，因此，幼教從業人員要能隨時反躬自省，關注時勢潮流並在理論與實務間穿梭思考，挑戰一向被自己視為理所當然的信念或事物。

第二節　遊戲對幼兒之作用

第一章論及遊戲的種類與發展，與上一節探討人們為何遊戲的理論，大約可見各類遊戲對孩童發展的作用。許多學者對遊戲極其看重，如前所述社會文化學派、心理分析學派，Else（2009）更以專書《遊戲的價值》（*The Value of Play*）提出一個整合的架構，論述遊戲在身體、心智、文化共享層面與人際社會關係方面的重要性。因此本節針對遊戲對幼兒發展的功能深入探討之，期能藉其價值性的理解，促進在幼教實務上的重視。

首先，象徵遊戲是幼兒自發的遊戲，學者多重視它，有些學者如Vygotsky（1978）甚至將遊戲認定為是幼兒的象徵遊戲，並認為它可創造近側發展區，促進認知發展；Berk（2001）則認為，假扮遊戲有數項貢獻：注意力、記憶力、語文能力、假設推理能力、辨別實際與表相、了解心智運作、自我管理、想像與創造力。又 Smith（2010）從假扮遊戲之跨文化普遍性、在學前孩童發生之穩定時間序，以及較少在自閉兒身上發生之諸項不爭事實，合理推論假扮遊戲的存在是孩子正向發展的指標，顯示假扮遊戲的非凡功能。其實從他所歸納之假扮遊戲的三項發展趨勢：去自我中心、去情境脈絡與統整，不難理解假扮遊戲對於兒童發展確實是一個促動因素，因為孩子在遊戲中由自我焦點外擴至他事他物，並且顯現愈來愈複雜與挑戰的扮演行為與情節，當然有利於孩子的各項發展。

不僅象徵遊戲，規則遊戲也很有價值，它也能提供發展一些特定技能的近側發展區（Bodrova & Leong, 2007）；Kamii 與 DeVries（1980）在他們的實徵研究中證實有規則的團體遊戲可以促進幼兒教育的三項目標：自治自律、去自我中心與協調他人觀點、自信與具解決問題的

進取心態，亦即可促進認知、道德、情緒／社會上的發展。整體而言，幼教學者大多認為遊戲能增進兒童的發展，經筆者綜合文獻，這些發展主要包括情緒／社會發展、認知發展、語言發展三大方面，並整理於圖 2-1 所示，茲說明如下。

一、遊戲對情緒／社會發展的功能

遊戲對孩子社會發展有所助益，包含社會、情緒與道德三個面向，其實質作用為促進自我管理與調節情緒、遠離自我中心並能觀點取代、增進社會性技巧與利社會行為。

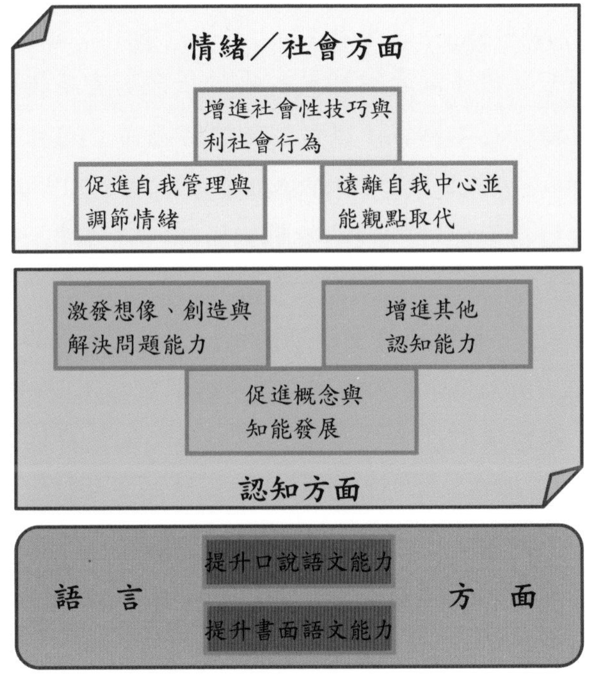

圖 2-1　遊戲對幼兒的作用

（一）促進自我管理與調節情緒

假扮遊戲對兒童發展的貢獻之一，就是發展自我管理的能力（Berk, 2001）。Vygotsky（1978）認為，在扮演遊戲中還是有規則存在的，例如：扮演老師就要遵守符合老師角色的規則，一個非常好動喧鬧的幼兒，在扮演被抓的小偷必須躲藏時，往往能噤聲隱藏許久，就是這個道理。又當在遊戲中面對當下吸引時，例如：糖果被大家當成一件重要道具，孩子會展現最大的自我控制力，即控制自己吃糖的衝動，遵守規則，能參與並持續遊戲反而成為最大的願望。簡言之，孩子在扮演遊戲中能克制自己的衝動，遵守扮演規則，可以說遊戲創造了一個近側發展區，其表現往往超乎平常作為，「儼然好像比他自身高出一個頭」（Vygotsky, 1978, p.102）。其次就規則遊戲論之，為讓遊戲能持續進行下去，孩子間必須顧及公平公正與努力維護遊戲規則，這涉及互惠與尊重的互動關係，實有益於發展道德上的自主性（moral autonomy），Kamii（1982, 1985, 1989; Kamii & DeVries, 1980）的一系列以道德自主性為目標而設計的規則遊戲的研究，充分顯示規則遊戲確可促進孩子的自治自律。

就情緒面向言之，前述心理分析理論指出，遊戲是撫平創傷事件的管道（Rubin et al., 1983; Smith, 2010），在遊戲中可以透過「角色轉換」與「重複行為」兩項機制去消除負面、不愉快的情緒或撫平創傷；又Vygotsky（1978）也提及孩子可透過遊戲中的想像去解決壓力，滿足現實中所無法實現的慾望，因此遊戲對孩子的情緒發展不可言喻。有愈來愈多的文獻指出遊戲對情緒發展的重要性（Bodrova & Leong, 2007; Honig, 2007; Singer & Singer, 2005, 2006; Smilansky, 1990）。舉例言之，Smilansky（1990）綜合遊戲介入相關實徵研究發現，戲劇遊戲與社會戲劇遊戲是發展認知、創造力與社會情緒能力的重要媒介，具有效

果；在情緒／社會方面的獲益包括：較能控制衝動行為、較佳的情緒與社會性調整。又 Singer 與 Singer（2005, 2006）的研究發現，玩較多假扮遊戲的孩童較為快樂，當遇見新情境時，也較能彈性變通。吾人的確常見在扮演遊戲中的幼兒是沉醉、滿足與愉悅的，一組人共織劇情的美好感覺，讓同儕關係更為親密與和諧；而為了能繼續玩下去，幼兒會儘量調整自己的情緒與行為，配合劇組人員，遵守約定的規則。

（二）遠離自我中心並能觀點取代

遊戲對幼兒的具體功能之一就是遠離自我中心（Bodrova & Leong, 2007），無可置疑地，在扮演過程中的劇情發展、角色人物等都需要溝通、協調，且必須站在各角色觀點思考，才能順利扮演，即設想所扮演的角色應該如何配合回應，做到「觀點取代」境界。舉例而言，即將被護士打針時，扮演病人的小孩要先思考護士可能的動作，並立即以肢體語言，例如：皺眉做出痛苦狀「唉喲！好痛喔！」或放聲大哭回應配合。此外在遊戲過程中，無可避免地會與他人發生各種衝突，因此必須去了解他人的願望、感受與想法，進而學習協調自己與他人的關係，這自然有益情緒／社會發展。前述 Smilansky（1990）的文獻綜合也顯示，戲劇遊戲與社會戲劇遊戲對孩童的幫助之一是有較佳的觀點取代能力。而在規則遊戲方面，也要設法思考對方的想法，更需做到觀點取代，才能取得勝算，Kamii（1982, 1985, 1989; Kamii & DeVries, 1980）的一系列研究也指出，有規則的團體遊戲可以促進去自我中心與協調他人觀點的幼兒教育重要目標。

（三）增進社會性技巧與利社會行為

在社會能力方面，許多研究均顯示兒童的社會戲劇遊戲可以增進兒童社會性技巧發展，Connolly 的研究指出，經常玩社會假裝遊戲的幼兒，其社會能力較佳，較受人歡迎；Singer 的研究亦證實，經常進行社會假裝遊戲的幼兒比較合作，較少有攻擊行為（陳淑敏，1999）。又前述 Smilansky（1990）綜合遊戲介入相關實徵研究發現，戲劇遊戲與社會戲劇遊戲在社會性技巧與行為方面的助益包括：較能與同伴遊戲、較多的團體活動、較佳的同儕合作、侵略性減少、較能同情、較能預測他人的偏好與願望等，充分顯示遊戲確能增進孩童的社會性技巧與利社會行為。正因為同儕們必須計畫與勾勒情節、分派角色與實際演出，可以說扮演遊戲提供兒童練習與運用社會技巧的機會與條件（吳幸玲，2003）。不僅是戲劇扮演遊戲，規則遊戲亦是如此，團體間是需要合作共襄盛舉的，必須與他人發生關聯以加入遊戲，以及運用社會技巧協商規則以順利共同遊戲，如此，自然有利於溝通、協調、合作等社會性技巧與輪流、等待、分享等利社會行為的形塑。

二、遊戲對認知發展的功能

認知發展是指個人認知結構與認知能力的形塑、發展與變化的過程，涉及知覺、記憶、注意、想像、思維等多種心理過程，是人類發展的重要組成部分。大部分學者在遊戲與認知發展的研究中，發現遊戲確實能激發兒童各項認知發展的提升，如概念發展、問題解決能力、創造力、其他認知能力等，例如：Bodrova 與 Leong（2007）曾綜合相關實徵研究，發現孩子在遊戲中確實顯現較好的注意力、使用符號的能力，以及問題解決的能力，好像在觀察明日的孩童般；他們亦曾探討 Vygotsky 學派的研究來歸納扮演遊戲的功能，包括創造近側發展區促進認知發展、使思考不受限物體逐漸能抽象思考等（Bodrova & Leong, 2007）。綜合文獻，遊戲對認知發展的助益，顯現在促進概念與知能發展；激發想像、創造與解決問題能力；以及增進其他認知能力

三大方面。

（一）促進概念與知能發展

如前節所述，俄國心理學家Vygotsky認為假扮遊戲對於兒童發展具有積極重大作用，是發展上的一個最主要因素（Vygotsky, 1978）；因為遊戲提供幼兒有意識的理解概念的空間，為順利進行扮演，在平日真實生活中無意識的「日常概念」被認真有意地思索著，成為遊戲中的準則或焦點思考，使每日概念變得清晰，逐漸轉換與正式的「科學概念」謀合（Fleer, 2012a, 2012b; Vygotsky, 1991）。具體地說，在遊戲情境中，透過同儕互動、語言媒介與扮演，讓平日情境經驗中不被注意的概念浮出檯面，在努力如實的扮演中清楚地被孩子意識到，例如：大肚子的媽媽誕生嬰兒、感冒發燒需看醫生與服藥、烹煮食物食材會有變化等。當孩子用力思索日常生活中的自發非正式概念後，就容易與學校所學的抽象概念接軌。可以說在遊戲中創設兩種概念相遇情境，日常概念為學校正式的科學概念鋪墊基礎，而科學概念引領孩童對日常概念做不同的思維。

遊戲提供平日非正式概念與正式科學概念對話的空間，讓孩子的每日自發概念逐漸向上發展，科學概念日益向下紮根，這就是顯現近側發展區的發展（Fleer, 2012a; Vygotsky, 1991），亦即前面所指的遊戲創造近側發展區，兒童總是超越年齡，高於平日表現的現象（Bodrova & Leong, 2007; Vygotsky, 1978）。不僅象徵遊戲，規則遊戲亦能提供一些特定技能的近側發展區（Bodrova & Leong, 2007），實徵研究顯示，遊戲確實有助於建構邏輯數學能力，為數學、科學概念發展奠基（Forman, 2005; Kami & DeVries, 1993），例如：在遊戲中調製色水感知顏色混合、玩蹺蹺板體驗平衡原理、操作手電筒理解光影關係、玩牌卡遊戲理解分類概念，或玩大富翁遊戲促進數學加減概念等，比比皆是。

此外，在角色扮演中，經過同儕互動共同編織反映現實生活的劇情，尤其是在複雜交織的主題與多元角色下，更容易認識社會生活百象與不同角色之運作，有助於認知與相關知識之發展；也就是透過遊戲情境，幼兒得以「製造知識」，有所學習與發展（Brooker & Edwards, 2010）。又遊戲有助孩子發展規劃能力，因為孩子在遊戲中有吸引人的扮演目標，為了達此目標，他必須採用一些方法實現之（Bodrova & Leong, 2007），例如：要玩搭飛機旅遊的扮演遊戲，必須要有護照、行李箱、海關與安全檢查等情境與物品，因此孩子會願意忙碌於這些物品的製作與情境的架設，以利後續真正的扮演。誠如 Smilansky（1990）綜合研究指出，戲劇遊戲與社會戲劇遊戲眾多貢獻之一是增進孩童較長的注意力與較大的集中力；Berk（2001）亦認為，注意力與記憶力為假扮遊戲之重要貢獻。

（二）激發想像、創造與解決問題能力

解決問題能力（problem solving）是個體適應環境與生活的一種基本能力。根據前章所述，兒童的遊戲與探索是不可分開的，該兩者又與聚斂性（convergent）思考和擴散性（divergent）思考的解決問題能力相關（金瑞芝、林妙徽、林聖曦譯，2000）。Pepler 與 Ross 的研究發現，兒童玩拼圖與數卡遊戲有助於其解決有關聚斂性的問題；而擴散性遊戲（利用拼圖進行建構與象徵遊戲，例如：將拼圖當積木玩）則幫助兒童產生較多解決問題的策略與方法，同時亦可激發其創造力（Johnson et al., 1987）。

幼兒在遊戲過程中必然會遭遇到各式各樣的問題，須積極地設法解決，Bruner 即認為，遊戲讓幼兒彈性思考嘗試選擇各種不同的玩法，有利增進其解決問題能力（Isenberg & Jalongo, 1997）；Bodrova 與 Leong（2007）綜合實徵研究發現，孩童在遊戲中確實顯現較佳的解決問題能

力。以規則遊戲的撲克牌遊戲而言，必須動腦筋思考是扣牌還是丟出以解決可能的問題，也就是孩子必須以眼前的資訊想出策略以對（DeVries, 2006; Kamii & Kato, 2006）。以戲劇扮演遊戲而言，當沒有某項物體或情境時，必須思考如何象徵表達或變通替代；以建構遊戲而言，當所建蓋的拱門無法挺立時，必須設法調整補救。可以說遊戲中充滿問題有待幼兒解決。另一方面，當遊戲中有不同意見時，孩子也必須思考該如何妥協以持續遊戲，這些都有利幼兒的解決問題能力發展。

Berk（2001）認為，假扮遊戲之貢獻之一，即為想像與創造力；又第一章提及遊戲與探索不可分，探索與遊戲行為聯合發生後，往往能產生創造行為，實有利於創造力的顯現（Cecil et al., 1985）。許多有關遊戲的研究結果均顯示，遊戲有助於兒童創造力的增長，例如：根據 Singer 與 Singer 的研究，假扮遊戲對孩子的想像力發展很重要，它藉著開啟孩子探索可能情境與組合的經驗，有利於創造力的發展（Singer & Singer, 2005, 2006）。的確，在象徵遊戲中，必須以想像力去扮演並表徵物體與情境，想像力與創造力自然萌生，例如：以紙箱套在身上兩手轉動來表示開車、以數棒代表加油槍管等；而且為了能順利演下去，不斷思考如何解決眼前問題，實有助於創意解決問題能力之發展。其實解決問題能力與創造力有關。

Smith（2010）亦曾綜合跨文化比較研究、相關研究、實驗研究（長期遊戲教導、當代心智理論與假扮遊戲研究等），如 Smilansky、Mitchell、Harris、Nicolopoulou、Christie 與 Roskos 等著名遊戲學者的研究發現，假扮遊戲對孩童發展多所裨益，想像力與創造力即為重要變項；前面提及 Smilansky（1990）曾綜合遊戲介入的相關實徵研究，發現戲劇遊戲與社會戲劇遊戲對孩童發展是重要媒介，在認知方面的獲益包括：認知性創造力活動、較佳的解決問題策略、較為好奇、較多創新、較有想像力等。以上均為遊戲激發想像、創造與解決問題能力之明證。

（三）增進其他認知能力

Vygotsky（1978）認為，孩子的象徵遊戲是運用肢體語言賦予物體象徵性功能與意義；在遊戲中幼兒自然地將意義與行動分離，使思考不受限於物體，逐漸邁向抽象思考之路（Bodrova & Leong, 2007）；例如：用一塊長形單位積木當鋼琴彈，單位積木不再是單位積木，而是鋼琴，孩子雖看到單位積木卻表現出彈琴行為。再如較大的四、五歲孩子口語溝通能力較佳，當用紙箱套入身體當火車時，除兩手伸出前後抽動，常會伴隨語言溝通；例如：「這是火車頭，嘟嘟！火車要開囉！」亦即孩子不僅以手勢動作表現並會配上語言溝通，來達到賦予物品新意義的作用，將物品意義與物體本身分離或行動分離。這種透過想像將某物當成另外一物的能力，以及透過肢體手勢或聲調從一個角色轉換成另一個角色的象徵性表達能力，可為其後的抽象思考奠基（Nourot, 2006）。上述綜合多元實徵研究的 Smith（2010）亦指出，假扮遊戲對後設心智表徵能力的發展亦有所裨益。

又根據 Rubin 等人（1983）的說法，假裝遊戲可以幫助兒童做角色的逆轉並察覺其間的轉換，使兒童有較佳的保留概念表現。因為在裝扮遊戲中，透過角色的扮演可以使兒童具有保留概念所需的兩種認知操作：(1)減自我中心（decentration），藉以了解自己及其所扮演角色的意義；(2)可逆性（reversibility），可從所扮演的角色回到原來的角色，例如：當幼兒在扮演鹹蛋超人的象徵遊戲，此時若老師喚他，他能立刻抽離回歸現實。也就是能從事象徵遊戲的幼兒，思想具有擬似的可逆性（pseudo reversibility），能分辨事物的真實情況與暫時的轉換，而思想的擬似可逆性就是具有保留能力的表現（陳淑敏，1999）。Smi-

lansky（1990）綜合實徵研究也指出，戲劇遊戲與社會戲劇遊戲能讓孩童表現較多的保留能力。

三、遊戲對語言發展的功能

Berk（2001）明白指出，假扮遊戲之數項重要貢獻之一，即為語文能力。研究證實，經常玩社會戲劇遊戲的幼兒，說故事能力表現較佳，讀寫能力也較好（Pellegrini, 1980, 引自陳淑敏，1999）。遊戲對語言發展的功能包含口說語文表現與書面語文表現兩方面，茲說明如下。

（一）提升口說語文能力

學前階段是語言發展的重要階段，語言的學習則以生活情境中的自然交談最為有效，而幼兒的生活即為遊戲，因此遊戲可說是增進幼兒語言發展的良好媒介之一，它提供幼兒諸多語言互動的機會。具體言之，兒童在遊戲時，語言具有如下功能：(1)成人語言的模仿；(2)可用於佯裝；(3)解釋、要求或討論遊戲（Smilansky, 1990）。而根據 Carvey 以及 Smith 與 Syddall 的觀點，兒童在玩社會遊戲時，會藉由計畫、角色、玩物、規則，使遊戲具語言練習功能，從中了解對話的法則，然後再使用正確語法進行溝通，進而計畫遊戲活動的結構，並述說在遊戲中所設定的角色，以及如何假裝活動與如何佯裝物品等。這顯示出社會遊戲之所以能促進孩童語言發展之重要原因（吳幸玲，2003）。

前面提及綜合遊戲介入相關實徵研究的 Smilansky（1990），發現戲劇遊戲與社會戲劇遊戲對認知、社會情緒技巧的發展具有效果，其實她將語文放入認知領域中，這些語文能力包括較佳的口語表達、較豐富的語彙、較高層次的語言理解、較高層次的語言水準等。若從

Smilansky 對於戲劇遊戲與社會戲劇遊戲的主要特性——想像、表徵與溝通互動，加以思考，這對孩子而言就是一種挑戰，經過挑戰才能假扮演出，不難理解其對孩子的發展確實有所助益。

此外，在遊戲中也經常見到幼兒編排不同角色與排序情節、事件以成一完整戲劇，此乃形成語文中敘說故事（narrative）能力的基礎（Hoorn, Nourot, Scales, & Alward, 2011）。曾綜合各類研究的 Smith（2010）發現，假扮遊戲對孩子諸多方面發展皆有所裨益，其中就包含敘說能力與早年語文發展。因此他的結論為：假扮遊戲對於兒童的發展確實是一個促動因素（a facilitator），是許多有利的發展成果的一條路徑，由於它的本質是歡樂享受的活動與具教育性成果，所以值得教師、家長援用。

（二）提升書面語文能力

除口說語文外，幼兒在遊戲中常把早期塗鴉文字納入成為遊戲中的重要元素，例如：扮演遊戲時醫生開藥單取藥、餐廳侍者訂餐，以及建構遊戲時為所蓋的建物預先繪圖設計等；這是讀寫萌發研究經常發現的，顯現幼兒了解印刷文字的社會功能，能譯解符號（decoding the symbol），也得以練習書寫語文（Hoorn et al., 2011），而且研究也證實遊戲使幼兒顯現較好的使用符號能力（Bodrova & Leong, 2007）。

此外在遊戲中，孩子常以手勢動作與語言溝通來達到替代物品、賦予物品新意義的作用，將物品意義與物體本身或行動分離，例如：用一塊單位積木當作電話，孩子雖看到單位積木卻表現出打電話的行為，孩子不再依賴具體實物能象徵表達，這可為日後抽象思考與書面語文做準備。就好比 Vygotsky 所言，假扮遊戲對書面語文的發展是一個主要的影響因素（Vygotsky, 1978），因為在執筆寫字（手勢動作）的書面語文中，寫出來的字與其實際意義是完全不同的；亦即抽象的語言

文字符號也是一種象徵表達，它的作用是在傳達意義，而孩子的周遭世界則充滿了表徵符號。因此假扮遊戲可為日後書面語文與抽象思考鋪路。

本節小結

綜言之，無論是理論或實徵研究上，或多或少證實遊戲對幼兒的語言、認知與情緒／社會發展有所裨益；無可否認地，遊戲對體能發展、身體健康也有助益，尤其是涉及大肢體動作的體能遊戲或戶外遊戲，基於其顯明易懂及在室內功效較為有限，此處僅針對以上三方面發展論述之。重要的是，如何讓遊戲淋漓盡致地發揮作用、增加價值，使之趨向成熟與統整的高品質遊戲境界，下一篇即為探討遊戲與課程的關係與品質。

研討問題

一、你個人所持的遊戲理論為何？請舉例說明基於此理論，你在教學實務上會如何安排遊戲？

二、一個信服社會建構論的老師，你認為他在教學上可能會如何安排遊戲？又如果是持消遣娛樂論的老師，又會如何安排呢？

三、請舉實例說明遊戲對幼兒語文、認知與情緒／社會發展的價值。

第貳篇

幼兒課程篇

重要章節內涵

遊戲與課程之關係與品質

遊戲與課程之關係

遊戲與課程之品質：成熟與統整

坊間遊戲取向之幼兒課程

課程萌生遊戲取向

遊戲萌生課程取向

CHAPTER 3

遊戲與課程之關係與品質

在第壹篇中，吾人了解遊戲的基本概念，包括涵義、種類、發展、緣由與作用，本篇進而探討遊戲與課程間之關係與品質（第三章），以及介紹坊間遊戲取向之幼兒課程（第四章），以洞悉遊戲在幼兒教育上該如何運用與實務運作狀況。首先在第三章第一節探討遊戲與課程間的關係，藉釐清遊戲在幼兒園課程中的定位以達指引實務運作之目的；其次第二節則在論述本書所定位的高品質遊戲：成熟與統整的遊戲，以為實務運作之標竿。

第一節　遊戲與課程之關係

本節旨在探討遊戲與課程間之關係，包括應然與實然關係，以及筆者對遊戲與課程間關係之再思，期望更加釐清遊戲在幼兒教育之定位，做為後續教學互動與具體落實之基礎，裨利高品質幼兒教育之實現。

一、遊戲與課程之磨合關係

遊戲與課程間的關係有些弔詭，學者們紛紛論釋試圖解套，為二者交融共構之遊戲課程提供大道，說明如下。

（一）遊戲與課程關係弔詭

第二章指出遊戲對幼兒各方面發展均具作用，吾人似應珍視其價值。筆者以為Wood與Attifield（2006）所言甚是：如果遊戲提供發展與學習的寶貴情境，那麼它也提供了教學的珍貴機會，因此，將遊戲與幼教課程及教學相互融合，對幼兒而言是福祉利多，而且應該也是幼兒教育的道德使命。

弔詭的是，遊戲通常是由富內在動機的孩子啟動，較不受外在羈束，而教學則是從成人角度出發，傳遞特定意圖及實現某種目標，這兩者間就有如遊戲與工作一向是對立般，似乎難以共事。誠如 Rogers 與 Evans（2008）所言，遊戲教學可被了解為孩子與老師需求間、理想與實際間、孩子受內在激勵之自發行動與標準化及政治化之課程要求間的互動軌跡；因此將遊戲與課程結合，不可諱言地，在許多方面都是存有問題的，確實是一項挑戰。又學者朱家雄（2006）所言極有道理，在幼兒園課程中，若能處理好「順應孩子發展的遊戲」與「將孩子發展納入社會軌道要求的教學」兩者間之關係，就是解決了幼兒教育兩難問題的關鍵。

（二）學者試圖解套之論

可喜的是，學者們試圖解決遊戲在正式課程上運用的挑戰，例如：有愈來愈多的學者認為將遊戲看成是一個「連續體」狀態，可解決對立難題。所謂連續體狀態即看待遊戲為「或多或少遊戲」程度性差別，而非「是遊戲或非遊戲」兩極般對立。舉例論之，Moyles（1994）在所編《遊戲的卓越性》（*The Excellence of Play*）一書中，與各篇作者們均持遊戲對幼兒是具有功效的、是卓越的，而且遊戲、課程與學習

是不相衝突、可交織進行的；因為有如 Moyles 所言，將遊戲與工作視為對立是無益的，事實上我們可能在遊戲中工作，或在工作中遊戲，遊戲與工作其實均是一個連續體狀態，為程度性的增減，而非一端為遊戲（或工作）、一端為非遊戲（或非工作）的絕對狀態。簡言之，遊戲與工作（或學校課程）是可以交融並行的。

其實更早時，Moyles（1989: 16）在《只是玩嗎？》（*Just Playing?*）一書中揭示「遊戲螺旋」（play spiral）的概念，如圖 3-1 所示，認為它對於自古以來世人所持「遊戲與工作」兩極對立狀態——遊戲是不重要、不嚴肅的，工作是嚴肅、專心思考的，或許能提供實務上的解套方案。遊戲螺旋意指孩子的自由遊戲與成人的指導遊戲交

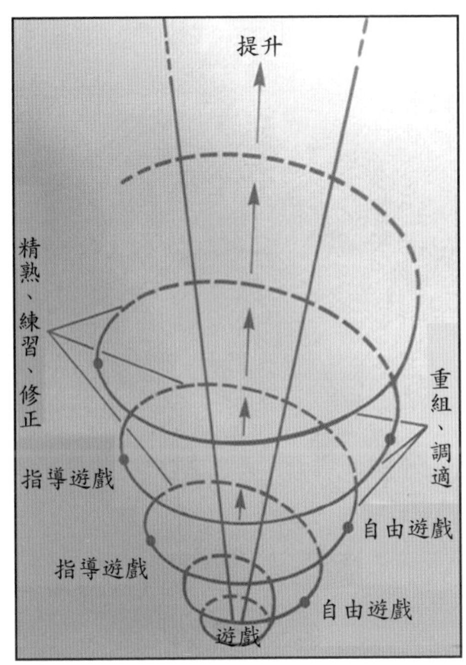

圖 3-1　Moyles 之遊戲螺旋概念

資料來源：Moyles（1989: 16）

互運用、相得益彰，兩類遊戲交織的漣漪延伸成有如螺旋外擴般的學習經驗，向上匯聚提升了孩子的知能。進一步言之，孩子首先在自由遊戲中探索著，產生認知上的重組、調適作用，其後經過老師的指導遊戲後，得以修正、練習與精熟掌握，從而激發與強化孩子之後的自由遊戲；如是兩種遊戲交融般循環發展，拓展了孩子的學習與視野。然而孩子的探索遊戲總是先於老師的指導遊戲，它是為較有挑戰性的指導遊戲做準備。

Hoorn 等人（2011: 8）也是將遊戲視為連續體狀態，在《遊戲為課程的核心》（*Play at the Center of the Curriculum*）一書中，推崇一個適性發展的幼兒課程方案，它是以遊戲為核心、運用遊戲促進發展與學習的一個萌發課程，外加一些每日作息活動與老師計畫或指導的活動。簡言之，遊戲應位於一個均衡課程的中心位置，如圖 3-2 所示。

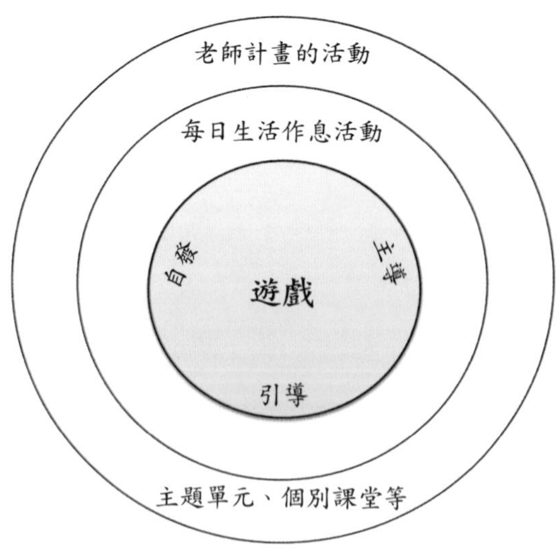

圖 3-2　Hoorn 等人之遊戲位於一個均衡課程之核心

資料來源：Hoorn 等人（2011: 8）

在此萌發課程中，教師扮演積極角色去平衡幼兒的「自發遊戲」、「引導的遊戲」與「教師指導的遊戲」。自發遊戲是幼兒啟動主導的，表達自己的興趣或需求；引導的遊戲是指幼兒受老師意圖影響，但孩子還是積極參與的；教師指導的遊戲係指遊戲是老師所組織、指導與掌控的。作者認為這三種遊戲是呈現連續體狀態的，如圖 3-3 所示（Hoorn et al., 2011: 11），就整體教學言，應該保持均衡，而其平衡做法取決於孩子的發展水準及興趣、家庭文化與學校文化。

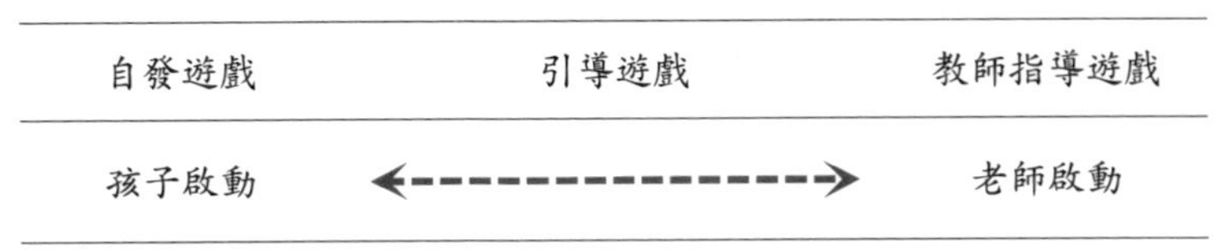

圖 3-3　Hoorn 等人之遊戲連續體

Wood 與 Attfield（2006: 139）也認為，在教學上要創設遊戲與工作連續體狀態，在教與學中納入遊戲。他們基於社會文化論主張，整個遊戲課程的設計應該呈現出是在成人意圖與孩子想法間以及在遊戲與工作間，保持平衡的基礎上的共同建構狀態，如圖 3-4 所示；他們也認為，Moyles 的遊戲螺旋圖對於整合孩子所啟動的遊戲與老師所啟動的活動很有幫助，解決了一向對立的兩難問題。

Smidt（2011）則基於實徵研究，特別將遊戲另類定義，使其不再與工作或課程／教學對立，提供實務上的另一種解套方式。她把遊戲定義為，在一個情境、社會文化內的孩子著手進行於解決問題、探索事物與溝通所體驗的感覺；因此遊戲對孩子而言，總是有目的的與具有主權的，而且是嚴肅的，有時也是很難的。Smidt 認為，將遊戲做如是定義，就容易視遊戲為孩子的工作，使遊戲不再與學校的工作或課程對立。她進而推崇 Goouch 之「遊興教學」（a playful pedagogy）：即

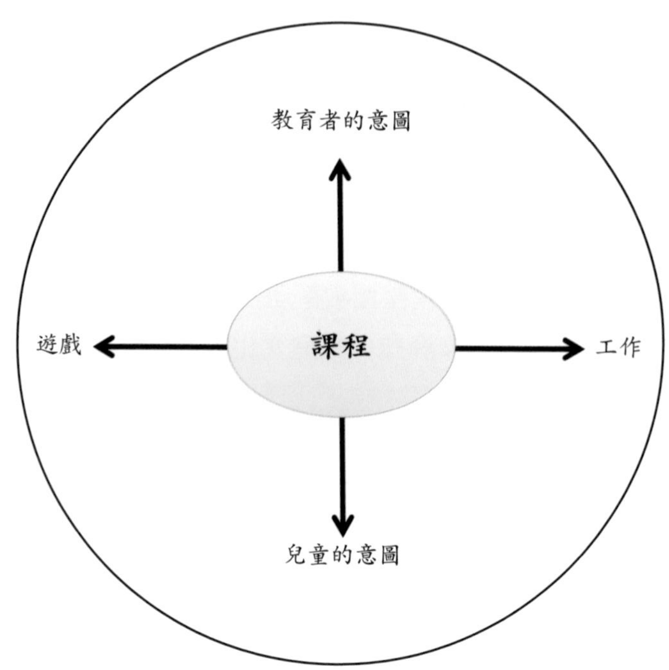

圖 3-4　Wood 與 Attfield 之課程共構圖

資料來源：Wood & Attfield（2006: 139）

孩子擁有遊戲的主權，課程浸泡在孩子的遊戲中，順著孩子的興趣走，教師必須依據孩子的興趣，伴隨與加入孩子以共構遊戲，即教師是遊戲夥伴也，在適當時機為孩子架構資源性活動以擴展其經驗。

又 Rogers（2010）也指出，在幼兒教室中，遊戲與工作常是對立狀態——遊戲是自發快樂的、工作是正式嚴肅的，因此遊戲通常被視為邊緣與做為娛樂之用，只是在特定時間與空間進行，從幼兒教學實務中被移除。其實應將遊戲教學視為一個協商的實務，讓成人與兒童間共同建構，遊戲不應在「以遊戲為基礎的學習」偽裝下，被視為傳遞課程或教育成果的工具，也許這樣就有利於克服在幼兒教室中的遊戲與工作兩元對立狀態。而其起始點應該是從孩子的觀點看到遊戲的價

值，做為教室師生關係主體性移轉的有利情境。

（三）遊戲與課程關係解套——交融共構

綜論之，可見將遊戲與工作視為連續體狀態——或多或少存有狀態，而非絕對有無般對立，似乎能為自古以來遊戲與工作對立的情勢解套，為遊戲與學校課程開闢相互融合之道。筆者也深感於此，常在工作中享受著 Csikszentmihalyi（1996）所指之歡愉「心流經驗」（flow experience），忘了自我與時間，不以為苦；有時也會在遊戲中思索著對工作可啟發之處，常在閒情愜意中靈感滿行囊，帶著新發現的滿足。職是之故，老師指導的遊戲與孩子主導的遊戲是可以共存且均衡交織的。全美幼教協會也指出：「適性發展的教學實務是在『成人引導』的經驗與『孩子引導』的經驗間保持最佳平衡。成人引導的經驗主要是沿著老師的目標方向而進行的，但是也被孩子的積極參與所形塑而成；孩子引導的經驗主要是在有技巧的老師支持下，順著孩子興趣與行動方向而進行的」（Copple & Bredekamp, 2009: 17）。而「不管是在孩子引領的經驗中或是教師引領的教學中，最重要的是能深深抓住孩子心靈的教育經驗」（Copple & Bredekamp, 2009: 50）；也就是說，成人引領、幼兒引領的遊戲均很重要，更重要的是在遊戲中孩子的心智專注與靈活自主。

此外，從以上 Rogers、Wood 與 Attfield，以及 Smidt 等人的論述中也可看出，教師在教學上採取與幼兒協商共構的社會建構論精神，似乎也能為孩子內在自發遊戲、外在正式課程的對立關係狀態解套，它儼然已經成為當代幼兒教育的趨勢，與本書所定位的高品質遊戲——在師生共構中的成熟與統整的遊戲，也不謀而合。有關社會建構論或與幼兒共構遊戲，將於第參篇「教師教學篇」部分詳加闡述其理論（第五章）與實務策略（第六章）。總之，遊戲與工作並不是那麼地截然對立，心智靈活自治於其中才是重要，孩子的遊戲是可以與幼兒園課程相融的；而且兩者均有價值，也應該交融共構，以促進幼兒發展與學習。

二、遊戲與課程之實質關係

前文總結：孩子的自發遊戲與學校的課程與教學是可以磨合並應相融共構的，本處繼而探討坊間所呈現遊戲與課程之實質關係。Johnson 等人（2005）曾指出，遊戲與課程的關係有三：一是遊戲孤立於課程之外，完全沒有關係；二是兩者共存並立，但沒有刻意的連結（例如：教室有遊戲角落，但其活動與正式課程無關）；三是兩者間真正的整合關係。本書所指將遊戲融入幼教課程，是指後者兩者間真正的整合關係。

在另一方面，根據 Hoorn 等人（1993, 2011）的說法，遊戲與課程真正的結合關係有兩種趨向：一是指提供遊戲經驗幫助孩子學習概念與技能的「課程萌生遊戲」（curriculum-generated play），通常是依據預先擬訂的課程目標、內容，將遊戲視為落實這些目標與內容的基本方法，以促進幼兒的學習與發展；另一是指課程活動源自於孩子在遊戲中所顯露興趣的「遊戲萌生課程」（play-generated curriculum），意指教師依據幼兒在遊戲中的興趣與需要，組織學習活動與環境以加深加廣孩子的經驗。

筆者綜合平日輔導與評鑑幼兒園經驗以及以上之論，將坊間遊戲與課程的實質關係分為三大類：課程至上、遊戲至上與相融兼重，共五種型態的關係：分離無關、鄰置無關、自由遊戲為主、課程萌生遊戲、遊戲萌生課程。茲以圖 3-5 顯示並說明如下。

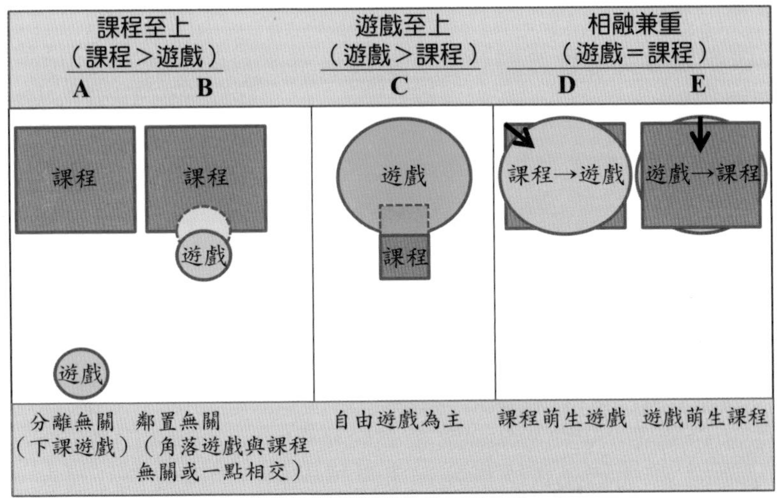

圖 3-5　坊間遊戲與課程的實質關係

（一）課程至上（課程＞遊戲）

課程至上意指幼兒教學實務不重視遊戲，基本上顯現正式課程為大的現象，因此課程的圖示面積（方形）明顯大於遊戲的面積（圓形），即若有遊戲存在，遊戲通常與課程無所關聯，大體上有兩種子狀態。一是型態A的「分離無關」，即在下課時間讓幼兒遊戲，故以空間分離的兩圖形示之；另一是型態B的「鄰置無關」，即是教室角落空間有遊戲材料，但多半是正式課程完後的填補時段或良好表現的酬勞獎賞，故以相鄰的兩圖形示之。以上「課程為大」的現象在傳統教學中極為常見，有如以上 Rogers（2010）所指的遊戲與工作對立狀態，視遊戲為邊緣與娛樂的，只是在特定時間與空間進行，以及第壹篇第一章所提的遊戲從課程中被排除（Saracho, 2012）或揠苗助長、失掉童年與遊戲的現象（Elkind, 1981, 1987; Jenkinson, 2001）。

但是，筆者較以連續狀態程度性地看待坊間所呈現的遊戲與課程之實質關係，最極端的表現是A的分離無關狀態，只是下課短暫時間可以遊戲；其次是B的鄰置無關狀態，起碼已將遊戲角落納入教室內；但是也有可能出現型態B中的虛線圓圈子狀態，即教學實務還是以正式課程為大，不過有時也會將遊戲帶入教學中，其比例極少，偶爾插花而已，例如：在課程進行時，有時帶著幼兒唱唱歌謠或猜謎遊戲，有時則在角落裡置放與課程些許相關的遊戲或操作材料，以引起上課動機。其實 A、B 兩型態間可能還有一些程度性不同的型態存在。

（二）遊戲至上（遊戲 > 課程）

遊戲至上意指幼兒教學實務非常重視遊戲，尤其是孩子自發遊戲或角落自由遊戲，基本上顯現幼兒遊戲為大的現象，因此遊戲的圖示面積明顯大於課程的面積（型態 C）。這種遊戲至上型態主要呈現在過去二、三十年以 Piaget 建構主義或開放教育為精神的幼兒園中，充分尊重孩童在環境或角落中的自由探索與遊戲，教師主要工作是為孩子預備環境或角落，在孩子遊戲探索時則儘量扮演不干預的角色，讓孩子自主建構。

如同前一「課程為大」型態，筆者也較以連續體狀態程度性地看待坊間所呈現的遊戲與課程之實質關係，所以遊戲至上型態也有可能出現型態 C 中的虛線方形子狀態，即教學實務還是以幼兒的自由遊戲為大，但有時也會將教學帶入幼兒遊戲中，其比例極少，偶爾隨興而已，例如：老師發現孩子在角落自由探索與遊戲中的一些問題後，有時也會在互動中與其後團討中加以著墨，傳達教育內涵。其實不僅型態 C 本身可能有程度性不同的類別存在，在 B 與 C 型態間亦可能出現「課程漸消、遊戲漸長」之各類比重不同型態。

（三）遊戲與課程相融兼重（遊戲＝課程）

相融兼重意指幼兒教學實務同時重視遊戲與課程，基本上孩子的遊戲與教師的課程大約是等重的，而且是融合的，故以面積相若且相疊的圖形表示；本書借用前述 Hoorn 等人的概念，將此種類型分為「課程萌生遊戲」（型態 D）與「遊戲萌生課程」（型態 E）兩種狀態。課程萌生遊戲（型態 D）是指教師依據預先擬訂的課程目標，以遊戲方式落實之，基本上是教師先啟動的，遊戲是達成課程目標的途徑；遊戲萌生課程（型態 E）乃指教師順應幼兒遊戲興趣與需要，組織環境與活動拓展孩子的經驗，基本上是幼兒先啟動的。

課程萌生遊戲（型態 D，課程→遊戲），例如：蒙特梭利、華德福、河濱街發展互動等模式，均有其特別強調的任務或目標，並藉助遊戲來教導這些概念或技能以實現其目標。以華德福而言，非常強調感恩、惜福等傳統價值與追求天人合一境界，所以運用自然的遊具與材料、優律美舞蹈、敘說故事等方式來達成其目標；而蒙特梭利為幫助貧困不利兒童，增進其基本技能，以具有特定操作程序的特別設計教具，讓兒童自主遊戲並從中學習以獲得知能；至於河濱街發展互動模式的目標在發展潛能、個別性、社會性與身心統整，在實務上則透過社會研究與豐富的角落遊戲來加以落實。

此外，即將於第四章「坊間遊戲取向之幼兒課程」論述的 Kamii 與 DeVries 之建構式遊戲、Forman 與 Hill 之建構式方案，也是屬於此一教師有目標在心為培育某些概念或技能而設計啟動的課程萌生遊戲取向。相對地，遊戲萌生課程（型態 E，遊戲→課程），例如：強調深入探究有興趣議題的美國方案教學；強調探究、多元表徵與學習社群的義大利瑞吉歐課程；以及筆者所倡導的強調探究與語文心智工具的主題探究課程等，基本上較是一種萌發式課程（emergent curriculum），乃跟隨幼兒的自發遊戲興趣，在老師支撐引導與擴展下，由孩子的遊戲逐漸發展成為課程，也將在第四章中深入探討。

如前所述，筆者也較以連續體狀態程度性地看待坊間所呈現的遊戲與課程之實質關係，所以以上兩種型態的遊戲課程，也有可能存在著程度性差異的各種狀態，例如：在台灣有許多幼兒園課程是由教師設計啟動的，並納入不同比重的遊戲活動，遊戲比重大的當然較屬於課程萌生遊戲取向。

三、遊戲與課程關係之再思

以上以幼兒遊戲興趣為本延伸為課程內涵的「遊戲萌生課程」與以教師所持目標為本設計成遊戲活動的「課程萌生遊戲」兩種狀態，均為遊戲與課程實質融合的例子，應多加鼓勵。筆者樂見幼兒的自發遊戲在教師引導下，逐漸延伸發展成教室裡的課程方案；而教師持目標在心，將遊戲當成課程與教學的媒介，實現所訂目標，也很有價值性。竊以為若能將以上兩種狀態做某種程度的連結互補，或許效果更佳。茲將本書之思考說明如下。

（一）啟動權與主導權之再思

其實，課程萌生遊戲（型態 D）與遊戲萌生課程（型態 E），兩者最明顯的差異在於是誰啟動，因此亦可以稱之為老師啟動的遊戲型態及幼兒啟動的遊戲型態。不過任何課程的形成除啟動權外，當中還涉及師生權力施作的多寡，即所謂的「主導權」（表 3-1），即使是同屬一個型態，其師生主導權表現亦會有所差異。舉例而言，同是教師啟動的課程萌生遊戲取向，蒙特梭利、河濱街發展互動模式、Kamii 與 DeVries 建構式遊戲三者間的教師主導權表現就非常不同；蒙特梭利可

表 3-1 遊戲課程啟動與主導的可能類型

啟動權＼主導權		老師主導	幼兒主導
課程萌生遊戲（型態 D）	老師啟動	D1：老師啟動、老師主導	D2：老師啟動、幼兒主導
		←------型態 D*------→	
遊戲萌生課程（型態 E）	幼兒啟動	E1：幼兒啟動、老師主導	E2：幼兒啟動、幼兒主導
		←------型態 E*------→	

資料來源：作者自行整理

能比較趨近表 3-1 之 D1「老師啟動、老師主導」類型，而其他二者可能比較接近表 3-1 之 D2「老師啟動、幼兒主導」類型。

進一步說明之，Kamii 與 DeVries 建構式遊戲是以發展幼兒自律為目標，包括心智上與行為表現上的自治，目標非常明確，於是透過團體遊戲、數學與科學遊戲等方式讓幼兒探索體驗；可以說在教師設計與啟動後，幼兒擔負許多責任與權力，因為幼兒不僅要心智靈活地調整思考與以行動探索，而且還可以協商改變遊戲的玩法。而蒙特梭利也是在明確目標下，以遊戲教具的操作來實現培育基本技能的目標，但是相較之下，蒙特梭利的孩子則必須按照教具原始設定的步驟操作，鮮能做任何改變或調整。至於河濱街發展互動模式是透過社會研究與豐富的角落探索來實現其發展潛能、個別性與社會性等目標，孩子無論在角落中與社會研究中均顯示相當大的自由度。換言之，同是課程萌生遊戲取向，三者間在課程發展歷程中師生權力的運作上，是存有程度性差異的。

（二）師生諧融共構之再思

綜合上述以及前述之結論——與幼兒協商共構能為遊戲與課程對立關係解套，筆者深深以為在強調民主共構高品質遊戲理念下，以上兩種遊戲課程都應有老師引導與順應幼兒興趣的成分，也就是教師引領與幼兒引領應該是對等互補的協商關係，是一種有如前面 Moyles 所比喻的螺旋關係，有時是老師指導，有時是幼兒主導，有時則共同引領。例如：在課程萌生遊戲取向中，雖是老師心中有預設目標，由老師設計遊戲活動與環境來實現其目標，但是在施行過程中，應該有融入幼兒興趣與主導權的空間，設法在幼兒遊戲興趣走向與教師所設計遊戲活動間保持平衡點。反之在遊戲萌生課程取向中，亦是如此。

詳言之，在任何包含團體、分組與角落活動依老師目標啟動的遊戲課程裡，都應該基於師生協商基礎，儘量在教師引導與幼兒引導之間保持適度的平衡狀態。例如：如果老師想要促進合作概念因而設計與啟動一系列如螞蟻搬豆、怪車橫行、支援前線等團體或分組遊戲活動，在孩子共同以肢體合作搬物後，若有幼兒突然發現自己身體的無限潛能，連帶引起其他幼兒紛紛探索身體部位與動作，如扭曲、翻轉、單腳跳、滑步、蠕動前進等各種可能的移位動作；此時教師應順應幼兒繼續探索的興趣，或將合作搬運、怪車橫行任務結合各種移位動作讓幼兒盡情發揮，也就是將主導權適度鬆綁、下放轉移，如此相融共生，讓學習對幼兒是有趣的、有意義的。而在角落遊戲中，教師應儘量容許幼兒自由延伸原所設計的教材或遊戲，或鼓勵幼兒在主題氛圍下自發發展遊戲內涵，並適度地均衡權力的運作，讓幼兒的遊戲在老師的共構引導下，玩出較高層次。

而在另一方面，在遊戲萌生課程取向中亦應有老師引導與順應幼兒興趣的空間，吾人以第一章研討題之【生病、車禍、救護車】幼兒自發遊戲為例說明之。在該遊戲情節中，雖是幼兒在角落中啟動了遊戲，可是遊戲是零星呈現與瞬間隨興的，此時就必須有賴老師後續的引導與穿針引線，在師生共構下發展成豐富的課程內涵，例如：生病或車禍的孩子可以用救護車送到醫院看醫生，讓急診處與病症科別、

醫療與護理行為能被清楚意識，也讓疾病或車禍防治與照護能被彰顯，甚至出現醫院開張、藥房開張等複雜的遊戲與統整性高潮活動。老師在過程中可能必須透過團討、教學活動、參訪、邀請來賓入內教示等較為結構性的活動，豐富孩子的經驗；若沒有老師共構引導，孩子有可能在隨興之下不了了之，或者根本玩不出成熟與統整的高品質遊戲，對發展與學習沒有任何助益，這也是近年來完全放任幼兒的自由遊戲屢屢遭受批評之因。所以在幼兒自發遊戲中，老師的引導、甚至指導，是很重要的，誠如全美幼兒教育協會指出，孩子的自發遊戲對發展很有價值，但是當代許多孩子因為生活經驗所致，缺乏高層次與專注的遊戲能力，因此幼教現場提供持續的高品質遊戲機會，以及老師積極地支持孩子玩出此類遊戲水平，是很重要的（Copple & Bredekamp, 2009）。

吾人若深入分析，啟動權與主導權的施作是有程度性的差異的——主導權有主導、指導、引導等不同程度的權力施作，啟動權亦有共同啟動、師主生輔、生主師輔等不同程度的啟動狀態，因此，在遊戲主導權與遊戲啟動權間至少有四種以上的狀態存在（如表 3-1 D1、D2、E1、E2 四種型態），在理論與實務上可能會有多種遊戲型態存在。為方便論述，本書在啟動權方面，僅以現況中較明顯的老師啟動、幼兒啟動二類論述，不做細分，將焦點置於啟動後的主導權運作。

以台灣為例，有一些幼兒園課程是由教師設計啟動的，並納入相當多的遊戲活動，是較屬於課程萌生遊戲取向；不過，在教師主導權上是有很大差異的，有些幼兒課程完全由教師主導（偏向 D1），甚至與單元課程無異，有些則順應幼兒主導而調整遊戲內涵（偏向 D2），亦即主導權由教師主導、指導、引導到孩子主導間，是可以有很多程度性差別的。最重要的是，吾人要綜覽全局，在兩種遊戲課程取向內均適度保持主導權的平衡狀態，也就是說，主導權因情境而調整，有時教師是居於較為主導角色，有時則多順應幼兒的引領，有時則是雙方共同引領的；整體而言，是在一個與幼兒共構協商情境下保持於一個平衡狀態的，不致流於教師過分主導，或是幼兒過分自由的現象。

職是之故，表 3-1 筆者以D*紅色虛線代表一個整體權力運作呈均衡狀態的課程萌生遊戲取向，簡稱「諧融的課程萌生遊戲」，以 E*紅色虛線代表一個整體權力運作呈均衡狀態的遊戲萌生課程取向，簡稱「諧融的遊戲萌生課程」；D*與 E*兩種取向內均各有許多不同程度的師生權力運作情境存在，故以虛線代表各種可能運作情境，但整體衡量起來，是大致保持於一個均衡狀態的（如表 3-1 紅色虛線所示之中心紅點）。

本節小結

綜上所述，儘管遊戲與課程關係弔詭，以及坊間遊戲與課程實質關係多樣，遊戲應為學前階段教學的核心，與課程相融共生。基本上，老師有目標在心據以啟動與設計的「課程萌生遊戲」型態（型態 D），與順應幼兒興趣啟動的而加深加廣的「遊戲萌生課程」型態（型態 E），均有其存在價值。筆者甚至建議兩種型態均應均衡納入教師引導與順應幼兒興趣之處：在幼兒自發遊戲啟動的課程取向中，容許教師適度地引導；在老師依其目標啟動的遊戲課程中，容許適度順應幼兒興趣與引領，這其中的運作端賴現場教學狀態、課程目標與幼兒興趣等做適當調配。不過整體而言，在兩種遊戲課程取向內均是處於一種師生權力均衡運作的狀態，此乃本書嚮往的遊戲與課程真正融合的關係與形式。而這教師與幼兒主導權均衡狀態的遊戲課程取向，其品質都是成熟的、統整的，將於下節繼續探討；至於有關諧融的課程萌生遊戲取向與諧融的遊戲萌生課程取向，其各是如何設計與施行，將於第肆篇第七章「遊戲課程之具體實施」中，詳加論述。

第二節　遊戲與課程之品質：成熟與統整

本書所定位的遊戲是師生共構下的成熟與統整的高品質遊戲，它是教師教學互動的標竿，也是本書所推崇的遊戲境界及撰寫的重要目的；在另一方面，欲有高品質的課程，必須藉由高品質遊戲的提供方能達成（Wood & Attfield, 2006），因此本節專門研討此一高品質的遊戲境界——成熟與統整。

上節筆者揭櫫遊戲與課程真正融合的兩種取向——諧融的課程萌生遊戲、諧融的遊戲萌生課程。前者的啟動權在於教師，為達到所持之教學目標，設計以各類遊戲活動為主的課程來加以實現，這些遊戲活動主要包括團體、分組與角落規則遊戲，以及其他角落遊戲如積木角建構遊戲、科學角探索遊戲等；而在實施過程中，教師適度地順應幼兒的興趣與引領權，在師生共構互動中發展出實質的遊戲課程。這就是通常所見的教師預先設計的課程，不過比其更為強調順應幼兒興趣與引領之師生諧融共構。

相對地，諧融的遊戲萌生課程之啟動權在於幼兒，源自於幼兒在角落或環境中的自發象徵或建構遊戲，老師在順應幼兒遊戲興趣之基礎上，於共構互動中不僅充實幼兒的經驗，而且也引導了一些遊戲方向，加深加廣孩子自發遊戲的內涵，發展出真正的遊戲課程；至於老師的引導與充實經驗主要包括團體規則遊戲與各角落遊戲，以及校外參訪、團體討論、學習單等。這就是俗稱之萌發課程，不過比其更為強調教師引導之師生諧融共構。

綜言之，以上兩種遊戲課程均以各類遊戲為主要精神與要素：諧融的課程萌生遊戲乃以各類遊戲活動為主要手段共構發展課程，諧融的遊戲萌生課程則以幼兒自發遊戲為基礎共構發展課程，兩種取向的遊戲課程均包括角落（或戶外）的「象徵遊戲」、團體進行與角落操作的「規則遊戲」與其他的「角落遊戲」。因此以下探討這些遊戲的高品質表現：成熟的與統整的。

一、成熟的遊戲經驗

此處首先探討成熟的象徵遊戲特徵為何，繼而論述成熟的規則遊戲與其他角落遊戲的特徵為何。

（一）象徵遊戲

對孩童遊戲素有觀察與研究的 Smilansky 認為，象徵遊戲或戲劇遊戲的高階發展就是三、四歲以後才開始出現的「社會戲劇遊戲」，而高品質的社會戲劇遊戲有六個要素：角色扮演、玩物的假裝、動作與情境的假裝、持續進行、社會互動、口語溝通（Dodge & Colker, 1992; Smilansky & Shefatya, 1990），Smilansky 並依據此六項因素製成觀察幼兒遊戲發展層次的量表。筆者以為這六項要素確可做為判斷遊戲是否成熟或臻至高品質的重要指標，尤其是有別於戲劇活動的社會互動與口語溝通兩項要素，茲敘述如下。

1 以模仿扮演角色

這是戲劇遊戲或社會戲劇遊戲最基本元素，是指小孩擔任一個角色，並透過模仿的行動或話語來表達該角色，例如：一個孩子用拳頭觸著另一個孩子的胸部與腹部並說：「深呼吸！」，假裝是扮演正在聽診的醫生角色，另一個孩子則扮演正在咳嗽著的病人角色；又例如：孩子說：「假裝我是警察，你是小偷。」「我要抓你囉！」扮演員警的

小孩立即將兩根手指附在嘴邊（假裝是哨子），發出嗶嗶聲，而扮演小偷角色的小孩則躡手躡腳地行走，裝出小偷之偷偷摸摸狀。

2 與物體有關的假裝

以動作或口語宣稱及（或）以不像物體的東西來替代真實的物體，例如：孩子指著教具櫃上的拼圖匣架說：「假裝那個是電視。」或者是手拿一塊積木佯裝按著電視遙控器、眼睛不時往前方看；再例如：孩子以筆代替注射的針筒、以積木附耳代替電話；或是躲入風琴與牆面間空隙中說：「假裝這裡是監獄。」均屬之。

3 與行動與情境有關的假裝

以口語描述或宣稱及動作或手勢來代替行動或情境，例如孩子說：「假裝地震了，好大的地震。」然後身體與手不斷地抖動與搖晃，並故意碰落周遭的一些物體，使其發出巨響；又例如：「假裝現在路上發生車禍，警察來了、救護車來了，我是警察……」然後以誇張手勢代表警察指揮交通，另一位小孩則以手附耳打電話說：「是 119 嗎？有車禍了！」然後快步跑並不斷發出「喔咿！喔咿！」「喔咿！喔咿！」的聲音，代表救護車來了。

4 角色扮演的持續性

孩子專注於戲劇扮演中，持續扮演一個情節中的角色或主題至少一段時間，如五、十或十五分鐘，甚至更長的時間。

5 社會互動

社會互動是社會戲劇遊戲的核心，至少有兩位小孩涉入於所扮演的戲劇劇情中，而且彼此在劇情扮演上有所關聯互動，影響著劇情的發展，增加了認知與社會面向的複雜性。

6 口語溝通

對於劇情的發展，社會戲劇扮演成員中有一些口語互動發生，例如：溝通情節的轉換、規劃劇情或指導他人，例如：「我現在是醫生了，你要把娃娃帶過來這邊檢查。」「假裝現在著火了，我們是消防隊員在救火。」「你被車撞到了，你要躺在地上，假裝很痛，救護車會來，送去醫院。」

幼兒教育專家 Bodrova 與 Leong（2007）基於實徵研究指出，並非所有孩童的象徵遊戲都是成熟有品質的，甚至四、五歲的孩童只表現出學步期孩童的遊戲行為，他們以表格對照描述成熟與非成熟遊戲表現，筆者特意重組並歸類，以利吾人更加理解成熟遊戲的表現。這些成熟遊戲特徵如表 3-2 最右邊欄位所示五點：象徵性的表徵與動作、以語言創造與扮演假裝的劇情、複雜交織的主題、多元變化的角色、延伸數天，至於其說明則在中間欄位。

分析以上兩方觀點，可以發現 Bodrova 與 Leong 的觀點其實與 Smilansky 甚為接近。Smilansky 雖有指出社會互動時劇情的關聯互動，不過 Bodrova 與 Leong 更進一步地指出劇情主題的複雜交織與角色的多元變化，因此本書採用他們的五項特徵來評斷象徵遊戲是否屬於高品質的成熟遊戲。若以第一章開頭的遊戲情節為例，若欲將幼兒的象徵遊戲發展成成熟的高層次遊戲，甚至發展為豐富的課程內涵，吾人可以運用此五項特徵來設法搭架提升，尤其是複雜交織的主題與多元變化的角色：【熱鍋加油站】可以融入昨天的【一家人開車去麥當勞】的情節，劇情中有加油站、麥當勞情節，甚至可以有動物園、修車廠場景；【生病、車禍、救護車】可以整合醫療行為與設施、各類病症科別、藥房買藥、生病照護與防治、救護車與急診、關懷與探病等劇情；又第六章遊戲情節【阿泰一人開飛機】可以延伸到機場地勤櫃

表 3-2　成熟與非成熟遊戲之對照

非成熟遊戲之描述	成熟遊戲之描述	成熟遊戲之特徵
* 孩童一次又一次重複相同的動作（例如：切菜或洗盤子）。 * 孩童使用真實物品扮演，無法發明替代道具。	* 孩童創造一個假裝的劇情，並演出該劇情所發展出的情節。 * 孩童發明道具以符合角色所需。	1. 象徵性的表徵與動作
* 孩童使用很少語言去創造遊戲情節或角色。語言限於標示人或行動，例如：「我是媽媽」或「嗚嗚」聲。 * 在行動開始前，孩子無法描述將會演出什麼。 * 孩子為了道具與角色爭吵、打架。	* 孩子進行較長時間的對話於劇本、角色將如何發展；在扮演時也密集使用語言，如標名道具、解釋動作、指引其他遊戲者、模仿所扮演角色的話語。 * 在開始扮演前與劇本即將改變時，孩童參與角色、動作、道具使用的長時間討論。 * 孩子解決爭論與歧見，且發明新道具，而非為新道具打架。	2. 以語言創造與扮演假裝的劇情
* 孩童沒有協調彼此間的溝通互動，而是從事平行的遊戲。	* 遊戲是包容協調了多重角色與主題。每一個角色在劇情中都有其地位，共同支撐整個劇情。孩童可能扮演一個以上的角色（同時是餐廳的廚師與顧客）。新的觀念想法、角色、道具不斷被編入遊戲中。	3. 複雜交織的主題
* 遊戲中並沒有角色，或許僅是基於一個動作或道具的原始角色。	* 孩子扮演有特色或行動規則的角色，並改變肢體語言以同時扮演許多角色，或指派物體一個角色，為其發聲與行動。	4. 多元變化的角色
* 在換到另一項活動之前，孩童無法持續遊戲超過五至十分鐘。	* 孩童完全沉浸於遊戲扮演之中，並且為探索與延伸一個假想的劇情，持續到第二天或幾天後。	5. 延伸時間（超過數天）

資料來源：整理自 Bodrova 與 Leong（2007: 145）

檯、海關與移民署、機上餐點與服務、轉機與目的地旅遊等場景。

以上數個象徵遊戲情節的延伸，充分顯現複雜交織劇情與多元變化角色的特色，孩子可以一人同時分飾數角，並以肢體語言、道具來表徵角色、情境與物體；而且老師若鼓勵幼兒間充分討論與互動、協調劇情演出並夥伴在旁搭構合宜鷹架，則可以延伸數日，充分顯現成熟遊戲的五項特徵。這五項特徵代表了遊戲自身的品質，也顯示了孩子的表現——不斷地以肢體語言與物體來創造與扮演劇情，無論在心智上與行為上都是靈活且自律的，即能主動思考、協調他人觀點以及自我管理、與人合作演出的；而且也自然地在遊戲中運用語文心智工具探究諸多知能或概念，例如：為建蓋機場而「查閱」書籍照片、「討論」出國經驗、「訪問」在機場工作的家長、到航空館參訪並「記錄」、「製作」機票與登機證等，充分顯現遊戲與探索如影隨形。但是這樣的遊戲品質與幼兒表現是需在師生共構前提下，教師扮演多類角色與彈性運用多元鷹架方能實現的，此將於第參篇「教師教學篇」第六章「教師於遊戲課程中之角色（II）：鷹架與實務」中，詳加探討。

可以說在具多元變化角色的交織複雜劇情中，不僅整合孩子多面向的新舊經驗、學科知識，促進了認知思考、想像力、語文發展，而且強化人際溝通、協調能力與自我管理能力；當然它也是一種社會議題、師生權力的整合，不僅順應幼兒興趣，也有教師引導的努力空間，毫無疑問地是一種統整性課程，對孩子的發展而言，必大有裨益，充分體現遊戲與課程真正相融的「諧融的遊戲萌生課程」取向。總之，有關成熟的象徵遊戲特徵如表 3-3 所示，在「遊戲自身」是符合 Bodrova 與 Leong 所揭示之五項特徵，在「進行方式」上是建立在師生共享共構的基礎上，在「幼兒表現」上則顯現心智上與行為上的靈活自治，且其遊戲通常伴隨著探究行為與自然運用語文心智工具。

（二）規則遊戲與其他角落遊戲

規則遊戲基本上可分為兩大類：一為孩子可在個別角落進行的，多半是盤面或牌卡等操作遊戲；另一為在較大空間進行的，多半涉及肢

表 3-3　成熟的象徵遊戲、規則遊戲與其他角落遊戲的特徵

向度 類別	遊戲自身	幼兒表現	進行方式
象徵遊戲	1. 象徵性的表徵與動作 2. 以語言創造與扮演假裝的劇情 3. 複雜交織的主題 4. 多元變化的角色 5. 延伸數天	1. 心智靈活自治 2. 行為靈活自治 3. 伴隨探索行為	師生共享共構
規則與其他角落遊戲	1. 顯現趣味性，充滿幼兒思考與參與氛圍 2. 顯現挑戰性，充滿幼兒思考與參與氛圍	1. 心智靈活自治 2. 行為靈活自治 3. 伴隨探索行為	師生共享共構

資料來源：作者自行整理

體動作的團體遊戲，例如：瞄準遊戲、賽跑遊戲、口令遊戲等。而以上這些遊戲通常是在老師所持目標下，設計成能促進特定學科知識或技能的遊戲，例如：涉及加減概念與手眼協調的保齡球遊戲、合作完成任務的螞蟻搬豆體能兼社會性遊戲、認識空間方位與形狀的牌卡遊戲、增進數量概念的大富翁盤面遊戲、連接特定語詞或故事內容的創意語文遊戲等。以上兩種規則遊戲是課程萌生遊戲取向之主要成分，個別遊戲的品質著實影響著整個遊戲課程的運作。

一個有品質的規則遊戲的重要特徵，應該可以參考Kamii與DeVries（1980）所提出的規則遊戲的三項選擇標準：(1)有趣、挑戰能激發思考；(2)幼兒可自行評量其成就；(3)所有幼兒在心智與情感上能主動參與投入。此外，也可參照他們所提出的團體遊戲應有的功能即所欲培育的三項目標，去評斷遊戲的品質：自治自律、去自我中心與協調他人觀點、自信與具解決問題的積極心態；以及是否能促進幼兒認知（去自我中心、觀點取代與相關知能等）、道德（訂定公平、合理規則與維護規則）、情緒（自信、滿足感）與社會關係上（協調、做決定）的發展，去衡量遊戲的素質。

在另一方面，Bodrova與Leong（2007）認為，規則遊戲可以促進幼兒的近側發展區，正因為它的合作與共享特性，在老師的協助下可以幫助孩子發展遵守規則的自我管理能力；而規則遊戲無可避免的輸贏，可以讓孩子學會處理短暫失敗的情緒；一些為學科知能而特別設計的遊戲，則可讓幼兒學到特定的知識技能；至於涉及大肢體的規則遊戲，則可協助幼兒發展自我控制能力等。筆者以為以上這些效益亦可視為評量高品質規則遊戲之重要特徵。

茲以第一章遊戲情節【球兒滾滾滾】為例，說明個別遊戲與整個遊戲課程的運作。如果老師原訂目標是讓幼兒認識形形色色的球類與遊戲，在初始設計主題概念網絡活動時就會包含諸多概念：認識球的種類與形狀、球的運動（滾動、轉動與彈跳）、球的構造與特性、合作性球類遊戲、球的保養、球的藝術與裝飾等；以及為達成以上概念，可於團體或個別角落進行的多元領域遊戲活動：體能領域的各種球類遊戲，語文領域的球卡、球類或球類遊戲圖鑑製作等活動，社會領域的合作傳球、運球等遊戲，科學領域的球兒滾滾滾、球裡有什麼寶貝、跳動的球等遊戲，美勞領域的乒乓球彩繪、乒乓球創作等。而其後在活動實施中則適度順應幼兒興趣與幼兒共構後，統整了幼兒的新舊經驗、知識與能力，幼兒可以從不同面向充分理解球與球的遊戲。

進一步言之，當幼兒自行在角落延伸曾經分組進行的【球兒滾滾滾】遊戲時發現，讓乒乓球滾動的方式不只有用扇子搧，舊經驗使其知道球很輕，所以應該可以用口吹動它，於是嘗試、驗證，並在行動中發現震動地板也可帶動它；老師遂提問口裡吹出來的是什麼？還有什麼方式也有口吹所產生效果？結果帶出幼兒用繪本搧、用保特瓶擠壓、用手搧等方法；其後在孩子興致高漲下，並改用孩子所發現的方式再度進行全班分組遊戲。可以說孩子在遊戲中充分表現心智上的靈

活自主與行為上的靈活自治；同時這樣的遊戲課程也整合了上下權力的運作，不僅有老師設計、啟動的成分，也有幼兒引領的共構，無疑地是一種統整性課程，對孩子的發展而言必然是利多，充分顯現遊戲與課程真正相融的「諧融的課程萌生遊戲」取向。又孩子在此遊戲課程中自然地探究相關知能或概念，例如：球裡面有什麼？力道與球彈跳高度、滾動距離的關係？可讓乒乓球滾動（手不碰球）的方式有哪些？球都是圓的嗎？在一面遊戲中一面探索著，並運用語文心智工具，例如：「推論」、「討論」、「記錄」實驗結果、「查閱」書籍與「搜尋」網站、「製作」遊戲或球類小書、「訪談」球類遊戲高手等，顯示遊戲與探索行為乃相生相隨。

綜合各家（如表 3-3 所示），筆者認為一個成熟的規則遊戲有三項特徵：(1)在「遊戲自身」是流露有趣、挑戰充滿幼兒思考與熱烈參與的；(2)在「進行方式」上是合作共享、可以協調觀點並互搭鷹架的；(3)在「幼兒表現」上顯示心智與行為上的靈活自治。心智上的靈活自治意指幼兒在遊戲中能主動思考、去自我中心及協調別人觀點，行為上的靈活自治意指幼兒在遊戲中能做到自我管理、能與人合作表現出願意訂定與勇於維護公平合理的規則。

至於角落遊戲其實包括娃娃家的象徵遊戲，與以益智區為主的操作性規則遊戲；此外尚有其他區域的角落遊戲，包括積木區的建構遊戲（有時會與象徵遊戲結合）、美勞創作角的藝術繪畫活動、圖書故事角的閱讀與說故事活動等，這些其他區域的角落遊戲被稱之為能擴展學前與幼稚園孩童發展的「建設生產性活動」（productive activitity）（Bodrova & Leong, 2007）。不過這些區域活動的品質亦須透過合作共享而達到，以積木角為例，可讓孩子相互搭架、共同合作，或擔任互補角色；老師則穿針引線、試圖結合孩子的不同建構題材，並且挑戰孩子更上一層樓。

其實成熟的各角落遊戲與規則遊戲相同，不僅在進行方式上是合作共享的，在遊戲自身與幼兒表現上，也是具有同樣特徵。各角落遊戲在品質上要顯現出有趣、挑戰性及充滿幼兒思考與熱烈參與氛圍的，這是角落遊戲運作的先決條件；在幼兒表現上也具有心智上與行為上的靈活自主，這樣才能讓角落探索運轉自如。表 3-3 為成熟的、高層次的各類遊戲特徵，在遊戲自身特性上，雖然遊戲類別不同，所表現的成熟特徵也不盡相同，但幼兒均會在遊戲中伴隨探索行為，表現出心智與行為上的自治；不過最重要的是，成熟的遊戲均須有賴師生共享共構。

二、統整的遊戲經驗

什麼是統整性經驗？為何有品質的遊戲或幼教課程強調統整，它有何益處？以及在遊戲課程中是如何統整各面向經驗？以下即在探討這些概念。

全美幼兒教育協會的適性發展幼教實務指出，所有孩子的發展與學習領域是相互影響關聯的，因此要提供廣泛且有效的統整課程，有意義地連結各發展領域與重要學科知能，讓學習經驗是整合的（Copple & Bredekamp, 2009）。其實根據第一部分（p. 78「一、成熟的遊戲經驗」）所述，各類遊戲若是能融合發展成課程，均能為幼兒帶來各面向知能，勢必能提供統整的學習經驗。「諧融的課程萌生遊戲」取向的老師為實現課程目標，必須透過統整所有學習領域的「主題概念網絡活動圖」方式，設計含括以團體、分組與角落各類遊戲活動為主的主題課程加以落實，並在共構互動中適度順應幼兒興趣與引領，調整活動以發展出實質的遊戲課程；而「諧融的遊戲萌生課程」取向雖是源自於幼兒自發主導的遊戲，不過為確保品質，教師在過程初始也須

以「主題概念網絡活動圖」規劃並與幼兒討論，然後在協商互動中予以調整並且充實與引導幼兒的經驗，以發展出實質的遊戲課程。顯然可見的是，以上兩種遊戲課程取向，均可提供幼兒統整的學習經驗，均為高品質遊戲課程。有關這兩種型態的細部設計與執行將於第肆篇「具體落實篇」第七章「遊戲課程之具體實施」中論述，本處針對統整的理念加以探討。

（一）統整的意涵

不管課程是如何與孩子的遊戲結合，它都必須是統整的，提供幼兒整合的學習（遊戲）經驗，而所謂「統整性課程」是以一個主題概念或議題為核心，整合幼兒各方面生活經驗，也整合了各領域知識與技能（周淑惠，2006）。具體而言，它乃以中心的主題或議題為核心，向外分析彼此相關的主要概念與次要概念，即該主題概念的「知識架構」，共同構成了一個完整的主題；然後才在其下設計能達成該些概念的各領域遊戲與經驗，包括：語文、科學、律動、美勞等。圖 3-6「生病了！」主題包含向外輻射的不同層次概念（藍色四邊形）與有助概念理解與探索的經驗或遊戲（粉紅色橢圓形）。

以第一章研討問題的【生病、車禍、救護車】遊戲情節為例，筆者以為，若能在孩子自發遊戲基礎上成功地引導成一個「生病了！」的主題課程；或者是老師自行啟動設計「生病了！」的主題課程（圖 3-6）並與幼兒共構，都可以帶給孩子統整的經驗與知識。根據課程專家 Beane（1997）所指，統整性課程除了在課程設計層面統整了各學習領域外，它還涉及「經驗的統整」、「社會的統整」與「知識的統整」三個層面，創造有意義的學習，筆者以「生病了！」主題為例説明如下。

首先在課程設計上它自然整合不同學科領域（或發展領域）與活動

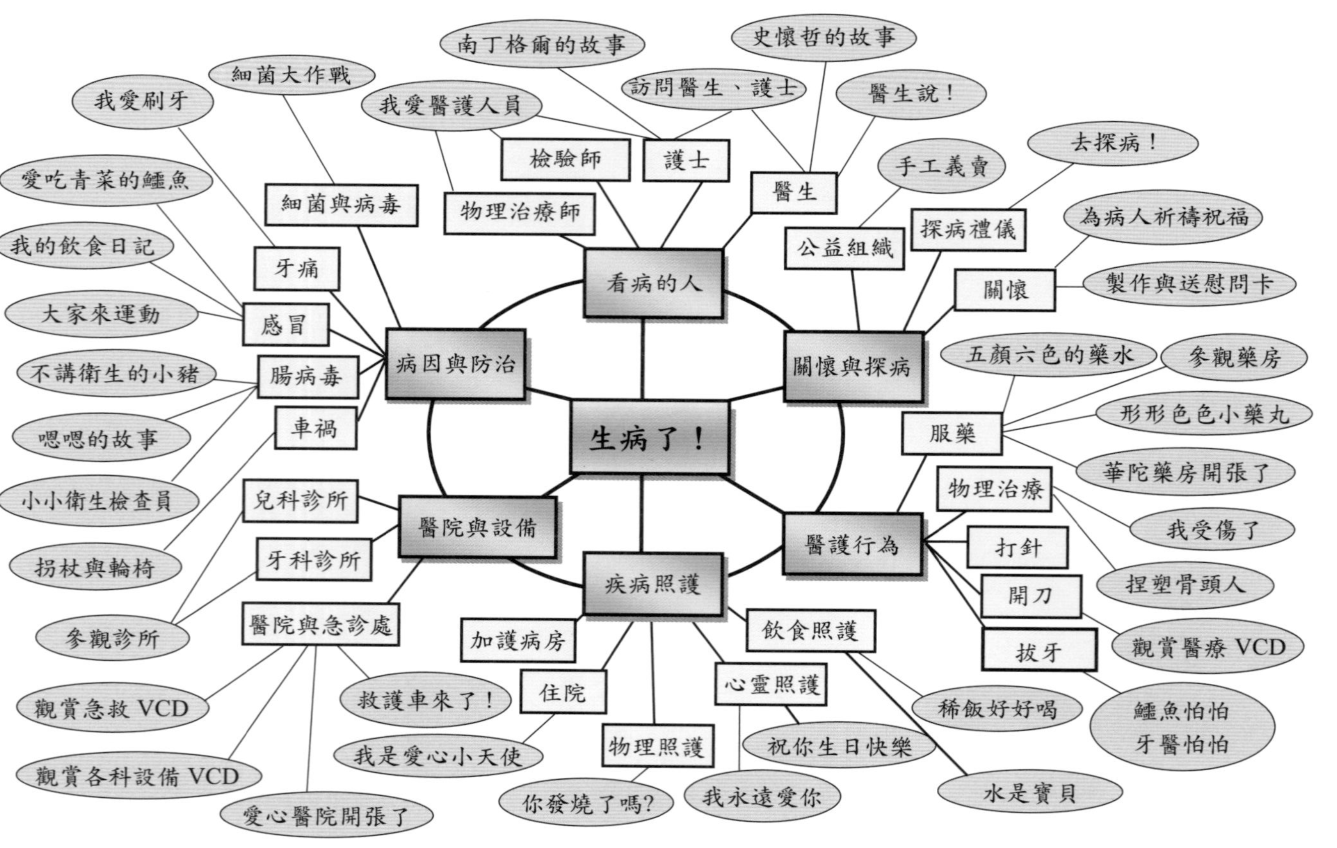

圖 3-6 「生病了！」主題概念網絡活動圖

諸如：語文（我的飲食日記、各類與主題相關繪本、開醫院或開藥房扮演遊戲的藥單或醫療病歷等）、衛生保健（小小衛生檢查員、不講衛生的小豬、嗯嗯的故事繪本等）、美勞創作（捏塑骨頭人、形形色色色小藥丸等）、體能（拐杖與輪椅、醫生說、大家來運動等）、科學（五顏六色的藥水、細菌大作戰等）、社會（製作與送慰問卡、手工義賣、我是愛心小天使等）、數學（藥房買藥付帳遊戲、手工義賣等）。

其次，此一遊戲課程也整合孩子的新舊經驗，許多孩子都有發燒、咳嗽、打針、聽診、吃藥等的舊經驗，甚至有孩子有車禍的經驗；在一個具統整特性的高品質遊戲課程中，孩子可以接觸到其他新的經驗，並與舊經驗融合、擴展認知，例如：疾病防治與照護、人際關懷與探病禮儀、車禍現場處理、救護車作用與急診處功能、腸病毒防治、車禍後復健與治療等。而透過新舊經驗的整合，自然地也統整孩子的新舊知識，例如：醫護職業分工、醫療設施與儀器、保健與疾病防治、診斷與醫療措施、病症科別、心靈照護（宗教與精神慰藉）、相關議題（例如：生死概念、安樂死）等多方面。綜言之，當學習有舊經驗、知識為之參照，在新舊間連結融整下，則更容易促進幼兒的理解。

又課程統整也是一種社會性的整合，它是以個人或社會上所發生的或所重視的重大議題為探討中心，由師生共同發展。就像上述生病了主題，它是孩子最近共同的經驗，也是老師必須正視的問題，無論是借助孩子在遊戲角落中再現生活經驗的扮演遊戲，與之協商共構，共同發展成諧融的遊戲萌生課程；或是老師基於幼兒健康考量，預先規劃、設計課程，再與幼兒共構，共同發展成諧融的課程萌生遊戲，都可帶給孩子統整的學習經驗，同時它也整合了師生上下權力的運作，因為兩類遊戲課程均在幼兒主導與教師主導間保持均衡狀態。

綜而言之，課程統整係指師生共同探討與生活有關且涉及多面向的議題或主題，試圖理解、探究之或解決相關問題。藉由生活中問題的探討，知識被視為理解問題或解決問題的重要工具，孩童一面遊戲／探究，一面運用知識並獲得知識，可以說知識寓於情境脈絡，深具意義，易於理解。

近年來，幼教界所風行的「全語文課程」（Whole Language）、「主題探究課程」、「創造性課程」、「河濱街發展互動課程」、「萌發課程」（Emergent Curriculum）、義大利「瑞吉歐課程」等均是以一個主題或議題為核心，統整了幼兒各方面的學習。換言之，近年來素有聲譽的各幼兒課程，雖各有其特色，其共通元素均以「主題課程」統整幼兒的新舊經驗與領域知識等，可見在課程上提供幼兒統整的經驗是多麼重要。例如：全語文是以聽、說、讀、寫貫穿於主題課程加以統整，河濱街是以社會研究與角落遊戲浮顯於主題課程加以整合，義大利瑞吉歐課程是以探究與表徵凸顯於主題課程加以統整，幼兒創造性課程是以創造能力見顯於主題課程加以整合，主題探究課程是以探究與語文心智工具穿梭於主題課程加以統整，這些課程均非常強調提供幼兒整合的生活經驗，如圖 3-7 所示。

（二）統整的重要性

至於統整的經驗有什麼益處呢？幼兒遊戲課程為何要統整設計呢？茲論述如下（周淑惠，2006）。

1 摒除分科教學難以連結的缺失

課程統整凝聚與連結兒童的經驗促進理解，可說是解決當今「分科教學」缺失的靈藥。因為分科教學在有限的授課時間下，為完全涵蓋所有科目內容，勢必形成 Elkind（1981）所言之「急速課程」趕課現

圖 3-7　以主題加以統整為當代各幼兒課程之共通元素

象，培養只學到膚淺教材內容之「急速兒童」（hurried child）；而且內容支離破碎，毫不相干，留待太多的連結工作給兒童自身去做，形成理解與運用上之困難。

2 帶來理解具有意義的學習

統整性主題課程通常是幼兒感興趣的重要主題，或是生活中的重要經驗，或是周遭社會中正發生之重大議題；而且透過不同面向或學科領域的匯聚以強化正在探討主題的理解，孩子可以從多方面來理解一個主題概念。最重要的是，它透過與己相關的生活化經驗與有趣的遊戲或探究方式獲得寶貴的知能。愈來愈多的研究顯示，當知識附著於情境中，有脈絡意義可循，且與文化、背景、個人經驗相關時，就愈可能被理解、學習與記憶；又當我們理解知識是整體性的，我們就愈能彈性地、有如真實生活般（不分數學面、社會面、歷史面等）地自由判定問題，並能運用廣泛的知識去解決問題，這才是對幼兒真正有意義的學習。

3 滿足新紀元社會生活的需求

統整性課程尚具探索性、建構性、遊戲性、鷹架性、計畫兼萌發等特性，在師生共享共構過程中運用相關遊戲或探究技能，包括：觀察、查資料、驗證、推論、比較、討論、訪談、記錄、溝通結果等，最後不僅建構主題相關知識，而且也精進探究相關技能，因此它是最能反映未來紀元激烈競爭與劇烈變動社會生活所需的課程，也是最能培育新時代安身立命所需的求知人、應變人、民主人、地球人與完整人的課程。

4 培養身心靈健全的完整幼兒

統整性主題課程是一個認知、情意與技能兼重的課程，不僅重視知識的獲得，而且也非常強調求知、應變的技能，以及培養喜歡探究、正向自我等情意面向；就另一方面而言，學習面向統整各個學科領域，絕非分割片段，符合幼兒以身、心、靈全方位學習的特質；而且也同時統整了孩子的新舊經驗、知識與社會的價值，因此易於培育身心健全、全人發展的幼兒。

綜上所述，統整的經驗帶來有意義的學習與全人發展，也符合新紀元社會生活的需求。的確，吾人在實際生活中遇到問題時，並不會把問題拆分為數學、語文、自然等面向，我們都是整體地看待問題，以及思考要運用何種知識，才是對解決問題最為合宜的；事實上，當今社會許多重要議題諸如環境保護、社區生活、文創產業、健康與疾病等，也均涉及多學科或整合多學科。職是之故，透過主題提供幼兒統整的經驗，實有其必要性。

本節小結

課程萌生遊戲與遊戲萌生課程兩種取向的師生諧融遊戲課程均為遊戲與課程實質融合共生，而且也提供成熟與統整經驗的高品質遊戲；幼兒在以上兩種取向的遊戲課程中，自然伴隨探究行為並均顯現高度心智與行為上的靈活自治，而且是以孩子感興趣的主題為本，在師生共構中整合孩子的新舊經驗與領域知能，也統合不同的意見與主導權。筆者衷心盼望在實務上能將遊戲與課程真正融合，並且是高品質的遊戲課程。有關共構協商理論與鷹架實務則將於第參篇「教師教學篇」第五、六章「教師於遊戲課程中之角色」中，續加探討；至於這兩種諧融的遊戲課程之具體設計，請詳見第肆篇「具體落實篇」第七章「遊戲課程之具體實施」。

研討問題

一、請以你所任職、實習或接觸過的幼兒園課程為例，並依本章所探討遊戲與課程之實然關係，分析並說明是屬於哪一種關係狀態。

二、請以你所任職、實習或接觸過的幼兒園課程為例，並依本章所論之高品質遊戲課程特徵，分析並說明為何它是一個高品質的遊戲課程。

CHAPTER 4

坊間遊戲取向之幼兒課程

本章旨在深入探討坊間遊戲取向之幼兒課程，也就是遊戲與課程真正交織融合的幼教課程模式，以為實務界參照。如第貳篇第三章所示，本章內涵包括由教師啟動以遊戲達成所預設目標的「課程萌生遊戲」取向（本章第一節），以及由幼兒遊戲啟動然後被充實與延伸而成課程的「遊戲萌生課程」取向（本章第二節）。兩節最大的不同乃在於前者是教師啟動，後者則由幼兒啟動，不過二者均重視孩子的興趣與權力。

第一節　課程萌生遊戲取向

本節所介紹的遊戲與課程真正融合的課程模式，包括Kamii與DeVries 的建構式幼教方案（Constructivist Early Education）、Forman 與 Hill 的建構式遊戲（Constructive Play）、俗稱河濱街的發展互動課程（Developmental-Interaction Approach at Bank Street College of Education）等。這些模式或多或少都有預擬的課程目標與內涵，並透過遊戲方式來實現其理念，因此較屬於「課程萌生遊戲取向」；又這三類課程雖由教師依目標規劃啟動，但是在實施歷程中，幼兒具有較大的權力可以轉換遊戲內涵或融入探究行為，基本上較為偏向第三章表3-1所示D2「老師啟動、幼兒主導」取向。

一、Kamii與DeVries建構式幼教方案

Kamii與DeVries是試圖將Piaget理論轉化為幼教教學實務的重要代表人物，他們認為建構主義（Constructivism）是Piaget理論的核心，其所創的課程都是在透過遊戲讓孩童心智活躍地建構，促進認知與社會／道德發展（Goffin, 1994）。大致而言，兩人所創的幼教課程比較有名的有三方面：幼兒團體遊戲、幼兒數學遊戲、幼兒物理知識活動，茲分別說明如下。

（一）幼兒團體遊戲

幼兒團體遊戲是兩人最早設計的幼教方案，它是以發展兒童的自治（autonomy）為課程目標，透過強調心理與肢體活躍的各種團體遊戲而實現。自治涉及認知上、道德上、人際政治上的自主發展，也與情緒上自主發展有關；孩子在遊戲進程中必須遠離自我中心、以別人觀點思考、協調遊戲規則、監看是否遵守規則並做到公平公正以及與他人合作等，遊戲才能持續下去，因此有益發展個體自律。

團體遊戲的內涵與種類，包括：瞄準遊戲、賽跑遊戲、追逐遊戲、躲藏遊戲、猜測遊戲、口令遊戲、牌卡遊戲、盤面遊戲。遊戲是達成自治目標的有利方式，而衡量一個好的團體遊戲的標準有三：是否有趣與挑戰足可激發兒童思考、是否可讓孩子評量自己的成就、所有參與遊戲者是否皆於遊戲過程中活躍參與（高靜文、幸曼玲等譯，1999；Goffin, 1994; Kamii & DeVries, 1980）。以上這些遊戲都是有規則的遊戲，在進行時有兩項大的教學原則必須注意：減少成人權威的使用並

鼓勵幼兒自己規制遊戲、以幼兒的思考或想法來修正遊戲（DeVries & Kohlberg, 1987）。

（二）幼兒數學遊戲

Kamii 與 DeVries 發表《幼兒團體遊戲》（*Group Games in Early Education*）後，連續數年 Kamii 獨自發表了有關算術遊戲方案的書，例如：1982 年的《學前與幼稚園的數》（*Number in Preschool and Kindergarten*）、1985 年的《幼兒創新發明算術》（*Young Children Reinvent Arithmetic*）、1989 年的《幼兒繼續創新發明算術（二年級）》（*Young Children Continue to Reinvent Arithmetic*），這些著作發表都是基於現場實徵研究的結果。大體而言，Kamii 延伸了 Piaget 的理論，極為強調數目是屬於「邏輯數學知識」範疇，是由個人內心所創的關係所組成，非存於外在實體，實有別於社會知識之獨斷性與物理知識之可觀察性。她指出一般人並沒有區分這三種知識，錯以為算數必須由人們傳授灌輸，好比社會知識一樣，或由外在實體內化，如同物理知識一樣，完全忽略了算數的邏輯數學性。因此她設計了許多有規則的遊戲讓兒童合作遊玩，以及利用日常情境如投票、記錄、分派東西等讓兒童經驗與討論「數」，以達強化內在思考、建構數學知識與關係的目標。

以類似大富翁的擲骰子遊戲為例，兒童擲出骰子後（如一粒骰子為 5 點、一粒為 3 點）必須運用各種方法以求兩粒骰子點數之合，例如：先點算一粒骰面點數並往上一一累計第二粒骰面點數（1、2、3、4、5；→6、7、8）、分別點算兩粒骰面點數再設法求和（1、2、3、4、5；1、2、3；→8）、用視覺方法、用記憶與心算等。由於兒童都很在意遊戲結果，彼此間會相互監看計數的結果，就在這樣的遊戲中思考、討論與爭辯，兒童逐漸發明了他自己的演算方法，也強化了數學思考。

基本上，Kamii 不教授正式演算的數學即算則，只是藉由遊戲與情境讓幼兒建構數學概念，對於較大兒童的數學也是如此，不教授由右至左的標準演算方法（例如：題目是 16 ＋ 25，直式為先做右邊：6 ＋ 5 ＝ 11，寫「1」進 1；再做左邊：1 ＋ 2 ＋ 1 等於 4，寫「4」）。在她設計的遊戲方案中絕不使用紙筆作業，都是透過撲克牌撿紅點、大富翁擲骰子等遊戲，讓孩童建構數學概念與知識。

（三）幼兒物理知識活動

其後於 1993 年，Kamii 又與 DeVries 合作出版《學前教育物理知識》（*Physical Knowledge in Preschool Education*）一書，主要目的在透過遊戲與操作行動幫助孩子思考與建構物理知識。這些活動有三大類：一是以幼兒操作為主能使物體運動的活動，例如：推、拉、滾、吹、跳、吸、擲等動作使物體運動（例如：踢球、跳彈簧床等，觀察球與人有何反應？）；二是以物體本身變化為主而且可被觀察的活動，例如：以熱水加入盛有果凍粉的杯中，觀察杯內物體顏色與質地的變化；第三類是界於以上兩者之間，各有一些兩者的特性，卻很難歸屬任一類的活動，例如：浮沉活動、鏡子活動、影子遊戲等。

以上第一類以幼兒操作為主能使物體運動的活動有四個要件：孩子必須能透過自己的行動產生現象、孩子必須能改變他自己的行動、物體的反應必須是可觀察得到的、物體的反應必須是立即發生的（DeVries & Kohlberg, 1987; Goffin, 1994; Kamii & DeVries, 1993）。基本上孩子在遊戲操作中必須靈活思考，方能了解自身行動與物體間的因果關係，以建構物理知識。

二、Forman 與 Hill 建構式遊戲

《孩子的一百種語言》（*The Hundred Language of Children*）一書的作者之一 Forman，是研究 Piaget 理論並將建構理論實際運用於幼教課程頗有成就的美國學者。早年在麻州大學兩年的建構式遊戲實驗中，他與 Hill 設計了許多遊戲情境活動，讓幼兒建構物理科學知識，這些情境充滿遊戲趣味性與思考性，頗值幼教界參考。

（一）課程與教學理念

植基於 Piaget 理論，Forman 與 Hill 將一至七歲幼兒的認知發展細分為六個次階段：絕對不同階段（level of absolute differences）、兩極對立階段（level of opposition）、片斷分立階段（level of discrete degrees）、連續變化階段（level of variation）、功能關係階段（level of functions），以及明確互補階段（level of exact compensation）（Forman & Hill, 1984），對於理解幼兒的智慧發展非常有幫助。其主要立論是：幼兒的能力是層次性地發展，每一個層次是建立在前一個層次之上，在發展的過程中，逐漸理解物理變化是連續性狀態，慢慢逐漸地改變，而非絕對有或沒有的兩極狀態；對於科學教育，變化與變項是很重要的（Forman & Kaden, 1987）。

舉例說明之，一歲幼兒若見其黏土球被大人揉成香腸形，他會認為他現在擁有的與其原來擁有的是完全不同的東西，大人把他的球「換成」（exchanged）一根香腸，而不是改變形狀而已，這是初始的絕對不同階段。第二個階段兩極對立階段的幼兒知道物體並未被換過，改變的是物體的形狀，這個物體形狀已從圓形「變成」（changed）相反對立狀態的長形，於是他會說：「它是長的不是圓的，把它變回去。」顯然地，此階段的幼兒把長形想成是圓形的對立，認為任何的改變只有兩極，沒有中間狀態。到了第三階段片斷分立階段，幼兒已意識兩端之間有一中間狀態存在，譬如高與不高間有「有一些高」，但是高、不高、有一些高彼此間卻是分立不相關聯的情形，就好像不同的類別、名稱一樣。

進入連續變化階段的幼兒就能理解：在兩極間有無數可能的中間狀態，成一連續體程度性變化狀態。到了功能關係階段的兒童，就能意識到兩種變化（變項）存在，也開始思考兩個變項如何相互影響，例如：黏土的高度變高了，長度就變短了，高度與長度間具有相反的函數功能關係。而幼兒到了明確互補階段時，不僅知道一個變項與另一個變項是彼此相關，而且也理解一個變項所改變的數量與另一個變項所改變的同等數量，正好可以互相抵消或補償。

綜上所述，可知幼兒發展的趨勢為：(1)逐漸領悟一事有兩個面向（two within one），如「8」這個數字可同時意謂較大或較小，端賴所比較數字之大小而定；(2)逐漸脫離自我中心，以其他角度來看待事物；(3)由極端對立到中間狀態；(4)由靜態中看動態性。

除認知發展連續六階段外，Forman 對於 Piaget 的轉換（transformation）理論情有獨鍾——知識之所以產生乃經由學習物體如何移動、如何改變方向與形狀、如何改變對自己本身與對其他事物間的關係而來的（Forman & Kuschner, 1983）。兒童在轉換物體的過程中，見物體由靜止狀態 A 變成完全不同的狀態 B，實有益於其建構 AB 兩者間的關係，是一個很重要的心智活動，例如：水由高而長的水杯（狀態 A）倒在寬而扁的水盤中（狀態 B），水盤的水和水杯的水等量嗎？水盤的水為什麼和水杯的水等量？兒童可以將狀態 B 寬水盤的水再倒回狀態 A 高水杯中，思考物體如何改變、分辨實際情形與虛幻表象。簡言之，對於 Forman 而言，兒童是透過改變物體並思考關係而學習的，此乃其所

謂之知識建構論。

（二）課程與教學實務

兒童是透過改變物體狀態並思考其間關係而建構知識，有關實際教學方面，Forman 與 Hill（1984）提出三項原則：(1)不交換的改變（change without exchange）：在不換掉原物品之情況下改變該物品的狀態，即讓幼兒實際操作、改變一件東西的某些點或面，而不是根本換掉那件東西，例如：紅色保齡球瓶太重無法被擊倒，讓幼兒將球瓶中所填之沙倒掉一些，而不是另換一個綠色的球瓶；(2)打倒兩極化（down with dichotomies）：教學時儘量不要呈現兩極化狀態，在呈現事物時最好能有各種狀態、程度，例如：洋娃娃有最高、次高、次低、最低等多具，而不只是一高一矮或者是一胖一瘦兩端狀態而已；(3)以好的理由加以分類（classify with good causation）：讓幼兒在遊戲中運用邏輯思考，例如：在玩蹺蹺板時，幼兒依圓柱體、圓球體、立方體在蹺蹺板上被推滾動的情形，分類這些幾何物體。

為了達到建構知識、促進兒童發展的目的，他們於麻州大學學前實驗教室設計了改變物體狀態與從中思考關係的許多學習境遇（learning encounters），並運用以上三項原則讓學前幼兒透過遊戲、操作而學習（Forman & Hill, 1984），這些學習情境多為遊戲／探索的活動，大致上有以下四類。

1 建立（辨識）同一性與同等性

(1)同一

同一件物體，不同狀態：如影子遊戲中，湯匙正面投光影像成一平面，與側面投光影像成一直線，均為同一物體，但是狀態不同。

同一件物體，不同使用法，例如：裝了水的水桶與反扣而坐當成椅子的水桶，均為同一物體，只是其使用法不同。

(2)同等

不同的物體，同樣狀態，例如：在遊戲場中滑梯旁的老師與模型遊戲場中滑梯旁的木頭人，為同樣狀態，但實體卻是不同。

不同的物體，同樣使用法，例如：椅子與反扣而坐的水桶，是兩件不同的物體，但使用方法相同。

2 改變觀點

(1)我對物觀

幼兒必須決定將自己定位於何地以獲某物之觀點，或置物於何處以獲該物之所及觀點。

(2)我對人觀

如兩人相背而站，合力抬動一物，有助於感受別人的感覺，發展自我對他人觀點。

3 表徵動作

(1)凝靜動作

例如：擺盪裝沙倒懸的塑膠瓶，在地面黑色大型紙張上留下其擺動的路線（沙痕），瓶子的擺動動作被「凝凍」成沙痕，留下曾經擺動過的痕跡，有助於幼兒了解動作的形式。

(2)分割動作

如有意讓線軸從有路障的傾斜（木板）面滾下，線軸持續滾落，不時跳動著，此即將一個連續的動作分割成部分；而同樣的一個滾落動作，可以被分割成許多不同的形式，例如：改變路障間的距離或是高度。

(3)想像動作

讓幼兒想像看不見的動作形式。

4 考量變項間之因果關係

(1)改變方向

例如：由兩條繩子所構成的橫向滑輪，當幼兒將右邊的繩子拉向自己時，左邊繩子所懸的桶子就往另一方向滑動，離幼兒愈來愈遠。

(2)改變距離

例如：幼兒於擲球時，欲改變球的距離，則可以改變其自身所擲的力量。

(3)改變限制

例如：在中空滾筒中裝有一橫軸，上穿有一可移動的小珠子，學習情境開始時，珠子都在橫軸上的某一定點，使得滾筒滾動靜止時，滾筒的某一面永遠都在上面；而幼兒可移動珠子在橫軸上的位置（突破、改變限制），以決定滾筒靜止時之面向。

三、河濱街發展互動課程

河濱街發展互動課程是兼重社會情緒與智能發展之最悠久、廣博的幼教課程，而且也是最具有彈性的課程取向，因為它是在不斷成長中發展教學實務的，因此被視為是一種幼教「取向」（approach），而非模式（model）（Goffin, 1994）。它的歷史源自於 20 世紀初的進步主義時期，當時深受 Deway 影響的 Mitchell 創辦了教育實驗局（之後改名為河濱街教育學院），該機構成立托兒所，以全人發展教育目標為特色，非僅著重於認知發展，而且具有進步主義教學與探究的精神（Cuffaro, Nager, & Shapiro, 2000）。教育實驗局於後來加入心理學家 Biber，她援用心理動力理論，澄清與擴展發展互動模式的基本哲學觀，之後透過工作坊逐漸對鄰近的幼兒教育實務發生影響力（Cuffaro et al., 2000; DeVries & Kohlberg, 1987; Goffin, 1994）。

（一）課程與教學理念

發展互動模式的基本理念是：發展是互動的，認知發展無法與社會發展分離；與環境活躍互動是人們的內驅力；發展獨特與獨立之自我感覺；強調與社會情境互動之學習互動本質。換言之，進步主義與心理健康是發展互動模式的中心理念，學校不僅是學習基本認知知能的處所，學校被視為促進心理健康的一個重要媒介，包括透過提供創意與滿足的學習機會、培育合作（非競爭）、提供有意義與激發而非記憶與零碎的學習、涵養個別性以及促進民主社會價值等各種方式（Cuffaro et al., 2000）。

基於以上理念，發展互動模式有幾個廣泛的教育目標：(1)強化個體的客觀知能與主觀的內在能力如自信、自尊與有能感等；(2)促進能選擇、主動、冒險與獨立解決問題的獨立性個體與自我認同；(3)能控制衝動參與社會生活的社會化（包括敏感察覺他人觀點並能與人合作）；(4)統整內外在世界思想與情感；(5)發展強調過程與成果及多元表達形式的創造力（DeVries & Kohlberg, 1987; Goffin, 1994）。又發展互動模式對孩子的看法是：積極與社會、物理環境互動以及透過探索與實驗渴望理解所處世界的好奇者。簡言之，發展互動取向在教育上強調孩子朝向四方面發展：日益發揮身心「潛在能力」、具獨特自我與自信的「個別性」、能自我管理參與社會的「社會化」，以及凝聚知行與身心各方面的「統整性」（Goffin, 1994）。

（二）課程與教學實務

基於促進潛能、個別性、社會化與統整性發展等教育目標，發展互動模式在教學實務上非常強調藉遊戲／探索來實現目標，其重要特徵有以下幾項（林士真，1999；簡楚瑛，1999；Cuffaro et al., 2000; DeVries & Kohlberg, 1987; Goffin, 1994）。

1 具開放與彈性的學習環境

基本上，發展互動模式的環境是一個動態的遊戲／探索環境，它鼓勵積極參與、合作與個別遊戲／探索、多元表達與溝通，因為它有很多能激發探索、實驗、想像與轉化的開放性材料，例如：沙、水、積木、蠟筆、黏土、木頭、紙張等；同時它也有較為結構性的材料如狄恩斯積木、書寫的紙與筆、拼圖、老師做的教具、主題範圍廣泛的書籍等。整個教室做遊戲角落規劃，不僅有大團體集會區、積木建構區、戲劇扮演區、小組或個別工作處等，而且也提供了烹飪、鋸木頭、繪畫、編織、種植、電腦等活動，是個能激發潛能與自信自主的處所。此外，作息時間也頗具彈性，例如：提供延長時間以探索有趣的教材與臨時萌發的興趣等，甚至於點心、故事、戶外等每日作息都保留一些彈性。

2 以社會研究為課程核心

社會研究是河濱街發展互動模式整個課程的核心，校方在讓孩子體驗民主生活之基礎上，鼓勵孩子依照他的興趣與好奇以及教室中的討論與對話，直接並積極地與環境互動進行社會研究。所謂社會研究是探究人們與其所居住世界、環境的關係，包括近的與遠的、過去的與現在的，例如：三歲探究自我與家庭，五歲探究社區與職業，八歲探究社區原始定居者的歷史。

3 以遊戲／探究統整各領域

遊戲在河濱街發展互動模式中扮演一個統整的角色，誠如上述，在教室裡有積木建構與戲劇扮演的空間，各種開放可供探索、表徵的材料，以及戶外探究等，都可促進遊戲、探索與表徵，進而統整各領域發展與各學科學習，由此也可見遊戲與探索是交織融合的，例如：在哈德遜河的研究中，孩子們參觀許多地方如環保工作船、水族館、拜訪海上員警、96 街河堤旁、波浪丘陵等；孩子們回到教室後設法建造環保船、飼養魚類、查相關資料、繪畫波浪丘陵大壁畫等，最後建造哈德遜河模型。這不僅涉及到環保、生物、生態、美勞、數學、社會、歷史、地理、語文等學科領域，而且是在遊戲／探究中統整了社會、認知、體能等各發展領域，強調孩子的統整發展。

4 教師扮演幼兒與世界的橋樑

老師在孩子的情緒／社會發展與認知發展上，扮演了重要角色。首先就情緒發展而言，教師與學校扮演著在孩子的家庭世界與更廣大社會世界間的仲介角色，它結合了好媽媽與好治療師的多種特性，引導孩子認識在家庭情境之外的更廣大世界的同儕與生活。其次就認知發展而言，教師角色的運作有四項重要工作：(1)評量孩子的思考狀況，並引導孩子理解概念或廣化概念；(2)以口語回應延伸與修正孩子們的想法與行動；(3)培養直覺與連結性思考；(4)提問以促進孩子的歸納性思考。

本節小結

本節所探討的三種課程模式——建構式幼教方案、建構式遊戲與河濱街發展互動課程，均為在明確預擬的目標下所設計啟動的遊戲課程。前兩者強調知識建構，是課程實驗方案，而河濱街則源遠流長，

強調與環境互動的社會研究，三者皆各具特色，且是遊戲與課程真正融合的幼教實務，足資參考。

第二節　遊戲萌生課程取向

本節所介紹的遊戲與課程真正融合的課程模式，包括：享譽全球的義大利瑞吉歐幼兒課程、在美國興起的方案教學法，以及在台灣以幼兒興趣為基礎的主題探究課程。這些課程都非常重視孩子在遊戲中的興趣與需要，並設法擴展與延伸，因此較屬於「遊戲萌生課程取向」；而且這些課程雖由孩子啟動，但也強調老師的引領與擴展，因此較為偏向第三章表 3-1 所示之 E*「諧融的遊戲萌生課程取向」，尤其是瑞吉歐幼兒課程與台灣主題探究課程。又以上這些課程型態都非常強調幼兒對某一個主題或議題的深入探索，是較以遊戲／探究為本的課程。

一、美國的方案教學法

方案教學起源於 20 世紀初美國進步主義思潮與科學化的兒童研究運動，基本上反對傳統的學科（subject）教學型態以各種有目的的方案（project）讓學生以行動去探究與解決問題。最早倡導者是 Kilpatrick，其後在 1960 到 1970《普勞登報告》年代，成為英國幼兒園與小學的主要教學方式，自此後激勵了許多美國的幼兒教育，紛紛改採用此一教學方式（簡楚瑛，1994；Katz & Chard, 2000）。自從美國知名幼兒教育教授 Katz 與 Chard 在 1989 年出版《探索兒童的心靈世界：方案教學法》（*Engaging Children's Mind: The Project Approach*）一書後，遂慢慢成為幼兒教育知名的教學模式，而所謂「方案」則是指「一個主題或議題的深入探究」（Chard, 1992: 30）。

（一）課程與教學理念——建構知識觀點

為有利於理解，在此先透過與其他課程模式的比較，藉以一窺方案所以，然後再論述其所立基的理論。教室裡的方案多源起於教師觀察幼兒的遊戲，例如：幼兒連續幾天在角落裡玩逛百貨公司購物的遊戲，就可以考慮將其延伸為一個深入探討的方案，可以說方案比較是一個遊戲萌生的課程（Johnson et al., 2005）。因此方案與教師預設好的單元（unit）教學不同，其差異如表 4-1 所示（Chard, 1992: 31）。

表 4-1　Chard：方案與單元教學之相異處

單元（unit）	方案（project）
教師預先規劃	藉由形成性評量慢慢地較為自然有機地發展
教師預先設定目標	目標是孩子與老師協商發展出來的
班上所有小孩從事同樣工作	孩子從一些富替代性的可能性中選擇活動
課程持續時間較短	課程持續時間較長

資料來源：Chard（1992: 31）

此外，方案教學也與傳統教學不同，它有幾個明顯區辨的特徵：(1)孩子直接投入所欲探究主題的問題中；(2)以探究行動回答所提出的問題；(3)在探究進行方向中，開放可能的轉變；(4)孩子擔負所需完成的探究工作與準備表徵報告的責任（Katz & Chard, 2000）。傳統結構性教學是老師透過有順序地呈現教材以及運用不斷練習與獎懲措施主導著幼兒的學習，基本上，孩子是坐等成人灌輸知識，是個被動的收受學習者；相對地，方案教學裡的孩子是主動遊戲／探究、回答問題與建構知識的活躍學習者。

又 Katz 與 Chard 所提倡的方案教學與義大利瑞吉歐課程雖然有相似之處，例如：對於主題的選擇來自於幼兒的興趣、運用合作的工作小組、創造可以運用多種探究方式的一個學習「問題」，但是兩者還是有些差異，不同之處在於：(1)瑞吉歐基本上是建立在義大利文化與社會脈絡中的幼兒教育；(2)瑞吉歐更強調創造力與符號的表徵，認為孩子有一百種表達方式；(3)瑞吉歐也是一個以參與現實生活為基礎的課程挑戰；而且(4)在孩子探究過程中納入家庭與社區成員，強調社會建構（New, 2011a, 2011b）。

筆者認為，方案教學主要是基於 Piaget 的建構論。根據 Piaget 之「動態均衡理論」，個體認知之所以發展是源自於個體在環境中為解決認知衝突，藉由同化與調適兩種功能，以達均衡狀態的內在自我規制的過程所致（Ginsburg & Opper, 1988; Piaget, 1976）。兒童內在心理不會矛盾自己，當外來資訊與內在原有認知架構有所不同時，也就是矛盾產生時，兒童會改變自己既有的認知基模，建構新的看法以試圖去除矛盾狀態，學習於是自然發生（Forman & Kaden, 1987）。以上理論充分說明知識之產生是主體經由其內在活躍的心靈活動所建構而來的，它是自我啟動、自我規制的歷程。簡言之，學習具自導性與建構性，正是方案教學所強調的深入探究精神。

又根據 Piaget（1976）的知識論，知識的源起非繫於物體本身，也非存於主體本身，而是個體自身必須與物體（或環境）兩者間緊密複雜的交互作用；換言之，透過個體與環境互動以及對於實際行動或轉換實體狀態的省思中，個體自然建構了知識（Piaget, 1970）。以上觀點支持了方案教學強調主動探究的內在學習動機，以及著重活躍的行動涉入與親身體驗等特性。因此，方案教學的目標有四：知識（想法、概念、訊息、事實、故事、歌謠等）、技能（剪、畫、計數、與同儕協調、大小肌肉技巧等）、意向（堅持、好奇、有意去讀寫或解決問題等），以及情感（歸屬感、自尊、自信、有能力感等）（Katz & Chard, 1989, 2000），期待孩子在主動探究的意念與行動中，獲得情感

上的滿足與相關知識、能力。

（二）課程與教學實務——著重興趣與積極探究

方案的發展有三個階段，每個階段都有一些重要工作（Chard, 1992; Helm & Katz, 2001），從這三階段工作中明顯可見其非常重視孩子的興趣與活躍探究。而這三個發展階段均具五個重要的結構流程：始於團體討論，接著實地參訪，再來以各種方式表徵，持續探究，最後則是展示分享（蔡慶賢譯，1997），筆者以圖 4-1 顯示這三階段五結構流程的方案探究，以利吾人理解。由於第二階段的「開展」較易理解，茲以第一階段確定興趣並回顧知能（羅列探究興趣）的「起始」為例說明之。第一個流程「團體討論」是指分享先備經驗與知能、共同繪畫主題網，第二個流程「實地參訪」係指幼兒與父母談論（晤談）先備經驗，第三個流程「表徵」是以各種方式表徵先備經驗，例

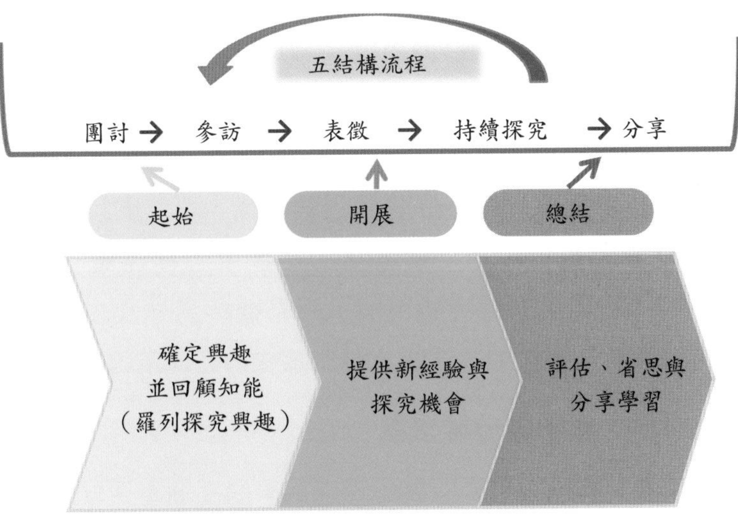

圖 4-1　方案教學三階段五結構流程

如：繪圖、肢體表達等，其後第四個流程「持續探究」是根據現有知能提出所欲探究的問題，最後一個流程「分享」則是分享個人對於主題的經驗，以統整之。如是，第二階段的「開展」與第三階段的「總結」，均包含以上五個步驟流程。

1 起始：確定興趣並回顧知能與羅列探究興趣

方案大部分是兒童萌生，也可以是教師根據幼兒興趣而設，無論是哪一種狀況都要取決於幼兒是否感興趣與可行否，基本上還是以幼兒興趣為出發點。本階段主要在藉著師生共同繪畫「主題網」，不僅回顧幼兒現有知能與興趣，而且也在規劃接續第二階段的實地探究項目與活動。在過程中也可讓孩子以各種方式表徵對於主題的理解與經驗，例如：繪畫、戲劇演出等，並做團體分享以統整對主題的相關知能，最後則列出於接續方案探索中所欲探究的問題。

2 開展：提供新經驗與探究機會

在實地探究階段之初，教師必須準備與聯絡校外教學或戶外參觀處所，而孩子們則可透過團體討論思索可以觀察、探究、記錄、訪談或蒐集什麼資料，接著就帶著紙筆實地出外參訪探究；此外，亦可邀請對這個主題有經驗的專家到教室來分享，幼兒可以藉晤談、討論中解答探究問題或心中疑惑。而在探究回到教室後，可以安排團體分享所聞所見，或是查閱資料印證，最重要的是運用各種媒體表達探究結果，有必要時（例如：仍有疑惑待解）則再進行另一次校外參觀。如此重複探究與表徵，並在主題網絡上標明探究內涵與所得。

3 總結：評估、省思與分享學習

方案結束前安排一次分享與展示探究成果的高潮事件或活動，透過這樣的機會，幼兒可以檢視與統整這一段時間遊戲／探究所學，繼而

透過創意的表徵方式，例如：戲劇演出、作品展出，將新知識內化。此一階段與前兩個階段同，均包含五個結構流程。

二、義大利的瑞吉歐幼兒課程

瑞吉歐是義大利東北部的一個小鎮，它的幼兒教育在近年來享譽國際，榮登於《新聞週刊》（*Newsweek*）之全球最好學校報導，以及《幼兒雜誌》（*Young Children*）的封面，成為競相參訪的對象。瑞吉歐的幼兒教育者在幾次的國際研討會中嚴重聲明他們的課程絕非方案教學法（Project Approach），而是在義大利與瑞吉歐本身社會文化脈絡下所孕育出來的特有課程模式（薛曉華譯，2000；New, 2011a, 2011b）。

（一）課程與教學理念——社會建構觀點

Cadwell（薛曉華譯，2000）指出，瑞吉歐有七項基本理念：將兒童當主角；將兒童視為合作對象；將兒童視為溝通者；將環境視為第三位老師；將老師視為工作夥伴；教育者與引導者；將老師視為研究者、將檔案的引用視為一種溝通。其實這些理念是基於社會建構理論的，它認為知識不僅是建構、學習不僅是個別行動，而且知識是與他人共同建構的，學習是與人有關的（Moss, 2001）。瑞吉歐創始者 Malaguzzi（1993）曾明白指出：Piaget 的建構主義孤立了兒童於建構知識中的角色，顯示幾個重要缺憾，諸如：低估成人在促進認知發展上的角色、鮮少重視社會互動等，因此瑞吉歐開始把注意力轉移到認知發展的社會互動上。以下簡要介紹瑞吉歐社會建構觀點。

孩子是任何教學的中心，瑞吉歐對孩子的基本假定是能與他人協調以及能從每日生活經驗中創造意義（Malaguzzi, 1993）；誠如 Rinaldi

（1993）所指，瑞吉歐對孩子的意象是強壯與有能力的，充滿潛能與彈性，所以它的教育方式是讓每個孩童與周遭親師友、自己的歷史以及社會與文化環境發生關聯。正因為如此，瑞吉歐教室就是一個大的「學習社群」，內有許多學習團體，其四個重要特色是：成員包括成人與幼兒；製作可讓學習明顯可見且能形塑所刻正學習的「文檔紀錄」（documentation）；共同從事情感、美學與智慧方面的學習；學習延伸於個人之外，最後創造一個集體的知識（Krechevsky & Mardell, 2001）。Forman（1996, 2005）也指出，瑞吉歐幼兒園充分顯現共同建構特色：(1)鼓勵幼兒間交流對話，了解彼此觀點；(2)建立全體對一個探究主題的共同理解；(3)促進孩子想出想法、假設或做結論；(4)鼓勵幼兒檢視想法的可行性與完整性。

又 Malaguzzi（1993）曾誇讚 Vygotsky 提出非常珍貴的教育洞見，即語言幫助人們思考，是一項重要的心智工具。瑞吉歐幼兒園不僅強調孩子在探究時運用語言心智工具，而且也很重視運用各種形式的表徵工具，因為孩子本就具有一百種表達的語言即多樣表徵方式，例如：繪畫、雕塑、肢體表現等，而且也樂於表現（Edwards, Gandini, & Forman, 1993）。在透過各種表達媒體，幼兒表露其現階段想法、理論、甚或行動方針；再經持續不斷的表徵、對談、實作與重訪經驗（revisiting）等步驟，孩子試圖修正其想法。也就是藝術媒體不僅有表徵功能，而且是一項重要的心智工具，持續表徵是瑞吉歐幼兒探究知識的重要方法。簡言之，瑞吉歐幼兒園是一個充滿藝術表徵與對話交流的學習社群。最後，Malaguzzi（1993）明白指出，Vygotsky 的近側發展區理論給予教師教學適當介入的正當性，因為瑞吉歐幼兒園理解知識建構無法脫離社會情境，也看出「教」與「學」對立的困境，因此，瑞吉歐幼兒園老師在幼兒探索時也會適時搭構鷹架與介入，支援幼兒的建構行動。

（二）課程與教學實務——強調多元表徵與學習社群

New（2011a, 2011b）指出，瑞吉歐有幾項重要特徵：(1)環境是一個可以邀請大家學習與發展關係的社區空間；(2)孩子的符號語言是表達與探索的重要手段；(3)文檔紀錄是觀察、研究與溝通的重要手段；(4)課程方案是孩子與成人合作的論壇；(5)與家長建立互惠與互敬的合作關係。而最明顯的特徵是具有一百種語言，充分流露「學習社群」特徵，這些都具體而微地顯現在其環境空間、教學角色、教學策略、教學成員等各個面向上（周淑惠，2006）；不過這些不同面向特徵彼此關聯、無法分割，共同組成瑞吉歐教育系統，茲以圖 4-2 顯示並分別敘述如下。

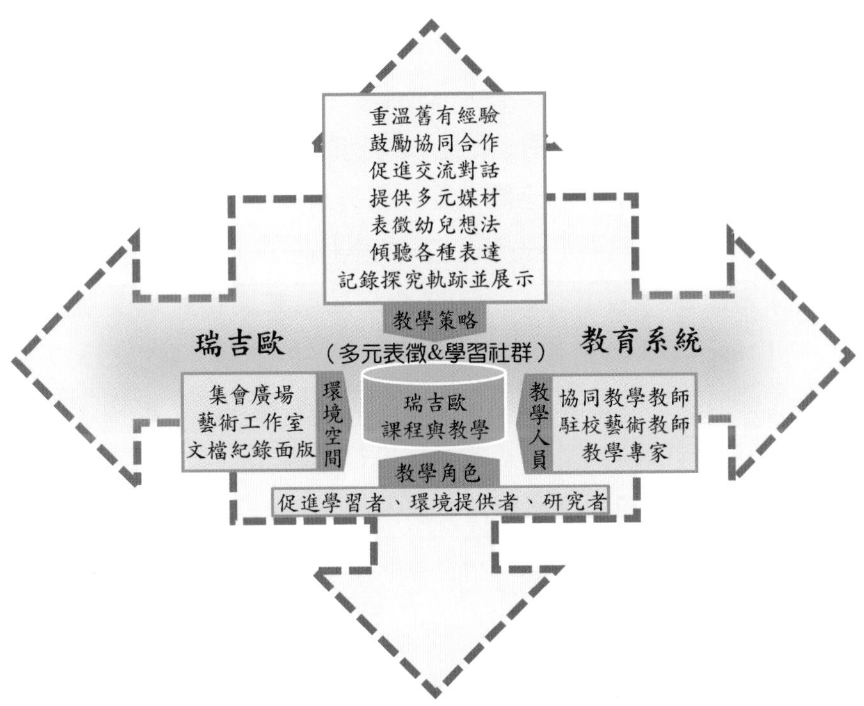

圖 4-2　瑞吉歐教育系統之特徵

1 環境空間

在強調社會互動理念下，瑞吉歐幼兒園的空間被規劃成能促進互動交流之處，誠如 Rinaldi（1990, 引自 Gandini, 1993: 137）曾指出：「孩子必須感受整個學校的空間、教材與探索方案，是重視與維護他們的互動與溝通的。」這空間大致有四個重要特性：(1)具有大、小空間且與外界相通、適宜人居的「整體柔軟性」（overall softness）；(2)強調豐富感官刺激與與尊重不同感受的「多元感受性」（multisensoriality）；(3)珍視研究、實驗的「知識建構性」（constructiveness）；以及(4)強調不同元素交互作用產生動態平衡和諧美的「豐富常態性」（rich normality）（Ceppi & Zini, 1998）。

整體而言，瑞吉歐幼兒園通常是很明亮的，陽光充足，有大落地窗或者玻璃隔牆，顯示內外通透的社群感；而牆面大都為白色，環境中的彩色是幼兒的各樣表徵作品；另外有許多大小不等空間，方便小組互動、大團體集會與個別獨處。比較特別的有如下設置：(1)位於中心的集會廣場（piazza）：顯示園內與社區層層文化，也是幼兒分享遊戲與交流之所；(2)頗具特色的藝術工作室（atelier）：緊鄰於每班教室旁、充滿表徵媒材的小空間；(3)四處牆面貼有文檔紀錄面版（documentation panels）：流露著各團體各研究方案的軌跡，顯示幼兒的探究成果與記錄者的省思，供家長、社區欣賞與討論。至於藝術工作室功用有三：提供一個讓孩童精熟各表徵媒材與技能之處、幫助成人了解孩童學習歷程與認知發展的場所，以及提供教師製作孩童學習檔案的工作坊（Vecchi, 1993）。

2 教學策略

經筆者分析，瑞吉歐的教學有七項重要策略與特徵，這些教學策略乃相互為用，促進社群的共同探究行動。

(1)**重溫舊有經驗**

重溫舊有經驗乃強調不斷地回溯、重訪經驗，以舊經驗為建構知識的基礎。即教師於進行一個方案前或中，通常伴隨著照片、錄音甚或錄影的呈現，請幼兒們回憶一個事件，共築集體印象與記憶（Forman, 1996, 2005）。為幫助孩子重溫想法，讓思緒更加清晰浮現，老師也經常要求幼兒運用表徵媒體——繪圖、雕塑、木工、模擬情境、硬紙工等以及孩子的話語，表達他們現階段的認知或理解，並可供日後回溯觀賞。

(2)**鼓勵協同合作**

基本上，教師鼓勵幼兒依興趣、能力分工合作，共同完成一項工作，教室中各區充滿學習小組與活動。老師通常給予充足時間讓幼兒討論、發展合作計畫，重溫之前的繪畫表徵或活動照片，以及評論表徵作品或活動照片（Nutbrown & Abbott, 2001）。

(3)**促進交流對話**

在幼兒探索過程中，教師均鼓勵幼兒交流對話。孩子有時發表，有時傾聽，成員均意識自己對團體有貢獻意見的義務，也期待他人會給予意見。孩子們也會運用某一個孩子的想法，延伸其他想法或是引發所未曾探索之事（Gandini, 1993）。

(4)**提供多元媒材**

教師與藝術教師經常共同合作，提供各類表徵媒材讓幼兒自由運用，以表達探究過程中的種種想法。這些媒材通常是會引發幼兒探索、實驗的材料，例如：投影機、幻燈機、電腦，以及各種藝術媒材，例如：黏土、水彩、積木、布條、紙卡等。

(5)**表徵幼兒想法**

幼兒經常運用各種媒材表徵、再現想法，其內涵有外在記憶、現階段理論、假設、行動計畫等，藝術被視為表達一組關係系統（Forman, 1996, 2005）。亦即藝術是一探索暨表達工具，讓幼兒的思緒展現於學習社群，引發熱切討論。透過不斷表徵、重訪經驗及交流討論，幼兒的思考愈來愈清晰，且有機會看到不同觀點並試圖修正之。

(6)傾聽各種表達

教師不僅要求幼兒以各種方式表達想法，且要求能傾聽他人表達。誠如 Rinaldi（2001）所言，傾聽是任何學習的前提，藉由傾聽，可以學習協調不同的觀點。因此，學習團體中的成員以各種感覺（聽覺、視覺、觸覺等）開放、敏感地傾聽他人所表達的千百種語言、符號等是很重要的，也是團體所共同期待的行為。

(7)記錄探究軌跡並展示

教師每日捕捉與分析幼兒建構歷程與策略，將文字與照片貼於版面上。此種敘事性的文檔紀錄除資料外並有豐富的問題、疑惑與省思，可讓幼兒隨時重溫記憶，讓學習過程與策略清晰可見可評估，讓各主體間（教師、家長、幼兒、社區人士等）擁有共同可討論的事務，也讓家長與廣大社區了解學校的用心；可以說是知識建構過程中統合的部分，大大地強化了學習的效果（Rinaldi, 2001）。

3 教學角色

教師在瑞吉歐學習社群中的角色包括促進學習者、環境提供者與研究者，整體而言是一個「共同建構者」。首先，教師的重要角色是扮演傾聽者、觀察者，提供發現機會的「促進學習者」，一反傳統傳輸知識者角色。做為一個促進學習者，老師乃透過活躍、互惠的對談交流，成為孩子隨手可得的補充資源，建議想法與提供多元選擇，是幼兒的支持源頭（Malaguzzi, 1993）。因此 Rinaldi（1993）指出，對老師角色很大的挑戰是：在孩子社會互動中成人必須出現，但又不能干擾

打斷，強行灌輸。然而老師也並不是完全放任幼兒建構，在Vygotsky近側發展區理論影響下，必要時老師也會適時介入，例如：挑戰幼兒的答案以引發認知衝突，或採取行動以補救高於或低於於目前認知的建構行動，或者是激發已失興趣的一個探究情境（Rinaldi, 1993）。可以說課程好似一個旅程般，隨時有意料之外的發展，教學主題則變成幼兒的探究方案（Krechevsky & Mardell, 2001）。

其次，為了促進幼兒學習，老師也是一個「環境提供者」，提供富有多元刺激與可互動交流的環境讓幼兒探索，同時也要觀察、製作與張貼孩子探究軌跡的文檔紀錄面版，讓孩子可以重訪這些探索軌跡。此外，老師也是一個「研究者」，經常省思所蒐集的觀察紀錄與錄影帶，加上詮釋或預測後將其帶入教學會議中分享、研討；並試圖於接續之對談與教學中改進其對話內涵、驗證其想法或改善教學；而幼兒經過與老師再次對談後可能會修正其原有理論，教師則持續記錄分析之，如此循環不已。可以說是將研究帶入教學中，是個十足的研究者。

4 教學人員

老師與幼兒，幼兒與家長，廚工與幼兒，幼兒、老師與駐校藝術教師，幼兒與幼兒間等均工作在一起，教學責任是共同分攤的，不只在班級教師的肩上（Knight, 2001）。基本上有三類人員為瑞吉歐教育系統的重要成員：(1)每班兩位合作且互補的「協同教學教師」：當一位老師教學時，另一位則與別班老師、家長或教學專家進行溝通，展現協同合作榜樣供幼兒學習；(2)每天巡視教室，協助孩童表徵工作的「駐校藝術教師」（atelierista）：協助幼兒以各種媒材表徵想法並與老師、家長與教學專家等密切合作，幫助孩子建構知識；(3)擔任局內人也擔任局外人角色的「教學專家」（pedagogista）：促使教師省思孩子的學習，幫助改善觀察與傾聽技巧，為孩子的方案計畫做檔案紀錄與執行自己的研究；同時鼓勵幼兒園藉由訪問與研討，與家長、社區、城鎮，或是更廣大社會，甚至是國際社會，交流合作。

三、台灣的探究取向主題課程

近年來，台灣有一些幼稚園也實施基於幼兒興趣的遊戲／探究取向課程，在課程與教學上非常用心，不輸國外頗有聲名的課程。以台中愛彌兒幼兒園為例，曾出版令人驚艷的課程實錄，例如：源自於孩子對甘蔗興趣的「甘蔗有多高」主題，在幼兒親手栽種甘蔗活動中延伸出記錄甘蔗高度的測量活動，從中運用了觀察、比較、估算、解決問題等探究能力，建構平均、測量、面積等概念與種植相關知識（台中愛彌兒教育機構、林意紅，2001）。而「鴿子」主題中亦瀰漫遊戲／探究精神，在孩子自己記錄的「鴿子的研究書」中充分顯現孩子乃運用各種探究能力，例如：觀察、記錄、推論、實驗等，建構對鴿子的知識與了解，包括鴿子吃什麼？如何飛行？會游泳嗎？等（台中愛彌兒教育機構、林意紅，2002）。其後又出版了探究課程專書，收攬了十三個課程主題，每一個主題都彰顯了基於幼兒興趣的探究精神，非常精采，頗值推介，例如：積木蓋的新光三越、果醬餅乾、聲音的世界等（潘世尊、陳淑琴、鄭舒丹、陳振明、柳嘉玲、張斯寧、愛彌兒幼兒園教學團隊，2007）。

以下則舉作者輔導之親仁幼兒園為例，說明此種以幼兒興趣為探究取向的主題課程，包含其課程與教學理念以及課程與教學實務。

（一）課程與教學理念——服膺社會建構論與考量課程制定要素

親仁是一個「以幼兒興趣為探究取向的主題課程」，也是一個考量園所社會文化、在地特色與優勢的「園所本位課程」，更是強調全人發展的「統整性課程」。基於自我檢視，它的課程與教學理念源於三個信念：(1)服膺社會建構論；(2)考量未來社會能力需求；(3)統整幼兒的學習（周淑惠、鄭良儀、范雅婷、黃湘怡等，2007），茲說明如下。

1 服膺社會建構論

親仁不僅堅信幼兒有主動探究、建構知識的能力，以幼兒感興趣的事物，必能激發探究之心；而且也相信心智是源起於社會互動，幼兒是透過與成人共同生活、工作以及運用口說與書面語文而成長學習的，基本上是服膺於社會建構論。再加上意識幼兒有近側發展區存在，針對漸進發展中的能力，是需要成人或同儕為他搭建學習鷹架的，因此「以幼兒興趣為中心、以生活為內涵的『親師生共構』」遂成為親仁幼兒園課程與教學之重要依歸與指導原則。

2 考量未來社會能力需求

課程設計重要原則之一是考量社會發展、反映時代需求，尤其是培養能適應未來社會生活的公民；而未來的社會是一個瞬息萬變、知識爆炸、高度競爭的狀態，也是一個地球村的民主生活紀元。親仁深信課程與教學必須實踐社會生活目標，深深認同於筆者所倡之「求知人」、「應變人」、「民主人」、「地球人」、「科技人」與「完整人」的新紀元課程目標（周淑惠，2006），尤其是探究能力部分，特意在遊戲／探究課程中加以落實。

3 統整幼兒的學習

親仁幼兒園不僅強調孩子的探究經驗，同時也強調統整、有意義的學習，因此主張以一個孩子感興趣的社會生活主題，讓幼兒探究，以統整孩子的經驗、知識及各領域學習，期能促進全人發展。

（二）課程與教學實務——致力親師生共構特色

基於以上三項理念與「以幼兒興趣為中心、以生活為內涵的『親師生共構』」指導原則，課程與教學具體實務策略有五，分別敘述如下（圖 4-3）。

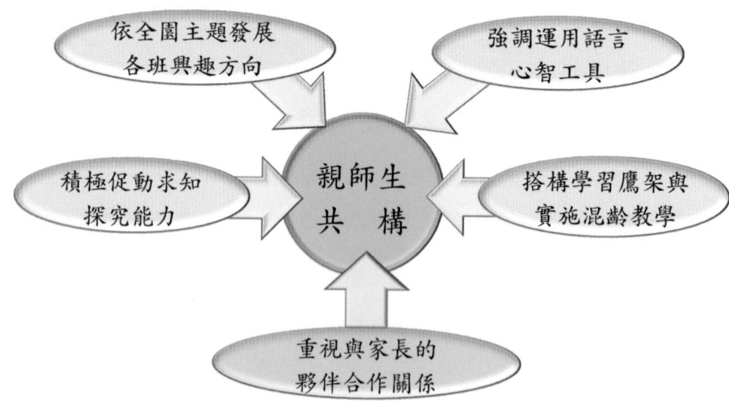

圖 4-3　以幼兒興趣為探究取向之主題課程特徵

1 依全園主題發展各班興趣方向

每學期前，經多次教學研討訂定符合幼兒興趣與園所特色及優勢的全園大主題。其後各班彼此交流，運用親子學習單、參訪、蒐集相關資訊等策略，以幼兒興趣為出發點，自然地發展各班的主題，例如：在「我的秘密基地」大主題下，甲蟲班的「心靈的秘密基地」、精靈

班的「森林」、蜻蜓班的「甜蜜家庭」和蝴蝶班的「我的避風港」，各班所興趣的主題均不相同，基本上都是順應幼兒的興趣走向。教師當具敏銳觀察力，覺察班上孩子的遊戲興趣及話題，因勢利導幼兒的「學習動機」與探究方向。以精靈班「我的秘密基地——森林」主題為例，初始老師試圖從孩子分享的秘密基地中發現幼兒興趣點，然而困難重重；其後發現孩子的玩具分享與話題中經常圍繞在甲蟲王者、鍬形蟲上，接著孩子因抓到一隻蛾而興奮不已，要求讓他們帶回園所飼養；老師順勢在圖書區放入昆蟲相關書籍，幼兒便聚在一起分享昆蟲住在哪裡、昆蟲的秘密基地就是森林，於是「森林」的探索重點與方向自然應運而生。

2 積極促動求知探究能力

在幼兒遊戲／探索中，教師積極促動求知探索力。以「我的秘密基地——森林」主題為例，孩子在公園遊戲／探索時抓到一隻不知名的小生物，回園「查閱」昆蟲圖鑑，得知這個小生物名叫蠼螋；為了飼養這隻小生物，孩子又從「查閱」圖鑑中得知蠼螋吃蚯蚓，於是吵著要去抓蚯蚓。老師問幼兒：「*那裡有蚯蚓？*」孩子從發表中回顧舊經驗，從聆聽中得到新知識，並由分享中統整線索，老師立刻帶領幼兒到公園泥地抓蚯蚓，以「驗證」所知是否真確。接著為養蚯蚓，老師與孩子開始進行「預測」、「辯論」並「實驗」（把推測的所有食物放入飼養箱中觀察、記錄並驗證答案）；過程中孩子對「觀察」的現象不斷「推論」、「對談」、繼而再「驗證」，甚至回家「請教」家長或「查閱」書籍，於是「詢問」老師「蚯蚓」和「吃」怎麼寫？如此透過各種探究能力的交互運用下，終於得到結論。

3 強調運用語文心智工具

親仁把語文的聽、說、讀、寫當成是幼兒求知探究的心智工具，不僅可達到探究目的，也精進幼兒的探究能力與聽説讀寫能力，更重要的是可緩和家長對讀、寫、算成果強烈要求的壓力。師生在共同探索過程中運用了口説語文：討論、分享、推論、辯論、訪談、聆聽、提問、協商等，以及書面語文：塗鴉記錄、仿寫記錄、親子學習單、繪圖、查閱書籍、上網查詢、繪製圖表、繪製主題網、自製主題成果小書等。以下是兩則幼兒討論的情節：第一則是運用口説語文的討論實例；第二則是幼兒運用推論能力，所謂推論是對所觀察現象提出合理的解釋，既是探究能力，也是口説語文能力。

【蚯蚓吃什麼？】

老師：蚯蚓吃什麼？

惠友：吃菜啊～我媽媽有種菜，那裡就有很多蚯蚓。

及容：從樹根爬上去吃葉子。

惠友：不可能。

心蕙：牠又沒有腳。

玉若：蛇也沒有腳啊！

惠友：蛇很大可以用捲捲的捲上去。

及容：那我覺得他應該是吃地上破掉的葉子吧！
（自我校正）

光炫：吃草！

立之：吃泥土，因為蚯蚓會鑽到最深的泥土裡。

阿駿：吃花！

大冠：蚯蚓不可能吃花！

心蕙：我覺得牠可能什麼都沒吃。

【誰吃了高麗菜葉】

〈高麗菜葉子上有兩個洞，葉片上爬了一隻蝸牛〉

宇新：應該是蝸牛吃了高麗菜葉，我看過一本書，書上說蝸牛吃菜和葉子。

天祐：應該是蚯蚓鑽的！蝸牛不可能鑽這麼大洞。

以諾：應該是菜枯掉了！

文方：我覺得是蚯蚓吃的，因為蝸牛爬過的地方，應該要有痕跡，可是菜的上面又沒有蝸牛爬過的痕跡。

4 搭構學習鷹架與實施混齡教學

親仁教師採用筆者所揭示之鷹架策略——回溯鷹架、語文鷹架、示範鷹架、架構鷹架、材料鷹架、同儕鷹架（周淑惠，2006）等。又園方採混齡編班，希望促進不同年齡幼兒間的交流互動，提供同儕鷹架，讓年齡較大或能力較佳幼兒能夠發揮引導作用。以「我的秘密基地」主題結尾製作大樹為例，教師於團討時搭構鷹架，讓幼兒分別就樹的部位一一討論（架構鷹架）；接著孩子混齡合作畫出設計圖並開始製作（同儕鷹架）。製作白千層的孩子忘了葉子長什麼樣子，於是找出塗鴉記錄筆記、書籍比對，老師也提供戶外教學時拍的照片勾起回憶（回溯鷹架）。每次製作開始時，先以團討分享製作的方法，或提出疑問，或相互給予意見（語文、同儕鷹架）；若當提出的建議無法理解，解說的幼兒會立刻示範給大家看（語文、同儕、示範鷹架）；老師也會協助提供多元材料，讓幼兒創作（材料鷹架）。過程中，舊經驗較豐富的大孩子會提供想法，也會帶領較小孩子共同創作或找尋答案（語文、同儕、示範鷹架）。

5 重視與家長的夥伴合作關係

家長是最重要的教育夥伴，更是最佳的支持者和協助者，首先，他們提供主題相關資源，包括材料資源，例如：大小紙箱、各類創作素材、舊照片、名產、童玩等，以及情境資源，例如：農莊、辦公室、醫院等。其次，家長也參與課室主題活動的進行，豐富主題課程內涵，包括主題知識講解如電腦主題、主題技能示範如染布主題、主題情境展示說明如原住民生活主題等；同時他們也是幼兒主題知識共構的好夥伴，包括以親子學習單共同探索或找資料如社區、染布、旅遊主題等，以及接受幼兒訪問與諮詢如醫院、我的歷史等主題。最經常的、也是很重要的是擔任園所志工如擔任大大主播、故事媽媽，以及支援校外教學車輛與協助安全導護等。可以說家長是園所課程的夥伴、支柱與共構者。

為了讓家長更加了解幼兒的學習情形，園方並實施以下策略：(1)學期初舉辦親師座談會，向家長說明課程精神與走向；(2)利用每週一、三、五的親師聯絡簿做雙向溝通；(3)於部落格建置幼兒活動照片，隨時提供家長訊息並可線上互動；(4)每兩週出版包含重要學習資訊與教師鷹架分析的雙週報，讓家長了解幼兒學習狀況與教師的努力；(5)家長得隨時進班觀察；(6)教師定期電話聯繫及必要時面談或家訪；(7)製作主題課程歷程檔案；(8)期末舉辦具統整與溝通作用的主題成果展，邀請家長參與。換言之，家長不僅參與主題課程共同建構，而且隨時可聽、可見、可談幼兒的學習表現，充分掌握孩子在園狀況。

本節小結

本節所探討的三種課程模式——方案教學法、瑞吉歐課程與探究取

向主題課程，均非常看重孩子的遊戲興趣並以其為基礎加以延展，三者皆各具特色，也是遊戲與課程真正融合的幼教實務，足資參考。其中義大利瑞吉歐與台灣主題探究課程則更為接近筆者所建議諧融的遊戲萌生課程取向，他們都植基於社會建構論。至於有關社會建構論與其鷹架實務將於下篇探討。

研討問題

一、請依本章所論述的「課程萌生遊戲」與「遊戲萌生課程」兩種取向，各舉一個你所曾接觸過的課程實例說明之。

二、請以本章六個課程為例，說明其為何也是一個高品質的遊戲課程。

第參篇

教師教學篇

重要章節內涵

教師於遊戲課程中之角色（I）：理論與基礎

派典之轉移：社會建構論與鷹架互動

教學互動之基石：觀察與記錄

教師於遊戲課程中之角色（II）：鷹架與實務

教師在遊戲中之角色與鷹架

教師在特定遊戲情境中之角色與鷹架

CHAPTER 5

教師於遊戲課程中之角色（I）：理論與基礎

在了解第壹篇遊戲的基本概念以及第貳篇遊戲與課程的關係與實務上運用狀況後，本篇則進入教師教學篇，正式探討具體的教學實務運作，包括支撐教學實務的理論與教學互動的基礎（第五章），以及教學互動的鷹架與實務（第六章）。本書所定位的遊戲是基於社會建構論在師生共構下的高品質遊戲，首先在第五章第一節論述派典轉移與社會建構論內涵以及鷹架互動觀，為本篇揭開序幕，第二節則探討整個教學互動或鷹架引導的根基工作，即遊戲觀察與記錄。

第一節　派典之轉移：社會建構論與鷹架互動

在過去 50 年來，Piaget 的階段發展理論與建構論成為幼兒教育實務之依歸，強調孩子自行建構知識的重要性與階段發展的必然性，老師的工作是準備好具有豐富資源的環境（例如：室內各個學習角落、戶外遊戲場地），讓孩子在其中自由遊戲、自我主導地探索著，並順著既定階段發展，可以說教師的教學角色非常有限。換言之，幼教工作者深信自由遊戲或探索性遊戲是孩子獲得知能的主要方式，因此成為幼教實務的重心（Nolan & Kilderry, 2010）；無可否認地，Piaget（1973）的名言諸如：「要了解就必須去發現」（to understand is to invent），即孩子透過積極的探索才得以理解與學習，深植幼教工作者之心，為自由遊戲、獨立建構提供最佳的支援與背書。

在此簡介 Piaget 的重要理論，以利吾人理解派點轉移之緣由。首先「動態均衡理論」意指認知發展是一種個體在環境中為解決認知衝突，透過同化、調適兩種作用，以達整體而言是一個均衡狀態的內在自我規制的過程（Ginsburg & Opper, 1988; Piaget, 1976）。同化作用簡單地說，就是把外在相類同的資訊納入現有內在認知系統中；調適作用則有如 Forman 與 Kaden（1987）所詮釋，兒童有不矛盾自己的一個內在需求，當外在資訊與內在既有認知結構有異時（矛盾產生），兒童會改變自己的認知架構，建構符合外在資訊的新看法以消除矛盾，於是學習自然產生，例如：改變球是圓的形狀為球有不同形狀的認知基模，以面對新見橄欖球、羽毛球時的矛盾狀態。就在這樣不斷地納入重組與改變調整自己的認知架構中，孩子持續地發展著，而這同化、調適是個體內在的自然作用，孩子與生俱來同化與調適的內在功能，無需外在施力。

又根據 Piaget「建構主義」，人類是基於「省思」自己的「操作行動」而學習的；意即人類知識的獲得是一個活躍的過程，了解一項物體或事物之運作不僅要操作它並轉換它〔即「變換」（transform）物體的狀態〕，並且要觀察、省思物體轉換所引起的改變，才能獲得知識（Piaget, 1970, 1976），例如：兒童一定要親自以各種力度拍打過球，觀察球的不同彈跳高度，省思自己的施力度與球彈跳高度間的關係，才能體會「當自己愈用力拍時，球則彈得愈高」的道理。也就是知識是從親身體驗與反省思考中建構而來的，而非坐等他人灌輸被動地收

受。

綜而言之，Piaget 的建構主義認為個體自身在與生俱來的同化、調適作用下，乃透過操作、轉換與省思而建構知識的；其重點是置於兒童與環境互動，為自己活躍地建構知識，也難怪 Haste（1987）會認為，Piaget 的建構論似乎把孩子描繪成一個獨立求知的科學家，忽略社會文化層面對兒童發展與知識建構之重大影響。因此在近年來 Piaget 的理論不斷遭受質疑，例如：Fleer（2005）曾明白指出，讓孩子在一個符合年齡或階段發展的環境中從事自主性活動，即對孩子遊戲採不干預的方式，已經被批評多年了。而這種放任孩子自由遊戲的方式，在當代已逐漸轉為教師與孩子共構遊戲的思維與教學實務。

 一、後發展主義對「自由遊戲」之挑戰

承第一章所言，近年來學界受兒童發展理論以外的諸多理論與實務所激發，例如：後結構主義、後現代主義、女性主義、社會文化論等，共同匯聚成被廣稱為後發展主義的觀點。它揚棄傳統幼兒教育中許多奉為至上的觀點，從個別孩童發展的關注逐漸轉為社會文化的強調，也從教師無所萬能無所不知轉移至孩子擁有學習的主權。根據 Nolan 與 Kilderry（2010: 115），後發展主義的教育有以下五項特徵。

（一）重新定調

教育者轉移了一向以發展角度為幼兒規劃學習經驗的論調與立場，即遠離了幼兒乃依階段發展及學習的觀點。重新定調的過程讓兒童發展理論失去在幼兒教育理論與實務上向來優勢的地位。

（二）重新架構

教育者對孩子的發展與學習持有替代觀點，例如：後現代主義、社會文化論、批判論、後結構主義、女性主義、後殖民主義等。這樣的重新架構讓教育者透過一系列的理論視窗看待孩子的發展、學習與遊戲，而非只從單一傳統的兒童發展觀點視之。

（三）定位學習者

後發展主義的教學實務也定位了學習者與教師，認同孩子與成人在學習上的多元方式。教育者、兒童、社會以及社會與政治情勢間是彼此互動的，逐漸變得較是一種互應、互惠的對等關係。

（四）賦權

後發展主義鼓勵教育者看待兒童在學習上是個能幹的參與者。孩子被視為有權分享想法、表達意見，以及他們的教保需求應被聽到。簡言之，孩子是有權被公平、正義與平等地照護與教育的。

（五）批判反思

運用後發展主義觀點，教育者要批判性地反思他們的實務工作，且要承諾採平等與重人性的方式照護幼兒。批判性反思的內容包括傳統幼兒教育的假定，例如：幼兒學習中遊戲的角色，以及遊戲對兒童成長進步的效果等。

又 Brooker 與 Edwards（2010）曾借用 Nowotny 等人對於兩類科學知識的觀點——傳統在同領域持續累積同質性的「第一類知識」，以及回應社會、文化與技術變遷在問題情境中所建立的跨學科、異質性的「第二類知識」，明白指出後發展主義遊戲觀點即是第二類遊戲知

識，有別於傳統兒童發展與建構理論的第一類遊戲知識，但是卻補充了第一類知識。這第二類遊戲觀點考量遊戲運用的特殊情境並據以建立知識，即他們認為在當代劇烈變遷的社會中，必須對遊戲所發生的各特定文化與情境加以了解與解釋，而非持續焦注於遊戲的本質自身，即遊戲在各文化與情境中是如何運用的，例如：在各種特殊運用情境下，孩子對於教室中的遊戲教學是如何回應的？以及在遊戲中為促進各種概念的形成，老師與成人的角色為何？因此在後發展主義的浪潮下，許多曾在教育上被視為天經地義的，遂遭受質疑，在這同時，「社會文化論」被用來重新建構幼兒發展與遊戲理論，自由遊戲或自由選擇遊戲遂受到挑戰，幼教實務界從最適合幼兒學習的「自由遊戲」，逐漸轉為需教師搭架與之共構。為更加理解後發展主義風潮與立論，以下舉兩項研究實例說明之。

Edwards、Cutter-Mackenzie 與 Hunt（2010）在一個幼教自由遊戲的專業省思研究指出，該位參與研究的教師在提供淨水的各種過濾材料後，就放手並期待著幼兒能自動探索過濾概念，其後在行動中逐漸了解：在開放的遊戲中讓幼兒自由探索概念是不夠的，它無法激化概念的學習，唯有當遊戲是有意地為孩子的學習而架構，即運用遊戲有目的地教學，才能讓幼兒有意識地理解概念，例如：有意與持久地與幼兒討論、適度的示範、說明等。也因為該參與教師在行動中逐漸地理解，使她能從開放自由的遊戲中轉為較有意圖框架的遊戲教學，導致改變她一向對自由遊戲教學的看法。換言之，若欲讓孩子達到高層次的理解或實現潛能，則有如「社會文化論」所強調，老師的角色必須改變成與孩子共同建構，支持孩子的學習。此一研究確實挑戰了一向以來幼教界所持之黃金假定——開放自由遊戲是幼兒最合宜的學習經驗。

Fleer（2010b）在一項遊戲實徵研究中，觀察參與研究的教師在戶外準備了色水、塑膠容器、管子、漏斗、一系列有噴嘴的瓶子後，就靜待幼兒在這些材料的激發下能自行玩出「物質混合」之遊戲情節與獲得物質混合變化之相關概念；結果孩子玩的卻是藥水治病與照護病人的扮演遊戲，在遊戲中探索了日常生活中的事件。在這個遊戲情節中，教師是採不干預的角色，因此孩子的遊戲始終無法玩出老師所預期的「物質混合」目標。Fleer 則指出，若欲達到教師所意圖的目標，另一個新的故事方向就必須被引入，例如老師可以說：「這個藥水沒有效果，我們必須製作我們自己的藥。」繼而說：「我們必須知道怎麼混合不同的藥物（不同物質）」，以牽引出物質混合的劇情。

具體言之，老師光提供遊戲材料就坐等孩子去發現科學概念而不介入孩子的遊戲，是不夠的，如果老師期待藉由遊戲材料激發某一概念的學習，那麼教學的組織或架構就必須先於孩子的扮演遊戲，例如：介紹遊戲材料。而當孩子重複某一遊戲情節或無法達成老師所預設的目標時，教學介入也是必要的，例如：以上所舉以孩子的想像遊戲情境為基礎，向外擴展新的故事線。也就是老師、孩子均扮演、想像與參與同樣的遊戲情節，在共享共構中讓孩子透過遊戲能將概念意識化，教師的鷹架角色在孩子的遊戲中是很重要的（Fleer, 2010b）。

遊戲可讓孩子看見自己的日常經驗，在遊戲中，平日沒有特別注意的一些概念會被孩子積極意識到（Fleer, 2010a, 2010b; Vygotsky, 1991），就像在前述藥水治病與照護病人的想像遊戲中般，生活中的服藥經驗被再現，「生病就該乖乖服藥」、「藥能治癒病況」等概念，被孩子清楚意識。所以老師若欲運用遊戲做為形成概念的教學工具，必須著眼於孩子的「日常概念」以及所想要介紹的「科學概念」。重要的是，他必須觀察孩子的遊戲情境，了解孩子的日常概念與遊戲情境，並由此產生「情境上的交互主體性」（contextual intersubjectivity）；當老師做到情境上的交互主體性時，他就更容易決定採用何種

激發性活動，讓孩子能積極專注地探索特定科學概念，達到「概念上的交互主體性」（conceptual intersubjectivity）的境界（Fleer, 2010b）。這樣的論點駁斥了「孩子透過開放自由遊戲或探索性遊戲而學習」的觀點，批判了「成人在孩子遊戲中的不干預角色」的思維。

所謂交互主體性是一種共享理解（shared understanding）的狀態，每一個對話中的參與者都試著努力理解他人的觀點，這樣的努力形成夥伴間思緒接觸、連結與重疊的心靈交會狀態（Berk, 2001）；此種狀態有如情侶神交「你儂我儂」般的境界，對方一個眼神、碰觸或一個想法均能迅速被他方理解，因為彼此都在試圖試探對方想法、滿足對方的需求。而這交互主體性的境界是一個逐漸發展的歷程，除建立在雙方密切關係之上外，語言溝通扮演了重要角色，可以說語言是社會與個人內在心智間之重要橋樑（Berk, 2001），是一個主要的心智工具；它之於心智之作用，有如機械工具之於身體一般（Bodrova & Leong, 2007）。人類自小就是透過與他人交互主體的對話歷程中，學到社會文化的精髓、知識與價值觀，此一交互主體性實給予吾人重大啟示。

以上派典轉移情形也反映在重要的幼教文件上，例如：第一章提及全美幼兒教育協會於 2009 年頒布的《適性發展幼教實務》（DAP），其實它最早頒布於 1986 年，其後則於 1996 年修訂。較早的版本較著重於教學要符合孩子的現階段發展，較未考量孩子的社會文化與未來發展，在廣納建言與研究文獻後於 2009 年提出第三版，其教學決定之核心考量除原有的孩子發展與學習以及個別差異兩項外，明白地加入孩子所處之社會文化情境；而另一核心考量則是提供挑戰與可實現的經驗，即有意圖的教學，並明白列出鷹架幼兒學習的必要性，以促進孩子的發展與學習。

綜上所述，不論在實徵研究與重要文件上，幼兒教育時代趨勢似乎走向社會文化論，認為教師必須高度關注孩子的自由遊戲，並與孩子共構遊戲，重新定義成人在孩子遊戲中的重要角色（Wood, 2010a, 2010b）——在孩子自由遊戲時，透過觀察、提供材料與鷹架、參與孩子遊戲等各種方式與孩子交心同融，讓孩子清楚意識其日常概念，使之有機會轉化與正式概念接軌，才能達到促進孩子發展與學習的目的。此一趨勢與前篇論述遊戲與課程關係時所發現的趨勢——教師採取與幼兒共構的社會建構論精神，能為自發遊戲與正式課程對立狀態而解套，似乎不謀而合，兩者乃相呼應。

二、社會建構論與鷹架

Vygotsky 社會文化論核心概念是：孩子與其周遭社會情境共同鋪墊發展的方向，參與社會生活能讓孩子掌握新的、在文化上合宜的技能與行為（Berk, 2001）。Vygotsky（1978）認為，高層次的心智功能源自於社會與社會互動的結果，其發展乃經過兩個層次，始於社會互動層次，終於自我個人內在層次；而在過程中，社會中的成人與孩童間必須創造共同的焦點即「相互主體性」或「共享的理解」，方能將知識、技能由社會互動層次移至內在心智層次（Berk, 2001）。具體言之，社會文化論係指人類均生存於特定的社會文化中，透過語言對話、社會互動經驗以及上述的交互主體進程，形塑人們的心智思維，可以說人類的心智源起於社會。的確，我們的認知源自於社會化的建構與共享，從社會文化的活動與經驗中萌發的，是情境化的（Berk & Winsler, 1995），難怪東、西方存在許多迥異的觀點，例如：男尊女卑 vs.男女平權、謙卑內斂 vs.自信外顯等。

Vygotsky 又揭示了「近側發展區」的概念，為成人的鷹架引導提供合理的解釋。所謂近側發展區係指：一個兒童現在的實際心理年齡層

次，與在他人協助下所表現之解決問題層次，兩者之間的差距區域（Vygotsky, 1978, 1991）；意即在近側發展區段中的能力，是目前尚未成熟、仍處於發展歷程中的能力。他認為運用近側發展區的概念，成人可以引導孩童向前發展，表現成熟與自主；教育的宗旨即在提供座落於孩子發展區間的經驗，這些活動雖具有挑戰性，但卻可在成人引導下完成（Berk, 2001）。在此論點下，教學不僅在符合兒童現有階段的發展，而且也在創造兒童的近測發展區，提升其發展層次；換言之，好的教學唯有走在發展之前，喚醒並激發生命中正在成熟中的功能，即教學要針對未來而非過去（Vygotsky, 1991）。

綜言之，人類的心智是在社會文化中發展形成的，而社會文化論在教學上的體現就是社會建構論。筆者曾歸納社會建構論具四項基本精神：知識建構、共同建構、引導鷹架、語文心智工具（周淑惠，2006），並試圖以圖形幫助理解（圖 5-1）。首先，社會建構論也如建構論般強調孩子建構知識的重要性，不過它更強調孩子的知識建構是在社會文化中透過語文對話與鷹架互動而進行的，基本上是與他人共構的。圖 5-1 清楚顯示（幼兒）個體是被社會文化情境所包圍，以及社會建構論的四項重要特徵（黃底綠字）。有關建構觀點已在本章開頭大致敘述，以下針對共同建構、鷹架引導及語文心智工具三項特徵加以闡述。

（一）共同建構

與周遭社會文化中的人共同建構，是社會建構論有別於建構論之重要觀點，幼兒園教師是幼兒最近的社會文化情境中最重要的影響者，在師生共同建構中，產生共享理解或心靈交會狀態，讓社會文化中的訊息觀點轉移至孩子內在心理層次。Bodrova 與 Leong（2007）指出，「運用共享活動」是促進發展與學習的重要策略之一，幼兒與成人、

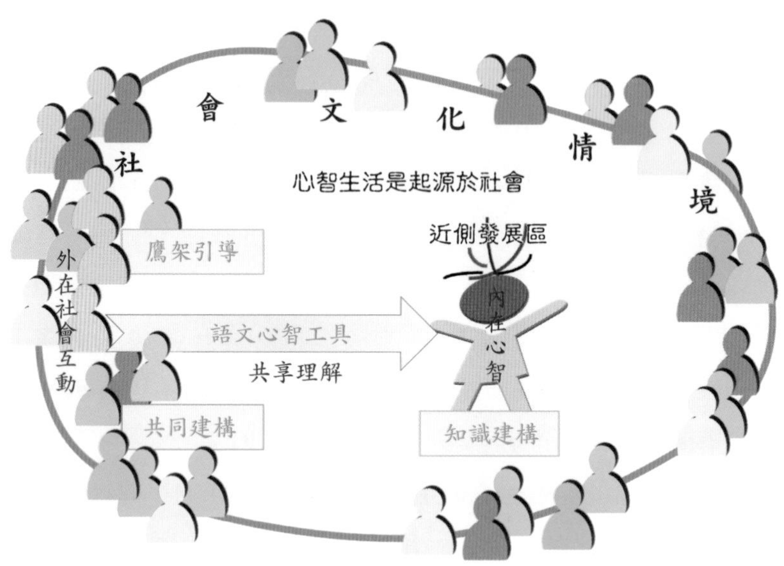

圖 5-1　社會建構論示意圖

同儕的共享互動中，透過語文的運用（說談話、討論、分享、塗鴉、繪畫、書寫等），得以心靈專注、思考清晰，並有調整想法的機會，是激發學習動機之重要社會情境，也是幫助幼兒提升近側發展區的一個非常重要途徑。在此立論之下，教室變為「學習社群」，而社群中每一成員對於所有成員於探究過程中所正在萌發的共享性理解，均有明顯的貢獻（Palincsar, Brown, & Campione, 1993）。

（二）鷹架引導

社會建構論與建構論的教學，最大的不同點在於前者強調教師的鷹架引導角色，此乃因為孩童有近側發展區存在。Vygotsky（1991）主張教學唯有在發展之前，方能促進孩子的發展，而非坐等孩子能力成熟才予施教；Wood、Bruner 與 Ross（1976）則提出「鷹架支持」（scaffolding）譬喻，呼應 Vygotsky 觀點：兒童有如營建中的建物，社會環境

是支撐建物所需的鷹架，它支護兒童使其能持續建構新能力。例如：孩子不會騎乘腳踏車前就教導他如何騎乘，孩子在成人所搭構的各種鷹架協助下，著實超越了他目前的水準表現——由不會騎乘至能駕馭自行車；這些協助策略有教導平衡策略、示範、扶持龍頭或車尾、誇讚表現、在旁提示要點、中途偷偷放手等，可見成人引導、協助對幼兒學習的重要性。

以上鷹架的概念和 Tharp 與 Gallimore（1995: 8）基於 Vygotsky 理論與近側發展區概念，定義教學為「在與專家共同活動的見習中，被協助的成就表現」（assisted performance），並指出教師在教學過程中要提供回應與協助性的「互動」，諸如示範、回饋、講示、提問、權變管理、提供認知上的組織架構等，二者間其實極為類似。簡言之，鷹架乃為教學的重要成分，是師生間的互動方式（Berk & Winsler, 1995）；在成人與兒童共同建構的互動行動中，教師運用各種策略為兒童搭構學習的支架，以幫助兒童發展或鞏固能力、向前躍進，名副其實是一種被協助的成就表現。

（三）語文心智工具

語文不僅是溝通表達的工具，而且有利吾人做邏輯思考與學習，使人類有別於其他動物（Vygotsky, 1991）；簡言之，語文是一項重要的「心智工具」（Bodrova & Leong, 2007）。語文的運用包括聽、說、讀、寫、塗鴉、繪圖等，書寫語文是高層次的思考，讓思考更清晰、有順序地呈現；口說語文可以與人溝通思緒，當成人與孩童共同生活與工作運用語言時，語言就成為將孩子內在心智與文化情境觀點融合的一項有力的協助工具（Berk, 2001）。若語文是心智工具，言談對話（discourse）則是教師為兒童搭構鷹架、引導學習的核心內涵；Bodrova 與 Leong（2007）曾指出，言談即是鷹架，在師生共享活動中雙方交流進行「教育性對話」（educational dialogue），即能提升兒童的心智功能。

上篇提及在幼兒教室中，遊戲與工作經常被視為是對立狀態，導致遊戲邊緣化或淪為下課娛樂，而不少學者基於社會建構論提出師生共構遊戲的觀點，以為實務上的兩難狀態解套，例如：Rogers（2010）指出，應將遊戲教學視為一個協商的實務，讓成人與兒童間共同建構，或許有利於克服遊戲與工作兩元對立的狀態；Smidt（2011）也認為，孩子應擁有遊戲的主權，課程宜浸泡在孩子的遊戲中，教師是遊戲夥伴伴隨著孩子共構遊戲。Wood 與 Attfield（2006）更認為，社會文化論很適合發展遊戲教學法，他們提出具四階段框架的共構遊戲課程：以前一遊戲成果為基礎的「計畫」，「組織」資源、時空與活動，呈現成人啟動的活動與追隨孩子啟動的活動的「執行」，以及「評量、文檔記錄與評估」課程；而整個遊戲課程是在成人意圖與孩子想法間保持平衡點，以及也在遊戲與工作間保持平衡點（Wood & Attfield, 2006）。

社會文化論不僅很適合發展遊戲教學，解決遊戲與工作兩極對立狀態；而且在坊間教學實務上，也並非皆是「適性發展的遊戲」（developmentally appropriate play），只有在老師負起規劃與促進幼兒遊戲之責，方能臻至適性發展、高品質遊戲的境界（Copple & Bredekamp, 2009; Gronlund, 2010）。誠如在《適性發展幼教實務》中明白指出，如果幼兒正發展著對其自律與認知、語文、社會／情緒等有所裨益的成熟戲劇遊戲，那麼教師積極地為孩子搭構鷹架支持是極為必要的（Copple & Bredekamp, 2009）。其實不僅是扮演遊戲，其他遊戲亦是如此，老師在幼兒的發展與學習上實扮演重大的角色。至於教師如何扮演角色與搭構鷹架，將於下一章深入探討。

本節小結

後發展主義的興起挑戰了自由遊戲，使得派典轉移至社會文化論並反映在幼教研究與重要文件上。無可否認的是，人類心智源起與發展於社會文化中，與周遭社會互動是成長與學習之不二法門；又針對幼兒之近側發展區，教師的鷹架引導可提升遊戲層次，進而可促進幼兒發展。在另方面而言，實務工作者採用社會文化論與幼兒共構遊戲，可解決遊戲與工作兩極對立態勢；又種種現象顯示，教師在遊戲中與幼兒共構建立交互主體關係，有利實現高品質遊戲與提升發展水準，社會建構論儼然已成為當代幼兒教育的趨勢，以及為幼兒遊戲請命的良方。

第二節　教學互動之基石：觀察與記錄

在親師生共構中，鷹架引導是必要行為，而觀察幼兒遊戲是教師搭構鷹架、介入遊戲的先決條件；因為沒有觀察、記錄與分析孩子的遊戲行為，教師無法了解遊戲的脈絡與發展，鷹架行為難以憑空而降，遊戲品質遂不得提升，教師也無法藉以反觀自照、改善教學。又記錄與分析幼兒的遊戲狀況，具體提供孩子在幼兒園中的學習與進步狀況，是園家互信、溝通的重要媒材，也是親、師、生共構的基礎。因此本章旨在介紹觀察記錄的重要性以及各種觀察工具與方法，以利豐富遊戲內涵、改善教學，並做為向家長溝通的重要橋樑。

一、觀察與記錄的重要性

筆者深深認同於 Devereux（1997）所提三項觀察孩子遊戲的理由，第一項理由是觀察可以提供有關孩子能力的「形成性證據」——在系統觀察中更加了解孩子發展中的能力、持續的興趣與情性，逐漸建立孩子學習與發展的圖像，以做為未來行動的依據。第二項觀察孩子遊戲理由是，觀察得以讓我們意識到自己的信念與價值，更加覺察它對所見之詮釋與影響，因此建立團隊夥伴關係，從多面角度來檢視與幫助孩子的學習，尤其是園家關係，則顯得相當重要。而第三項觀察孩子遊戲理由是教師蒐集孩子能力的觀察記錄，得以提供家長、園長以及其他外來機構有關孩子進展的證據。也就是說，正因為有觀察記錄，讓我們更加意識提供多元、客觀學習記錄的重要性，也方得以提供充分的學習證據給最關心孩子狀況的家長，並進而取信於家長。

Bennett 與 Kell（1989, 引自 Wood & Attfield, 2006）的實徵研究發

現，要達到好的遊戲品質，不僅必須有充足資源、高層次的教學技巧與組織能力外，而且還要有時間與技巧去觀察、評估與解釋孩子的遊戲行為與活動；可見觀察、記錄遊戲與教學同等重要，對了解孩子、提升遊戲品質與改善教學是不可或缺的。再加上以上 Devereux 之見，觀察與記錄實可提供學習證據，進而取信家長與相關人等，有利辦學。

就此筆者以為 Wood 與 Attfield（2006）所言甚是，遊戲在幼教實務界失掉其地位與可信度，除源自於社會大眾持「工作與遊戲兩極對立」的觀點外，特別是與「難以獲得孩子在學習中進步的證據」有所關聯。其實遊戲提供孩子概念、技能、情性等各方面發展的視窗，遊戲即一評量工具（Hoorn et al., 2011），關鍵在於如何善加利用時間與精熟觀察方式與技巧。無可否認地，幼兒園有如一艘船，家長猶如海浪水，是幼兒園任何創新行動的載舟、覆舟力量，尤其是私立幼兒園，取信家長是生存之道，也是遊戲教學得以無礙落實之重要關鍵，因此觀察與記錄有其重要地位。

遊戲即一評量工具，在遊戲中評量孩子相對於標準化評量，其實是比較具有「可信度」，因為它是基於多次的觀察，而且是在孩子熟悉的遊伴與材料下進行的，不像標準化評量一樣一學年僅有少數一兩次，而且是在孩子不熟悉的材料與情境中實施；此外，遊戲觀察也較具有「效度」，因為它是在孩子真實的遊戲情境下評量的，例如：在孩子堆積木與拼貼中評量孩子的空間概念，而非以紙筆測驗較為間接的方式（Hoorn et al., 2011）。

綜合言之，觀察與記錄遊戲是了解孩子發展與學習狀況的窗門並進而調整鷹架、改善教學的利器；更重要的是，它在真實情境中評量，不僅較具有信、效度，而且也提供孩子學習進展的資料與證據，尤其是對幼兒園舉足輕重的家長，是獲得家長信任並建立親師生共構基礎的重要平台。因此，無論是教師或是園方均須重視遊戲觀察記錄。

二、觀察記錄的方式

綜觀遊戲的評量方式有量性取向的觀察，例如：各種遊戲觀察檢核表，也有質性取向的軼事記錄、文檔記錄等，甚至有質量並重結合量表觀察與訪談的方式。茲一一敘述如下。

（一）觀察檢核表

所謂檢核表（checklist）是一份已經具有各類遊戲行為的觀察表格，採時間取樣法，觀察者只要在觀察時段打勾畫記觀察對象當下所發生的遊戲行為類別，並於事後統計某位幼兒所有遊戲行為發生的次數與百分比，以顯示該位幼兒之某種行為發生比例；或是統計全班幼兒所有遊戲行為發生的次數與百分比，以顯示該班幼兒之某項行為發生比例。因此相較於文字描述、具情境脈絡性的軼事記錄，是頗為方便且省力，可做系統性觀察的觀察方法，但是卻缺乏情境可參照，無法深入理解。以下介紹兩類量表。

1 社會／認知遊戲量表

社會／認知遊戲量表（social/cognitive play scale）是目前較為常用的遊戲觀察量表，其實是經過一段時間發展而成的量表，其最後形式是由 Rubin、Watson 與 Jambor 於 1978 年所確立，具有 12 類型的遊戲行為以及外加非遊戲活動行為。它在歷史進程中結合了 Parten 的「社會參與遊戲量表」及 Smilansky 改良自 Piaget 的「認知遊戲量表」，並將 Parten 的社會遊戲類別稍加修正，使得遊戲行為的社會性與認知性兩個面向均得以被觀察評量。以下解釋此一量表的演進歷史與內涵。首先 Parten 的「社會參與遊戲量表」有以下六大類遊戲行為：

無所事事行為	平行遊戲
旁觀行為	聯合遊戲
單獨遊戲	合作遊戲

而遊戲大師Smilansky改良自Piaget的「認知遊戲量表」，有以下四大類遊戲行為：

功能遊戲	建構遊戲
戲劇遊戲	規則遊戲

在第一章論述遊戲行為的發展時，已經依文獻分別解釋以上四項認知觀點遊戲行為與六項社會觀點遊戲行為，故在此不再贅述。其後Rubin 等人（1978）將 Parten 的聯合遊戲與合作遊戲併成群體遊戲，將無所事事與旁觀行為獨立出來，使得三大類「社會層次遊戲行為」——單獨、平行與群體，以及四大類「認知層次遊戲行為」——功能、建構、戲劇與規則，交織成三類乘四類共十二類別的遊戲行為；並且外加無所事事、旁觀與轉換行為，以及屬於較為學業取向的非遊戲活動類別，共同組合成「社會／認知 遊戲量表」。這數類遊戲行為是：

單獨—功能	單獨—建構	單獨—戲劇	單獨—規則
平行—功能	平行—建構	平行—戲劇	平行—規則
群體—功能	群體—建構	群體—戲劇	群體—規則

其他：無所事事、旁觀、轉換、學業取向的非遊戲活動

因此吾人可以根據觀察目的，彈性運用以上這三組量表，例如：若觀察的目的是孩子的社會行為面向，則可採用 Parten 的原始量表；若觀察的目的是孩子的認知面向，則可採用 Smilansky 的原始量表；當然若欲畢其功於一役，則可採用 Rubin 等人所統整改良的「社會／認知遊戲量表」，而以上三種量表均是採時間取樣法觀察。

在實際觀察前，必須先繪製 3×4 距陣十二類型行為表格，以及填入如上述四類其他非遊戲活動行為，將表格編號寫上幼兒名字（一位幼兒一份表格），然後按順序觀察；每觀察一位幼兒時間是 15 秒，在觀察表上行為類別處畫記所觀察到的行為，再將該張觀察表放到整疊後面，再進行第二位幼兒的 15 秒觀察、畫記、放整疊後，如此反覆直到所有幼兒都觀察完，就可進行第二輪的循環觀察（Johnson et al., 1987, 2005; Rubin et al., 1978）。當每位幼兒被觀察二、三十次後，簡單的統計次數或百分比即可看出每位幼兒遊戲行為的形式與傾向或全班每類遊戲行為的比重。當然也可以針對擬欲研究的標的幼兒持續觀察每類行為後，再整體加以統計，以了解該幼兒的遊戲行為狀況。

以上觀察資料可以幫助老師、家長了解幼兒的發展，所謂「數字會說話」也。舉例而言，若發現五歲幼兒從事單獨─功能遊戲的比例很高，並且常無所事事，或旁觀他人遊戲，即顯示此位幼童的社會性層次有待強化，教師適當的鷹架介入，引導其加入團體，是必須的。再如四、五歲幼兒是群體戲劇遊戲發展的高峰期，若是某位五歲幼童幾乎很少出現群體戲劇遊戲型態，這也是該介入引導的時刻了。

2 社會戲劇遊戲量表

「社會戲劇遊戲量表」是遊戲專家 Smilansky 專門針對社會戲劇遊戲所研發出來的觀察量表，她認為高品質的社會戲劇有六個要素：角色扮演、玩物的假裝、動作與情境的假裝、持續進行、社會互動、口

語溝通（Dodge & Colker, 1992; Smilansky & Shefatya, 1990）。這六項要素確可做為判斷遊戲是否成熟或臻抵高品質的重要指標，已在第三章論述，此處僅簡要列出如下。

(1)以模仿扮演角色

這是戲劇遊戲或社會戲劇遊戲最基本元素，是指小孩擔任一個角色，並透過模仿的行動或話語，來表達該角色。

(2)與物體有關的假裝

孩子以動作或口語宣稱及（或）以不像物體的東西來替代真實的物體。

(3)與行動與情境有關的假裝

孩子以口語描述或宣稱及動作或手勢來代替行動或情境。

(4)角色扮演的持續性

孩子專注於戲劇扮演中，持續扮演一個情節中的角色或主題至少一段時間。

(5)社會互動

此為社會戲劇遊戲的核心，至少有兩位小孩涉入於所扮演的戲劇劇情中，而且彼此在劇情扮演上有所關聯互動，影響劇情的發展，增加了認知與社會面向的複雜性。

(6)口語溝通

係指社會戲劇扮演成員對於劇情的發展有一些口語互動發生，如溝通情節的轉換、規劃劇情或指導他人。

在實際觀察時，需將以上幾項社會戲劇遊戲的要素做成觀察表格，也是採時間取樣觀察，畫記所觀察到的行為，並按幼兒行為表現層次〔由最低層次（完全無呈現該項行為）到最高層次（充分表現該項行為）〕，加以計分（分別為 0 分到 3 分），最後加總統計每項得分，就可看出幼兒缺乏哪些社會戲劇遊戲的要素。若是幼兒到五、六歲還缺乏多項要素，教師則必須提供鷹架以助幼兒發展社會戲劇技巧。茲舉「角色扮演」、「與物體有關的假扮」兩項要素的幾個表現層次與計分說明如下（吳幸玲，2003）。

【角色扮演】

0 分：完全沒有角色扮演。

1 分：只扮演主題內的基本角色，只有語言或動作一項呈現方式。

2 分：(1)只扮演主題內的基本角色，且有語言與動作兩項呈現方式。

(2)扮演主題中較專業、精緻、獨特角色，只有語言或動作一項呈現方式。

3 分：扮演主題中較專業、精緻、獨特角色，且有語言與動作兩項呈現方式。

【與物體有關的假扮】

0 分　：沒有對物體有任何的想像替代。

1 分　：以外觀相近的物體來替代原物。

2 分　：以其他形狀相似物品來替代原物。

2.5 分：以其他功能相似物品來替代原物。

3 分　：用言語或動作來代表原物。

（二）軼事記錄

軼事記錄（anecdotal notes）是形式比較簡要的質性觀察記錄，描述遊戲事件發生情形，真實記錄遊戲中所見與所聞，因此相對於觀察量表，在現場觀察記錄時，是比較費力的，但卻提供生動的情境脈絡，有助於老師深入理解行為的來龍去脈。

軼事記錄的目的在了解幼兒行為與其產生的情境，因此在記錄時可以從數個角度去描述，這幾個角度都是英文字母 W 開頭的問題內涵（黃瑞琴，2001；Devereux, 1997）：

【軼事記錄】

是誰（who）：所觀察的主角、遊戲者、行為者。
與誰（with whom）：和誰有語言或肢體的互動。
何時（when）：日期與時間。
何處（where）：發生地點、遊戲角落與情境。
做什麼事（what）：肢體動作、從事何事與使用什麼材料。
說什麼話（what）：語言或對話內容。

教師在進行軼事記錄觀察前，可將可黏貼的便利貼紙或者是可以裝訂成冊的分類小卡片放在隨身口袋或是學習區（角落）的明顯處；依據以上幾項記錄重點迅速寫下觀察所見，如果當時不方便記載，教師可以於事後儘快寫下比較詳細的「觀察花絮」（vignette）（Johnson et al., 2005）。教師在教學活動中必須扮演共構角色與搭構鷹架，也須在參與觀察與非參與觀察間記錄幼兒遊戲狀況，的確是相當辛苦，尤其在參與觀察後必須馬上速記觀察情節。但是觀察記錄的效用與魅力，對於一個關心幼兒發展與遊戲狀況的老師而言，絕對是無法抵擋的。

【5/24，10a.m.，積木區：聖方、梅君、汪達、雲知】

聖方用積木圍出一個空間，坐在裡面，兩手做出開車狀，並發出嘟嘟聲。戴著白紗巾的梅君對著聖方說：「假裝我是新娘子，我們要去結婚。」梅君接著說：「新郎！你是新郎好嗎？快點！來扶我上車。」聖方用手扶著新娘，作勢掀起長婚紗禮服上車後，在旁觀看的汪達順勢補位，坐在前座說：「新娘車來了！讓開！讓開！要去教堂結婚囉！」旁邊的雲知跟著起鬨「新娘來了！新娘來了！『新娘水噹噹，褲底破一坑（閩南語）！』……。」

軼事記錄的便利貼與小卡片累積後，數量相當可觀，它具有形成性，可提供資訊做為未來規劃教學之參照，然而它也需具總結性，即書寫孩子的進展報告，以做為向家長與他人溝通之用；因此為讓這些觀察紀錄有效不致流失，發展一個可管理的檔案系統是很重要的，無論是檔案夾、歸檔袋等皆可（Devereux, 1997）。通常已經記錄過的便利貼與小卡片在整理與複製後（例如：某張記錄涉及三位幼兒，就複製三份），教師可以為每位幼兒製作一份大的觀察分析表，即將某位幼兒的數張小紀錄貼在大型紙張上，再加上暫時性的解釋與評論及所擬定的鷹架策略，並且持續地觀察、記錄，循環不息。隨後可以放入幼兒的個別檔案中，以供隨時檢視（黃瑞琴，2001）。而在每天結束，教師夥伴間可分享這些觀察，澄清疑惑並採取及時措施。

在觀察孩子的遊戲時，除了以上幾項觀察重點外，筆者以為亦可輔以以上 Smilansky「社會戲劇遊戲量表」的六項觀察計分要素：以模仿扮演角色、與物體有關的假裝、與行動與情境有關的假裝、角色扮演的持續性、社會互動與口語溝通；也就是不再計算六項觀察要素的分

數，而是把這六項社會戲劇遊戲的要素當作觀察指引，針對每一項以文字做質性的描述，更可看出孩子遊戲的全貌。

（三）檔案評量

檔案評量方式可以說是目前蒐集孩子在遊戲中的進步情形，最常被談到的策略，也廣在各層級教育中被討論（Hoorn et al., 1993），是一種儲存與展示孩子遊戲過程所有學習的相關紀錄檔案，可以包含以上的軼事記錄分析、觀察量表統計結果、活動照片、活動 VCD、孩子的塗鴉、作品、孩子自己的省思等。簡言之，它是以檔案資料做為評量基礎的一種方式。

大體而言，每個小孩擁有一份檔案，也可以有整組幼兒的檔案，或是全班進行某個主題的檔案。它有兩種形式：一是「工作檔案」，另一是「展示檔案」。工作檔案係指還在進行中的檔案，裡面存放孩子至今仍在進行中的各種資料，例如：畫圖作品、照片、觀察紀錄等；而展示檔案是指經過選擇的、最能夠說明孩子成長與學習的資料，有時也會讓孩子自己選擇展示檔案的內涵（鄭英耀、蔡佩玲譯，2000）。

檔案評量第一階段很重要的工作是要準備蒐集資料的工具，包括照相機、攝影機、錄音機、觀察筆記、觀察小便利貼或觀察表等，以及確定放置原始資料或蒐集而來各種資料的儲放檔案或空間。其次第二個階段是實際進行文檔紀錄蒐集，可以透過拍照、錄影、觀察、記錄、蒐集作品或與孩子討論概念網絡圖等方式蒐集各種資料（李鬱芬譯，2001）。最後所蒐集到的各種資料必須有系統地管理與存放，在一段時間後，還要仔細篩選適合放到展示檔案中的資料，以呈現幼兒的進步與成長。至於檔案紀錄夾呈現方式可以是以人組織檔案，例如：個別幼兒檔、小組檔案等（圖 5-2a、5-2b），或以不同作品與表現組織檔案，例如：對話檔、畫作檔等，或以各個不同主題或方案組織檔

圖 5-2a　檔案紀錄夾：評量紀錄與活動紀錄

圖 5-2b　檔案紀錄夾：小組檔案與個別檔案

案，例如：「小機器大驚奇」主題檔案、「交通工具」主題檔案等。

綜合上述，檔案評量實具有數項特性：顯示一段期間遊戲／探究軌跡的「歷程性」、師生均可參與建構的「開放性」、可以做前後進步與變化的「比較性」、表現脈絡與細節的「整體性」、敘說遊戲／探究軌跡與進展的「溝通性」。可以說檔案評量是組織遊戲評量資料、顯示孩子在一段時間內的成長與學習的最佳方式（Johnson et al., 2005）。

（四）文檔紀錄面版

文檔紀錄面版（documentation panels）是源自於義大利瑞吉歐幼兒園的獨特評量機制，非常著重於教學與學習歷程中孩子的表現，屬於過程評量的一種，是「形成性評量」的極致典範（周淑惠，2009）。它係指持續觀察與蒐集幼兒於遊戲／探究歷程中的各種表徵與學習資料，例如：活動中的對話、行為表現、建構作品、畫作照片等；然後經分析、省思、同儕討論，進而提出詮釋，甚至是疑惑與預測；最後則是以面版方式張貼呈現（有些幼兒園則彈性變通為立板、小冊或檔

案）（圖 5-3a～5-3d），以做為學習與教學改善之整體循環歷程。

文檔紀錄面版的本質就是在評量幼兒的學習狀態，透過教師的省思、詮釋、討論與展示，使其價值更加擴增，讓整個學習歷程與孩童

圖 5-3a　文檔紀錄面版

圖 5-3b　文檔紀錄面版

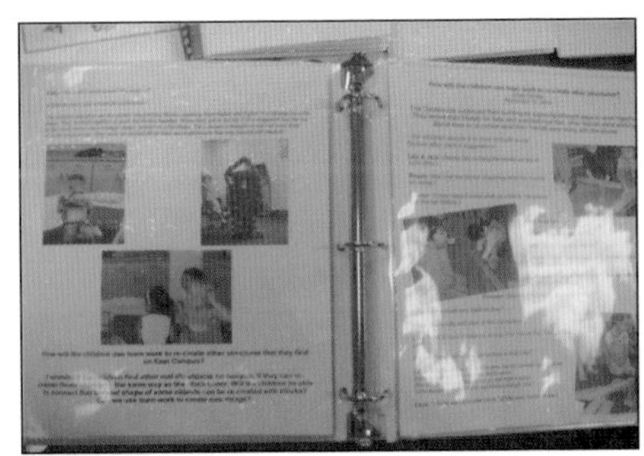

圖 5-3c　文檔紀錄面版（變通為檔案夾）

圖 5-3d　文檔紀錄面版（變通為小冊）

所用策略，鮮明可見（Rinaldi, 2001）。可以說文檔紀錄面版最大特性是具有呈現孩子表現與成果的豐富細節，可讓他人理解所記載的行為背後是具有意涵的，例如：於活動、作品圖片、幼兒話語旁加註老師的註解，說明整個活動或畫作是如何完成的，幫助他人思考與了解幼兒的想法與整個方案的進程與轉折（Forman & Fyfe, 1998）。

文檔紀錄面版獨特與有價值之處是必須加上老師的省思、疑惑與預測，在與同事討論後，做為改善教學的依據，所以它既是評量也是教學改進機制，統整了教學與評量。無疑地，老師投入時間審慎地製作文檔紀錄，是瑞吉歐幼兒園課程與教學實施的優先要務，也是許多採用此種教學型態幼兒園的重要工作，對一個成功的方案式課程是很重要的（Forman, Langley, Oh, & Wrisley, 1998）。經筆者進一步分析，文檔紀錄面版實具有詮釋、探究、歷程、對話與溝通等五項特性（周淑惠，2009），茲分別敘述如下。

1 詮釋性

文檔紀錄不僅客觀地呈現事件，而且也努力製造意義，提出分析者對這份文檔所賦之重要意涵與其所察覺之問題。文檔紀錄在展示時，老師一定要對資料（圖片、作品、轉譯的對話與行為等）提出註解、詮釋，說明此份資料的意涵（幼兒行為或表現的意義，或者是教師行為的意義）；它吸引人之處在於伴隨著資料蒐集與呈現下，提供他人豐富的問題、疑惑與省思，即文檔紀錄的觀察、記錄、解釋是螺旋交織的，無法彼此分離（Rinaldi, 2001）。如圖 5-4a、5-4b 所示，文檔紀錄內容不僅有對話，而且有老師的註解，甚至提出省思、疑惑與預測，以供接續之教學對話或驗證調整用，文檔紀錄實具有詮釋性。

2 歷程性

文檔記錄是持續進行的，不是最後的報告，蒐集的檔案或展示只是

圖 5-4a　**具詮釋性之文檔紀錄面版**

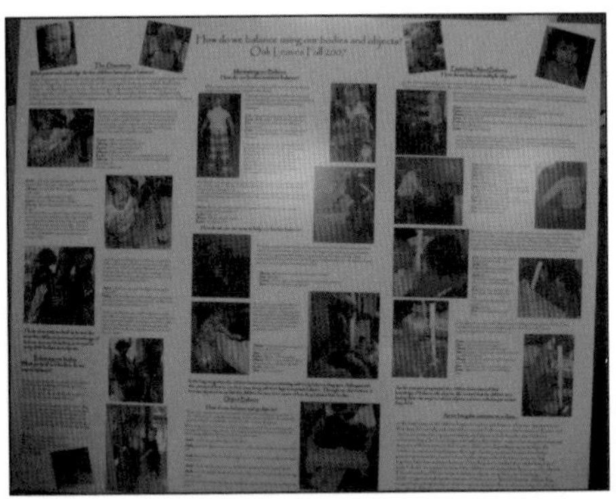

圖 5-4b　**具詮釋性之文檔紀錄面版**

幫助記憶、評估或建檔而已，在瑞吉歐是整個「彈性企劃教學」（progettazione）的一部分（Giudici, Rinaldi, & Krechevsky, 2001; Rinaldi, 1998, 2001）。換言之，文檔記錄是伴隨教學歷程持續且循環進行的，在一面記錄，提出個人詮釋、疑惑或預測下，一面微調教學，再觀察、記錄以驗證疑惑或預測，如此生生不息，因此文檔記錄具有歷程特性。另方面而言，教師在做文檔記錄時，通常會蒐集幼兒於一個方案不同階段的畫作或對話等，加以並列陳示，以收比較幼兒於方案歷程中進展之效。

3 探究性

因詮釋與反思是文檔記錄的基本要素，它無異是教師對幼兒學習與其自身教學的研究，不僅可回溯過去學習情境，而且也能創造與投射未來展望，是一個促進學習的工具，也是改善教學的工具（Giudici et al., 2001）。進一步地說，當教師建檔記錄幼兒的天真理論或想法，提出詮釋、疑惑與預測時，會試圖於接續之對談與教學中改進其對話內涵或驗證其想法，而幼兒經過對談後可能會修正其原有理論，教師則持續記錄分析之，如此循環不已，可以說是一項研究報告（Forman &

Fyfe, 1998）。也就是說，記錄能讓教師與幼兒的學習過程對話，保持幼兒不斷的學習，同時也從幼兒學習中獲得教學相長的經驗（Rinaldi, 1998）。簡言之，系統性的記錄讓每位老師成為研究者，即對課程設計與學習產生新想法的老師（Edwards, 1998）。

4 共構性

文檔紀錄顯現共同建構的特性，是瑞吉歐幼兒園協議式、共構式學習的核心（Forman & Fyfe, 1998）。它的共構性顯示於紀錄分析與詮釋後必須與他人討論，共建幼兒學習與教學的知識（圖 5-5）。可以說文檔記錄歷程在創造一種許多聲音可以參與及可被聽見的文化，透過它，多元觀點可以被檢視與分析（Nutbrown & Abbott, 2001）。另一角度言之，所有紀錄的呈現都只是局部的發現與主觀的詮釋，教師之間的觀察一定會有差異之處，而且不同工具的使用會產生偏差，所以教師必須與他人，尤其是同事們共同討論與重新解釋紀錄（Rinaldi, 1998）。在 Rubizzi（2001）「記錄文檔記錄者」一文中，清楚可見三位老師是如何觀察、密切討論與詮釋的，即為共構性之明證。

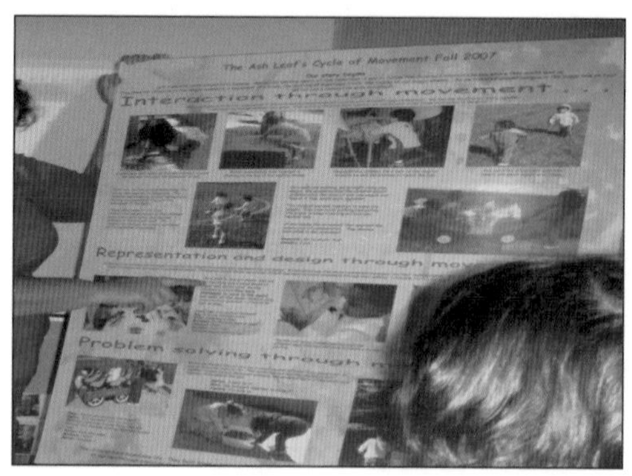

圖 5-5　具共構性之文檔紀錄面版

5 溝通性

隨著主題的進展，教室與園所廊道中張貼著豐富的文檔紀錄面版，它不僅向家長與社會大眾溝通孩子的學習狀況，使其了解幼兒園與教學；同時也在向孩子溝通目前主題的進行軌跡，提供幼兒與過去學習對話的機會，讓學習得以延伸或統整；當然文檔紀錄也在溝通教師對幼兒學習的重視，激勵幼兒持續探索，看中其自身的學習。

正因為文檔紀錄具有詮釋性與溝通性，張貼在課室裡外明顯之處，讓課室裡幼兒的探究／遊戲鮮活地呈現於家長面前，這是關心幼兒學習情形的家長所最需要的資訊。

本節小結

檔案評量呈現孩子所有的學習軌跡，是顯示一段期間內孩子進步的最佳方式；而文檔紀錄面版則是持續針對學習與教學做深入分析，是共構式學習的核心，且具詮釋性與溝通性，不僅達評量目的，而且也達改進教學雙重目的。而以上兩者均將孩子的學習清晰地呈現在家長面前，一個偏向廣度呈現，一個則較為深度分析，實可交織運用。最後，除以上檢核表、軼事記錄、檔案評量與文檔紀錄面版四類重要觀察方式外，有時可以運用攝影機拍攝，然後剪輯重要關鍵鏡頭編串而成紀錄影片，或者是輔以訪談幼兒的方式加註於任何觀察紀錄之上。綜言之，各種觀察記錄方式均可交相為用，以達互補共闡學習實況與進展之目的。

研討問題

一、何謂語文心智工具？它在社會建構論中的角色為何？請舉實例說明遊戲課程中可以如何運用語文心智工具？

二、請根據本章文檔紀錄面版的特性，說明其實際運作的步驟。又它與一般教學活動花絮報導有何不同？

三、檔案評量與文檔紀錄面版有何異同？

CHAPTER 6

教師於遊戲課程中之角色（II）：鷹架與實務

承第貳篇遊戲與課程關係之論述總結，遊戲應為學前課程的核心，在與幼兒協商共構下保持師生權力間的適度平衡，可為遊戲與課程對立狀態解套；又依據前章社會建構論及針對幼兒近側發展區的存在，老師應與孩子共構遊戲並搭構鷹架，引導其玩出有深度的遊戲，以提升幼兒的發展。因此本章基於社會建構論，著眼於教師在幼兒遊戲中的互動實務，於第一節提出教師角色與鷹架模式，以為實務運作之參考，進而於第二節舉實例論述此模式在各類遊戲情境中的運用——象徵、規則與角落遊戲。

第一節　教師在遊戲中之角色與鷹架

根據社會建構論，教師在幼兒遊戲中要扮演夥伴角色與幼兒共構，從中搭構鷹架引導之，本節首先論述各家學者所認為幼兒遊戲中教師之角色與鷹架，繼而歸納文獻並依據筆者之實務觀察與研究，提出基於社會建構論之遊戲角色與鷹架模式。

一、教師角色

前面章節指出，無論是教師啟動的遊戲課程或是孩子啟動的遊戲課程，都儘量要在教師主導的經驗與孩子引領的經驗間保持平衡狀態。然而不管是教師主導或是孩子引領的學習經驗，都必須有賴教師藉提供符合孩子需求的經驗，負起激發與支持孩子學習與發展的責任（Copple & Bredekamp, 2009）；更何況老師還必須視各種情境設法平衡師生間的主導權，可見，老師在幼兒遊戲情境中實扮演重大角色。以下舉中外數位學者所論述之遊戲中教師角色說明之。

Wood 與 Attfield（2006）認為，社會文化論很適合發展遊戲教學法，在整合孩子自發與成人設計遊戲的共同建構理念下，他們提出多層次互動的教師角色：設想孩子自發與教師啟動活動的「彈性規劃者」；知道如何觀察記錄的「有技巧觀察者」；尊重孩子意義與遊戲架構的「好的傾聽者」；以玩興抓取孩子肢體語言做一「好的溝通者」；以熱情與孩子互動並影響孩子的「互動激發者」；監管安全與公平公正遊戲機會的「監管者」；知道何時涉入、如何涉入與涉入目的的「敏銳與彈性的共同遊戲者」；做為一個藉探究孩子遊戲以改進教學與專業的「研究者」。總之，成人啟動與孩子啟動的遊戲均能提供想法與興趣，不過成人的互動與介入必須配合孩子的遊戲情境與狀況，尊重孩子的劇情發展與遊戲精神。

Hoorn 等人（2011）指出，教師在「以遊戲為核心的課程」中居關鍵角色，必須運用多種策略去精心安排從自由遊戲流向引導與指導的遊戲，再到較為學科內容取向的教學，並回歸至孩子自由遊戲的流程。這絕非是一個自由放任的課程，需要老師仔細規劃與準備，也需要能享受自然渾成、積極投入與創意的及具反思與分析力的老師。可見以遊戲為核心的幼兒教育中，教師的角色何其重要。而教師在扮演

各項角色時，必須運用四項原則以支持孩子順利進行遊戲：(1)採用符合孩子發展與觀點的經驗與材料；(2)老師必須遊走教室敏銳地觀察與記錄；(3)老師隨時注意孩子在各種遊戲中所建構的意義；(4)老師是善於組織環境與時間、計畫經驗與材料，讓孩子在遊戲中建構知識的舞台管理者。

以上四位學者繼而指出，老師在遊戲課程中必須扮演「準備舞台」與「互動引導」兩大角色並運用策略於各類遊戲中。準備舞台角色是比較非主導性地準備孩子遊戲的舞台，它與課程計畫攜手並進，例如：安排環境空間、操作材料、每日作息、延伸經驗等。互動引導角色則包含從僅在旁協助孩子到直接教導孩子遊戲的許多不同指導程度的子策略，諸如在旁助理的「藝術學徒」、協助孩子解決衝突的「和平製造者」、協助孩子進入遊戲的「守門者」、在旁使用同樣材料但沒有與孩子互動的「平行遊戲者」、以有興趣旁觀角度給予遊戲內容一些意見的「旁觀視察者」、扮演角色參與孩子遊戲的「參與者」、有意媒合配對孩子遊戲的「配對媒介者」、幫孩子敘寫口說劇情並添加情節的「故事說唸者」、再到較為主導的「遊戲教導者」等。

推崇Goouch之「遊興教學」（a playful pedagogy）的Smidt（2011）指出，孩子擁有遊戲的主權，課程必須浸泡在孩子的遊戲中，順著孩子的興趣走。在此教學取向之下，實務工作者必須做到以下三點：(1)回應的：注意孩子的興趣與關注點及與孩子對話的適當切入點；(2)交互主體性的：感知孩子的關注與感覺，尊重孩子使其發展與教師間的雙向關係；(3)互動的：在孩子遊戲時與其交融，遵從遊戲中孩子的領導。這回應者、交互主體者與互動者勾勒出夥伴共構的一個整體角色意象。

Sluss（2005）指出，教師具有多元面向角色，她將教師角色統整成預先規劃與組織遊戲、到觀察遊戲、接著是指引遊戲、再到評量遊戲的動態螺旋循環的四個大步驟。首先預先規劃與組織遊戲包含計畫時間、空間、材料與準備經驗；其次觀察遊戲可以了解孩子與遊戲全貌，以及提供教師鷹架切入點；而指引遊戲包含數種子角色或策略：在旁平行遊戲、與幼兒共同遊戲、教導幼兒遊戲、現實代言人、遊戲架構外如打人行為的介入；至於評量遊戲乃指老師以文檔記錄方式蒐集孩子的遊戲（學習）狀況，因為遊戲提供持續的與真實評量的機會。

Johnson 等人（2005）指出，遊戲中的教師有多種角色，有如連續體般從最左邊的毫無涉入者、觀察者、舞台經理、共同遊戲者、遊戲領導者，到右邊的主導者或重行指導者，而比較位於中間的觀察者、舞台經理、共同遊戲者、遊戲領導者，是較為有效、能豐富兒童遊戲的角色。Isenberg 與 Jalongo（1997）亦認為，教師在幼兒遊戲中應扮演多元角色，諸如充分了解遊戲進行的「觀察者」、延伸遊戲的「共同合作者」、預先計畫時空的「規劃者」、回應遊戲現況與需求的「回應者」、參與遊戲並示範特別行為的「楷模示範者」、協調幼兒爭執與問題的「仲介者」、以及管理環境與材料的「安全監控者」。

台灣學者陳淑敏（1999）針對成人在幼兒遊戲中所扮演角色，提出時間規劃者與掌控者、空間規劃者與情境布置者、玩物提供者、先備經驗提供者、遊戲行為觀察者、遊戲活動參與者及遊戲活動引導者等七項角色。又黃瑞琴（2001）認為為了鷹架（引導）幼兒的遊戲，教師的重要工作包括：「觀察幼兒遊戲」；增添、介紹與協助操作材料的「材料支持」；發問與建議的「言語支持」；與幼兒平行、共同遊戲及教導的「參與幼兒遊戲」。所以教師角色為觀察者、提供材料者、語言鷹架者與參與者。又當幼兒遊戲扮演出現問題時，例如：不能自行扮演，或是難以互動扮演，以及情節重複或中斷時，教師須扮演教導介入角色，以引發新的遊戲情節；而介入的方式包含角色的扮演、物體的扮演、行動與情境的扮演、直接互動、口語溝通（含扮演溝通與

後設溝通）等，讓遊戲情節持續下去。

綜上所述，可見教師在以遊戲為核心的幼兒課程中之角色是多元、複雜的，從教師較為主導狀態到較寬鬆的幼兒主導狀態，成連續體程度性差異。而在各類角色扮演中，搭構鷹架是主要的工作，有如 Isenberg 與 Jalongo（1997）所言，當吾人檢視遊戲情境中的教師角色時，鷹架就顯得特別重要，茲論述如下。

二、鷹架引導

遊戲本身就具鷹架情境，誠如前面章節曾提 Vygotsky 所言，在遊戲中可以創造近側發展區，孩子的表現可能超乎平日所為。研究又顯示，當成人在遊戲中「支持」孩童，孩童的遊戲會變得更豐富、複雜與精緻（Smilansky & Shefatya, 1990），也就是更成熟、有品質（Bodrova & Leong, 2007）。全美幼兒教育協會則指出，老師必須挑戰幼兒並為其學習搭建鷹架，讓孩子能超越現階段能力，「鷹架」是有效教學的關鍵特徵（Copple & Bredekamp, 2009）；Tharp 與 Gallimore（1995）也指出，教學應視為被協助的成就表現，因此「回應與協助性的互動」應成為教室的主要地位。綜上可見遊戲對孩子發展具重要性，而鷹架引導或是回應與協助性的互動是幼兒遊戲教學之核心與重大任務，因此為促進孩子的發展與學習，教師在幼兒遊戲中，應配合所扮演角色適當地運用鷹架策略或協助性互動，讓遊戲更加成熟與有品質。以下舉數位學者有關鷹架之內涵說明之。

全美幼兒教育協會指出，教師應彈性運用廣泛多元的教學策略，從中挑戰幼兒並鷹架之，這些多元策略包括認同幼兒的表現、鼓勵與誇讚、以給予特定回饋代替一般性意見、示範合宜態度與解決問題的方法、展示說明正確的進行方式、增加或裁減挑戰程度、提出引發思考的問題、給予暗示或線索等協助、提供訊息知識、給予行動指示等。

可見挑戰與多元協助策略是鷹架重要成分。而鷹架可以用於多種情境，例如：計畫的活動、遊戲、作息時間、戶外活動等（Copple & Bredekamp, 2009）。

Smith（1994）亦認為，老師的鷹架可以是提供稍微複雜的任務以挑戰孩子，這稍微難一點的工作可以有很多形式，包括完成比較先進的積木結構造型、探索較精進的沙坑遊戲、省思所操作物體的其他特性、演出一個比較完整故事情節的戲劇或是安排較多演員等。又 Gronlund（2010: 163）在《適性發展的遊戲：引導幼兒到較高層次》（*Developmentally Appropriate Play: Guiding Young Children to a Higher Level*）一書中指出，並非所有的遊戲都是適性發展的，並以網絡圖顯示「若欲達到成熟、高品質的遊戲，教師可以做什麼？」（圖 6-1），圖中亦顯示教師之鷹架乃包含多元策略。

圖 6-1　Gronlund 之「臻抵高層次遊戲教師可做之事」網絡圖

Tharp 與 Gallimore（1995）認為，為達被協助的成就表現，教師的回應性互動包括以下多種策略：(1)示範：提供可供模仿的行為程序，包括老師與同儕示範以啟動孩子新的行為，例如：示範閱讀策略；(2)權變管理：以誇讚與鼓勵等獎賞以及剝奪機會與警斥等技巧，引導孩子表現老師想要的行為；(3)回饋：以確認、補充訊息或告知錯誤等方式，回應孩子的表現；(4)教導指示：以指定任務與指示解題策略，幫助孩子解答；(5)提問：以能激發心智運作的評量問題與協助性問題，來向孩子發問；(6)提供認知架構：老師提供一個思考與行動的組織架構，例如：做結論或指出類似、譬喻的情境或實例，以幫助學生組織生澀不熟的經驗。

Bodrova與Leong（2007）基於實徵研究指出，教師提供合宜鷹架對於孩子象徵遊戲的層次表現有正向的影響，並提出九項促進高品質遊戲的介入策略：(1)確保孩子有足夠的時間遊戲；(2)提供延伸孩子經驗與豐富遊戲的主題想法；(3)選擇合適的道具與玩具；(4)幫助孩子規劃遊戲；(5)監看孩子遊戲的進展；(6)輔導可能需要協助的個別孩童；(7)建議或示範不同主題間可以如何共織；(8)示範解決爭端的合宜方式；(9)鼓勵孩子在遊戲中互相教導。

Smidt（2011）亦是針對孩子的自發象徵遊戲，認為教師必須依據所觀察孩子的興趣，創設可以跟隨孩子進入遊戲的情境，陪伴與加入孩子，並協助架構資源性活動，以共構遊戲，例如：在共享經驗後提供到郵局、醫院、市場、公園等孩子興趣處的參訪經驗，以及敘說故事、邀請訪客等。而所有的介入必須是敏銳的，將焦點放在孩子的興趣議題上，而非追求教師自身所預設的目標。

Kitson（1994）指出，在孩子的社會戲劇遊戲中，老師的鷹架介入可以是引介與平日幼兒所持之衝突概念，示範協商討論技巧，共同發展劇情，給予挑戰與問題讓孩子持續遊戲等。但是 Kitson 特別強調，老師的引導與協助（形塑戲劇遊戲）必須圍繞著孩子，如遊戲本身與行動是孩子的，他們的想法必須被採用；戲劇中所說出來的話必須是孩子表達的話語，成人的角色主要是延伸與擴充孩子想法的促進者，同時維持孩子的興趣與興奮感。

依筆者的實徵研究與文獻統整，鷹架的種類計有六大項：「回溯鷹架」係指回憶舊經驗、勾勒記憶，以營造遊戲／探究氛圍，幫助幼兒沉浸其中；「語文鷹架」可分為讀寫鷹架與言談鷹架，可以引發幼兒思考、推理與統整經驗；「架構鷹架」係指提供幼兒思考或活動的框架，讓幼兒有遊戲／探究的焦點或方向；「示範鷹架」是指教師提供楷模示範或說明幼兒不熟悉的概念、知能或程序；「同儕鷹架」係指運用混齡、混能分組活動或同儕分享，讓幼兒之間相互激發與提攜；「材料鷹架」是指提供遊戲／探究的各項資源，豐富或延伸遊戲／探究活動（周淑惠，2006）。至於這些鷹架如何發揮作用支持幼兒的遊戲，及其實際運用，有興趣的讀者可參閱筆者《幼兒園課程與教學：探究取向之主題課程》（心理出版社 2006 年出版）一書。其後筆者於《創造力與教學：幼兒創造性教學理論與實務》（心理出版社 2011 年出版）一書，又特別提出對創造力激發具有重大作用的「情境激發鷹架」與「氛圍鷹架」（周淑惠，2011），在遊戲／探索課程中亦可運用。情境激發鷹架係指給予遊戲主題情境相關經驗的刺激，例如：外出參訪探索、邀請來賓入班、布置角落情境等，或以肢體語言故意製造某種情境；氛圍鷹架係指教師營造民主暨成長氛圍，裨利幼兒盡情遊戲／探索並得以精進與成長。

綜合上述，可見教師在幼兒遊戲中扮演多面、多層的複雜角色，每一面向角色均由更細緻的次級角色所構成，包含比較主導性角色與較非主導性角色，端賴情境、時機與幼兒狀況做彈性調整；至於鷹架內涵與種類亦是多元、複雜的。在前面章節筆者歸結遊戲與課程真正融

合有兩種形式：以幼兒自發遊戲為本延伸為課程內涵的「遊戲萌生課程」，與以教師目標為本設計遊戲活動的「課程萌生遊戲」兩種取向，並建議這兩種取向均應保持師生諧融的運作狀態，以共構幼兒教室中之遊戲課程；而無論是哪一種型態的共構，教師均須扮演多面向角色並搭配得當的多元鷹架，方能玩出成熟與統整的高品質遊戲，進而提升幼兒的發展與學習。

 三、教師於遊戲中之角色與鷹架模式

基於以上論述，本書提出基於社會建構論的「教師於遊戲中之角色與鷹架模式」，如圖 6-2a 所示。

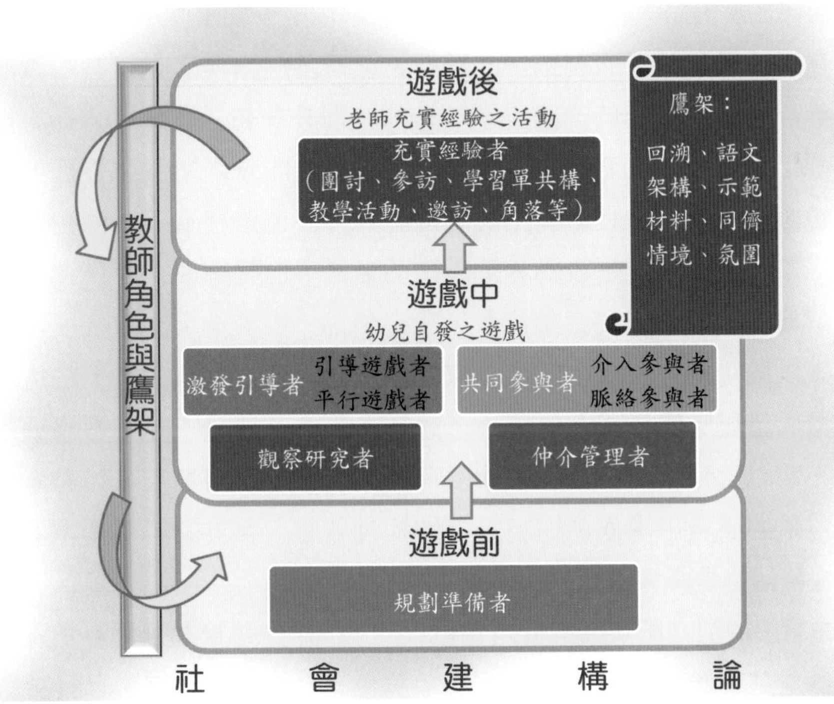

圖 6-2a　基於社會建構論之「教師於遊戲中之角色與鷹架模式」
（諧融的遊戲萌生課程取向）

圖6-2a顯示，教師處於瀰漫著社會建構論的氛圍中（以天空藍色模糊邊緣的不規則圖形代表社會建構論氛圍），亦即整個角色的扮演與鷹架的搭構是基於社會建構論。就此，教師在幼兒遊戲前要扮演「規劃準備者」的角色，安排遊戲演出的前後台工作；在遊戲當中，必須扮演「觀察研究者」與「仲介管理者」的角色，此兩角色是其他兩項重要角色——「激發引導者」與「共同參與者」的基礎（故在圖形上以上下堆置呈現），觀察研究者與仲介管理者若扮演得當，易於激發引導與共同參與，進而提升遊戲品質；而在遊戲後則要扮演「充實經驗者」的角色，主要工作包括組織團體討論、安排參訪、邀人入班教示、運用學習單與父母共構、利用角落布置或活動、進行教學活動等，以滋補幼兒的有限經驗。

值得注意的是，遊戲前、遊戲中與遊戲後是一種生生不息的循環狀態，在第二回合以後的遊戲後充實經驗與遊戲前準備工作實在很難劃分界線，因為遊戲後的充實經驗，例如：園外參訪、邀來賓入訪、進行教學活動等，乃為激發幼兒、讓幼兒在鮮活的新經驗激化下延伸或補充遊戲內涵，玩出豐富有品質的遊戲，其實也是在為下一輪遊戲而預備。雖然充實經驗是較為教師指導的活動，但整體模式運作還是處於一個權力均衡狀態的遊戲課程。又遊戲前、中、後常交織接續地進行，難以截然劃分，故在圖示上以部分重疊示之，例如：孩子在角落發展著「超級市場」遊戲情節，老師為充實孩子經驗，在一番協調聯繫後，帶幼兒到超市參訪；孩子回來後又繼續在角落發展其遊戲，可以說角落的超級市場象徵遊戲是持續地發展著，與老師的規劃準備及充實經驗活動是交織進行的。

激發引導與共同參與兩種角色最大的不同在於教師是否親身加入幼兒遊戲之中。激發引導包含兩種次級角色——引導遊戲者、平行遊戲者，均是在旁激化引發，並不親身涉入遊戲中；共同參與則是教師親

身涉入幼兒的遊戲中，例如：飾演劇中一角，它包含兩種次級角色——脈絡參與者與介入參與者，前者是順著幼兒遊戲脈絡走，後者則指教師發揮積極作用，試圖影響幼兒遊戲內涵與方向。而在孩童遊戲中，教師不僅扮演以上六種角色——遊戲前的規劃準備者，遊戲中的觀察研究、仲介管理、激發引導及共同參與者，以及遊戲後的充實經驗者，而且也要視情境彈性運用各項鷹架——回溯、語文、示範、架構、情境、材料、氛圍、同儕，這是所有遊戲的共通原則。

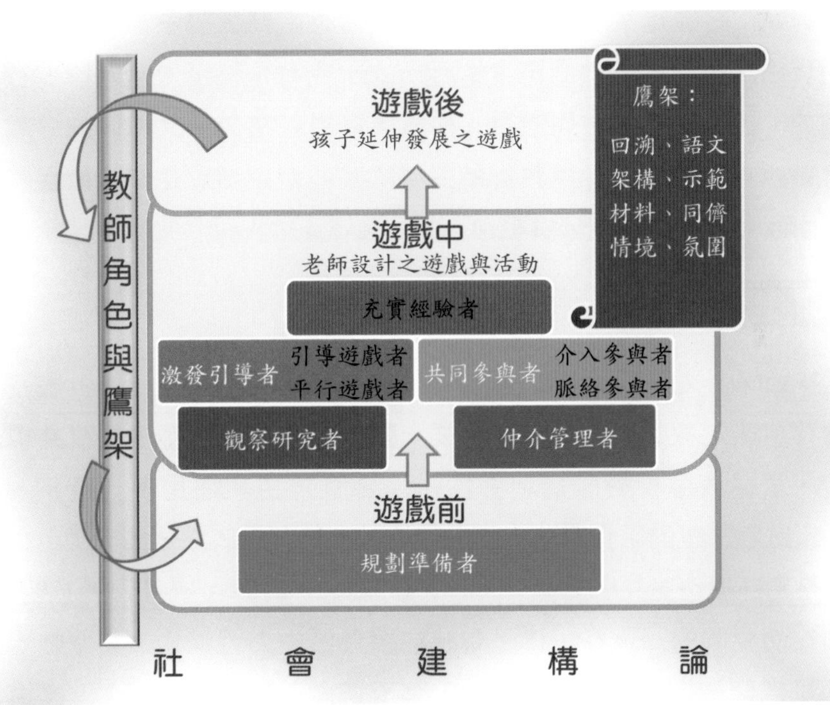

圖 6-2b　基於社會建構論之「教師於遊戲中之角色與鷹架模式」
（諧融的課程萌生遊戲取向）

圖6-2a亦是諧融的遊戲萌生課程取向之教師角色與鷹架模式，乃由孩子的自發遊戲啟動，教師充實延展；相對地，在諧融的課程萌生遊戲取向則由教師設計遊戲與活動來啟動，期待孩子延伸發展，故老師所設計的遊戲與活動也是一種充實經驗的活動。在圖示順序與表達上稍有不同，以圖6-2b示之。圖6-2a、6-2b顯示兩類遊戲課程之教師皆扮演充實經驗、激發引導、觀察研究等數項共通角色。又此類諧融的課程萌生遊戲取向與前類諧融的遊戲萌生課程取向相同，其遊戲前、中、後常交織接續著進行，難以斷然分割，故在圖示上以部分重疊示之，例如：在進行某項老師所設計的團體遊戲時，孩子當場延伸出不同的玩法，即刻要求教師再度進行一次，或者是移至角落時段進行；又例如：孩子受遊戲主題激發，在角落發展著類似卻又不同的遊戲或象徵遊戲並持續數天，與教師所主導的其他遊戲活動是交織重疊的。整體而言，很難截然劃分遊戲前、中、後。

本節小結

本節綜合文獻揭示兩類遊戲課程取向之教師角色與鷹架。此種基於社會建構論之教師角色與鷹架模式，基本上就是強調師生共享共構的精神，重視教師視遊戲情境彈性扮演合宜角色與運用多元鷹架。總之，以遊戲為主的課程需要能享受隨興、創意與具有遊興的老師，這個課程是老師與幼兒共構交響，而非老師控制的（Hoorn et al., 1993: 9）。然而在幼兒園的一天裡，孩子有時在學習區中遊戲探索，其遊戲活動包括玩規則的遊戲（例如：棋類、牌卡遊戲、盤面遊戲等）、建構性（例如：樂高、型式積木、單位積木等）與其他操作性（例如：串珠、縫工、拼圖等）的遊戲，或是在娃娃家或積木區玩社會性戲劇扮演遊戲；而有時幼兒則是於學習區外進行老師所設計的團體進行的規則遊戲（例如：大家來釣魚數字合成遊戲、故事接龍語文遊戲等），

針對不同的遊戲情境，教師可能要隨情境稍事調整，以符合特定情境所需，將於下節詳細討論。

第二節　教師在特定遊戲情境中之角色與鷹架

前節揭示「教師於遊戲中之角色與鷹架模式」，提出兩種遊戲課程之教師角色與鷹架，本節針對戲劇扮演遊戲、規則遊戲與興趣區等特定遊戲情境，分別論述教師之角色與鷹架，因為這些遊戲是兩類遊戲課程之基本組成。規則遊戲包括老師根據目標設計的全班或分組進行的團體遊戲，以及在興趣區（角落）中進行的操作性規則遊戲（例如：棋類遊戲、盤面遊戲、牌卡遊戲等），這是在幼兒園經常見到的遊戲型態。而興趣區（角落）遊戲可能包括上述角落的操作性規則遊戲、操作性建構遊戲（例如：積木角搭建積木、益智角拼組樂高等）、自由探索遊戲（例如：圖書角閱讀繪本、科學角觀察植物生長、美勞角探索顏料混合等），以及經常在娃娃家或積木區發生的戲劇扮演遊戲等，它無論是在遊戲萌生課程或課程萌生遊戲取向中均會出現。雖然戲劇扮演遊戲也發生於興趣區（角落）之中，但是它具高度發展價值，且有時幼兒的戲劇扮演若是在有經驗與技巧的老師引導下，可能成為非常豐富的課程，即所謂的遊戲萌生課程取向，故特別專門論述。

基本上依據前節教師角色與鷹架模式，教師扮演充實經驗者、激發引導者與觀察研究者等多項共通角色。而在扮演遊戲情境中，教師要凸顯「深化品質與引導」的角色特色；在角落遊戲中，教師要強化「穿梭觀察與提點」的角色特色；在規則遊戲中，教師要明示「激勵自治與仲介」的角色特色。很重要的是，以上這三種遊戲情境之角色扮演均須彈性運用各項鷹架，其最終目的均為引領孩子走向高品質遊戲的境界（圖 6-3）。

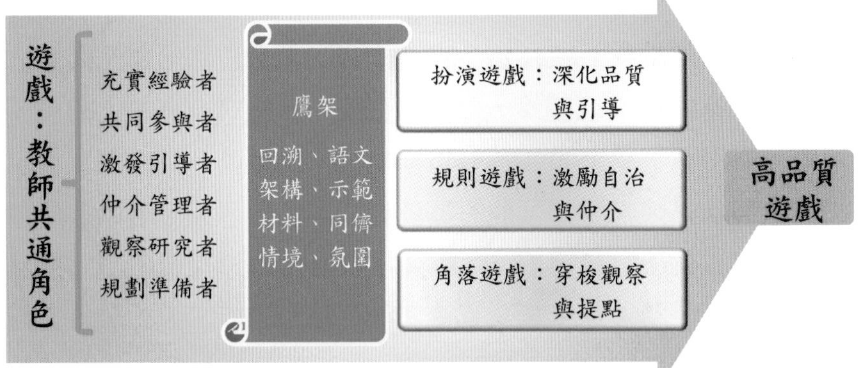

圖 6-3　教師於各類遊戲中之明顯角色

一、扮演遊戲中教師之角色——深化品質與引導

在幼兒扮演遊戲中，教師要凸顯的是深化遊戲品質與引導的角色特色，以第貳篇第三章所述之高品質遊戲為指標——象徵性的表徵與動作、豐富與多面向的變化角色、複雜相互交織的主題、以語言創造與扮演假裝的劇情、延伸時間（超過數天），並依據上節圖 6-2a「教師於遊戲中之角色與鷹架模式」，扮演適當角色與搭構合宜鷹架。若能如此，就有可能發展成豐富的課程，即遊戲萌生課程也。茲依據各項角色，舉遊戲實例分述如下。

（一）規劃準備者

筆者深覺前述 Hoorn 等人所比喻的準備舞台角色，非常傳神——為幼兒規劃準備好演戲前的前後台工作。這些前後台準備工作包括準備室內外環境空間、預備相關材料與資源、著手繪畫網絡概念活動圖、安排每日作息時間、計畫合宜的活動或經驗、聯絡可供參訪的有趣場所等。由於戲劇扮演遊戲是諧融的遊戲萌生課程之主要溫床，在此以諧融的遊戲萌生課程情境為例，說明規劃準備者角色。舉例而言，如果看到孩子持續幾天玩著第一章的【生病、車禍、救護車】的遊戲，老師首先必須私下繪製涵蓋各領域知能的「主題概念網絡活動圖」，並於其後與幼兒共同討論可能的戲劇範圍與走向；其次老師要思考與規劃可以提供的「滋補經驗」，例如：參訪活動、團體遊戲、與角落陳列物件（如相關繪本、醫藥宣傳海報、操作教具）或活動等；以及著手準備相關的創作或扮演材料，例如：可創意變成醫生白袍、診療室的拉簾、可變通做為聽診器的繩子與漏斗、可巧變製為救護車與診療櫃台和醫護箱等的紙箱，以及其他可資利用的回收資源等。這尤其是遊戲萌生課程取向的老師之重要任務，方能讓幼兒的遊戲有機會發展成成熟與統整的遊戲課程。

（二）觀察研究者

幼兒進行扮演遊戲時，教師必須在旁觀察，才能了解孩子的劇情發展狀況與遊戲需求，進一步提供合宜引導或延伸，亦即觀察研究是提供遊戲鷹架的基礎，也是教師改進教學的一面鏡子，因此相當重要。觀察時教師必須做記錄，或者是持續蒐集觀察資料與幼兒相關作品，以供後續研究與診斷，思考運用何種鷹架來豐富與提升孩子的遊戲，或是以較有結構的活動來幫助孩子獲得概念。而當老師搭架引導延伸後，也要持續觀察幼兒玩出什麼？以決定下一步行動。也就是說在這過程中，老師是一個思考者，也是一個研究者，不斷地推論、行動、驗證以改善教學，也協助幼兒向前跨躍。

以上述【生病、車禍、救護車】扮演遊戲情境為例，教師若於觀察中發現幼兒受限於經驗，對生病照護只限於量體溫、吃藥劇情，可以思考要如何在遊戲中激發引導，或是於遊戲後安排活動設法豐富其經

驗；再如教師於觀察中發現幼兒對於金錢與買賣的概念模糊，可以思考要如何在遊戲中引導介入，或是於遊戲後設計活動試圖強化其概念。然後回歸角落扮演遊戲中，持續觀察孩子是否能較有深度地玩出生病照護劇情，或是使用錢幣進行買賣遊戲，繼而視幼兒反應與表現思考與採取接續行動，如此循環再生。可以說觀察記錄可以幫助教師發現幼兒遊戲或學習上的問題，進而豐富遊戲的內涵或改進自己教學上的缺失；而且這也就是孩子引領的遊戲與老師的引導相互交織的實例，是觀察記錄讓兩者可契合地無縫交織，其作用何等重要。

（三）仲介管理者

仲介管理顧名思義是教師當成一個在兩造間的仲介者，以民主化的方式管理遊戲的問題情境，例如：某位幼兒老是落單無法參與其他孩子的扮演遊戲，老師設法協助該名幼兒於合宜時間與情境下順利加入遊戲團體。在【生病、車禍、救護車】實例中，教師可以對跑著找病人的森田說：「你不是需要病人嗎？曉宜好像咳嗽了，可以當你的病人。」又例如：在【我們一起玩】遊戲情境中，甄俐因兔子造形被一起玩的眉莊不小心碰壞而哭叫，教師在了解原因後，可讓甄俐思考如何保護兔子安全，順勢接納思其蓋房子保護牠的合作想法，也讓眉莊思考酷斯拉該如何保衛兔子不被大野狼侵襲——在房外巡邏或站崗。以上仲介管理與前項觀察研究是幼兒遊戲品質得以提升及教師鷹架搭建的基石。

（四）激發引導者

激發引導的角色有兩類：一類是擔任平行遊戲者；另一類是做為引導遊戲者。平行遊戲者是教師也在幼兒旁邊進行類似遊戲，但並不與幼兒互動，目的在提供幼兒刺激來源，進而引發遊戲變化；而引導遊戲者是老師在旁以各種實質鷹架來達到引導幼兒延伸或豐富遊戲的作用。基本上，教師運用這兩種方式時並不親身涉入幼兒遊戲中，並沒有與幼兒一起遊戲互動、合作扮演，僅在旁激發、引導。

1 平行遊戲者

遊戲情境

天臻對以諾說「老闆！我要買咳嗽藥！」以諾說：「錢呢？要100 塊！」天臻說：「我沒錢。」隔了一會兒，伸出手說：「給你錢！」以諾拿了一盒藥給天臻。

教師反應

老師拿著 100 元與 500 元鈔票看了看後，大聲地清了清喉嚨自言自語說：「我要做錢，我要拿錢買枇杷膏。」「嗯～要怎麼做呢？」故做思索狀後找出幾張 A4 白紙裁切；老師一面裁切一面說：「要怎麼做才像真的一張張的錢呢？」天臻望了望老師，湊近看了看 100 元鈔票。老師又拿出口袋 50 元硬幣與 10 元硬幣舉高觀察，並在手上把玩說：「要怎麼做圓圓硬硬的錢呢？」隨後將硬幣與裁切好的白紙留在桌上，離開到別的角落觀察幼兒。當老師再度回來時，天臻正在老師裁切好的鈔票上畫上人頭圖案與寫上數字，以諾則試著用黏土壓出許多枚圓圓的「硬幣」。

角色與鷹架分析

在以上遊戲情節中，老師扮演了激發引導的「平行遊戲者」角色，並未介入幼兒的遊戲，但卻激發幼兒製作鈔票之舉，更拋轉引玉引出以諾用黏土製作創意的硬幣。老師運用的鷹架主要是「語文鷹架」——

「要怎麼做才像真的一張張的錢呢？」「要怎麼做圓圓硬硬的錢呢？」其實老師的自言自語與肢體動作（故做思索狀、觀察鈔票與把玩硬幣）也是一種「架構鷹架」，架構了錢幣製作的方向——一張張紙鈔與圓圓硬硬的硬幣，而裁切 A4 白紙則提供紙鈔製作的「示範鷹架」。

2 引導遊戲者

遊戲情境

> 三位幼兒各用大紙箱套在身上當車子，三輛車子橫衝直撞地在積木區與娃娃家間穿梭，嘴巴同時發出叭叭、嗶嗶聲，不時地撞到了正在用單位積木蓋高速公路的石方與小榆，引發他們的抗議。

教師反應

> 老師對三位幼兒說：「還記得嗎？我們看過車禍影片，車禍很危險，要怎麼樣才不會發生車禍呢？」李寧馬上脫去紙箱說：「我來當警察指揮交通！」……當老師再度回來時，兩輛車子正井然有序地依照警察指示方向行走。老師轉頭看了看正在蓋高速公路的石方又說：「車子可以上高速公路了嗎？你們不要忘了加油喔！」郁國對著石方叫：「你們有蓋加油站嗎？我們要加油！」老師找出漏斗、麻繩、塑膠板等數樣物品，放在積木區並對幼兒說：「看看這些東西可以做什麼？想想看喔！」……。當最後老師再回到積木角時，兩位幼兒正站在幾塊大單位積木堆疊而成的加油站旁，在替車子加油，加油槍管是尾端繫著圓弧型小單位積木的長繩子……。然後石方興沖沖地說：「你們要修車嗎？我幫你們蓋修車廠。」

角色與鷹架分析

在以上遊戲情節中，老師既扮演仲介管理者又扮演激發引導的「引導遊戲者」。老師所用的鷹架包括既是「語文鷹架」也是「回溯鷹架」的「還記得嗎？我們看過車禍影片，車禍很危險……」還有運用將遊戲合併的「同儕鷹架」（將積木角建蓋積木遊戲與開車子遊戲結合），其實這也是一種「架構鷹架」，老師的話語如「車子可以上高速公路了嗎？你們不要忘了加油喔！」就是暗示遊戲可以合併的方向架構。此外，尚提供麻繩等相關遊戲材料的「材料鷹架」，以及對幼兒提問材料可以做什麼的「語文鷹架」，讓幼兒得以玩出更豐富的遊戲內涵。

（五）共同參與者

共同參與者的角色有兩類：一類是脈絡參與者，另一類是介入參與者。脈絡參與者是教師加入幼兒的遊戲中與幼兒一起玩，但是順著幼兒遊戲的架構走，享受著與幼兒一起玩，鼓勵幼兒的遊戲行為；介入參與者是老師也參與幼兒的遊戲，但卻試圖以各種鷹架來達引導與延伸幼兒遊戲的作用。基本上，教師運用這兩種方式時是親身涉入幼兒的遊戲，積極參與遊戲活動。

1 脈絡參與者

遊戲情境

三位幼兒在娃娃家玩著醫生看病的遊戲，一位脖子上掛著繩子的幼兒當醫生，一位拿著筆當溫度計的幼兒當護士，沒有人願意當病人。智華對著正經過的老師說：「你可以當我們的病人嗎？」

教師反應

當護士的君荷以筆當溫度計對著剛加入的老師量著體溫，老師用力咳嗽、張開嘴巴聲音沙啞地說：「我喉嚨痛！」當醫生的智華趕快用手握拳當手電筒對著老師的喉嚨照了照並看了看說：「喉嚨發炎，要打針。」當護士的君荷馬上用筆當針筒對著老師的手臂插了下去，老師順勢叫了一聲好痛並用手揉一揉手臂，然後對著醫生、護士說：「謝謝醫生。」老師走了後，松運抱著肚子喊著肚子痛當病人，醫生拿繩子當聽診器對著松運的肚子聽了聽，然後說要開刀……。

角色與鷹架分析

脈絡參與者是順著幼兒的遊戲脈絡，雖然沒有明顯的主導，但鼓勵了幼兒的遊戲行為，例如：老師扮演發燒、喉嚨痛的病人後，引發不同的病人行為——松運是扮演肚子痛的病人，醫生則用不同的診療方法——聽診、開刀。這也是營造醫院與病人的「情境鷹架」，而且也提供「氛圍鷹架」，即藉老師的民主參與，讓幼兒更加入戲；在本書建議的諧融遊戲課程下，有時順應幼兒興趣與引領是必要的。如果老師更進一步要求醫生開藥，試圖激發幼兒寫病歷、開藥單、製作藥丸或藥水的遊戲情節，則屬介入參與層次。

2 介入參與者

遊戲情境

幾位幼兒在娃娃家玩著開商店的遊戲，檯子上凌亂地陳列了幼兒製作的書籤，一位幼兒還在製作書籤，另兩位幼兒正在吵著誰要當老闆。

教師反應

老師充當客人說：「老闆！你們架子上的東西都沒寫價錢，而且好亂，我要到別家買啦！」當幼兒標了價格且整齊陳列後，扮演客人的老師又上門說：「老闆！我要這一個八元的書籤。」老師出示上有寫著十元的長方形白紙鈔票說：「這是十元，請找錢！」曉君說：「我們沒有錢！」客人說：「那我給你一個五元銅板，三個一元銅板。」扮演客人的老師又說：「你們要趕快準備錢，客人快上門了！」

角色與鷹架分析

介入參與者是積極介入幼兒的遊戲中，當老師看到幼兒的商店沒有標價而且凌亂散置，就搭構客人要到別家買的具「情境鷹架」作用的「語文鷹架」，引發幼兒設法改進店內狀況──標價與整齊陳列商品；而當幼兒沒有製作錢幣時，教師提供自己所製作的紙鈔與厚卡紙做的硬幣，不僅搭構了錢鈔與硬幣製作的「示範鷹架」，而且也是一種「架構鷹架」，架起了幼兒買賣遊戲給錢、找錢的架構，引發製作錢鈔與持續的買賣遊戲。整體而言，老師扮演客人與幼兒一起共構遊戲，也是一種民主與成長「氛圍鷹架」的提供，幼兒不僅可盡情遊戲，而且也可因此精進提升遊戲內涵。介入參與對於貧脊的遊戲活動具有豐富的作用，例如：老師可以對店家表示想買某種花樣的書籤（例如：押花、拓印等），引發幼兒重新設計與製作；或者是要求閱覽書籤型錄，將劇情延伸至較複雜的商品型錄的文圖製作；或者是擴展至商店招牌、店名等的命名以及店服製作；甚至是將單賣書籤的商店引導至集書籍區、玩具區、藝品區、咖啡點心區等的複合式書城的複雜交織主題，加入多元變化角色。如果介入參與無效，而教師認為

某種能力或概念非常重要時，則可以在遊戲後運用特意安排的活動，豐富孩子的經驗或強化孩子的能力。

（六）充實經驗者

以上一個遊戲為例，如果教師發現他的鷹架介入還是無法讓幼兒理解買賣與金錢概念時，就必須於遊戲後充實幼兒的經驗，這些充實經驗包括運用團討時間出示紙鈔與錢幣探討之（語文鷹架、示範鷹架、同儕鷹架）；設計買賣遊戲如「釣魚、買魚」、「老闆我要買」（情境鷹架、架構鷹架、同儕鷹架）等來強化概念；帶幼兒到園外 7-11 店家參觀店家與顧客買賣行為（情境鷹架、示範鷹架）；運用學習單請父母帶幼兒外出購物等（情境鷹架、氛圍鷹架、示範鷹架、語文鷹架）；而若要強化店家貨色，則可以在圖書角陳列各式各樣書籤，或帶幼兒到園外書店參觀書籤區（情境鷹架、架構鷹架）。在充實經驗後讓幼兒再度遊戲扮演，然後觀察孩子在遊戲中的表現並再次搭構合宜鷹架，如此循環不已，以玩出深度。而很重要的是，教師在充實幼兒經驗時，也必須扮演激發引導、共同參與、觀察研究與仲介管理角色，以及運用各項鷹架引導之。

又以第一章的【生病、車禍、救護車】遊戲情節為例，若老師發現孩子的生病照護行為因受限生活經驗，脫離不了量體溫與吃藥劇情，老師的充實經驗活動可包括在團討中運用「回溯鷹架」、「同儕鷹架」與「語文鷹架」師生相互刺激與增補，觀賞相關醫療護理影片、請家長為護士者入班教示或接受幼兒訪談、參觀鄰里診所（情境鷹架）等。【生病、車禍、救護車】遊戲情節已探討觀察研究者、平行遊戲者、豐富經驗者角色，其實老師角色尚包括引導遊戲者、脈絡參與者與介入參與者角色，你能以此遊戲情節為例，思考其他角色應如何扮演與鷹架應如何搭構嗎？

總之，在幼兒玩象徵遊戲時，教師可以參照第貳篇第三章成熟遊戲的五項特徵，以其為指標與引導方向；並運用遊戲角色與鷹架模式所建議——扮演規劃準備者、仲介管理者、觀察研究者、激發引導者、共同參與者與充實經驗者等數項角色，以及搭構語文、示範、架構、情境、氛圍等數個鷹架，以達到豐富與提升幼童遊戲品質的目的。一言以蔽之，教師在幼兒扮演遊戲中，旨在凸顯「深化品質與引導」的角色。值得注意的是，在這樣的幼兒遊戲中自然會伴隨著探究的需求，老師要設法促動並提供相關經驗，例如：以上醫院與醫療行為的探究以及複合式書城的探究，然後又在扮演遊戲中呈現出來；而在探索過程中，幼兒可以運用塗鴉記錄、訪談、查閱書籍、製作圖表等語文心智工具來蒐集資料、驗證或統整想法，表現心智與行為上之靈活自治，讓遊戲層次更為提高。

在前面章節曾經提及遊戲專家 Smilansky（1990; Smilansky & Shefatya, 1990）之社會戲劇遊戲六項特徵：以模仿扮演角色、與物體有關的假裝、與行動與情境有關的假裝、角色扮演的持續性、社會互動與口語溝通，後面兩項特徵是社會戲劇遊戲有別於戲劇遊戲之處。又 Smilansky（1990）綜合各個遊戲介入的實徵研究文獻指出，戲劇遊戲與社會戲劇遊戲對認知、社會情緒技巧的發展具有效果；以肢體語言扮演的遊戲再加上合宜的遊戲介入，是發展認知與社會情緒技巧的一個強有力媒介。職是之故，教師也可以運用 Smilansky 社會戲劇遊戲的六項特徵來改善孩子的遊戲行為表現，尤其是增進遊戲中的社會互動與口語溝通部分，因為這兩項特徵是較大孩子社會戲劇行為有別於較小幼兒戲劇遊戲的表現。換言之，教師在幼兒象徵遊戲中要多鼓勵互動與溝通以及模仿、佯裝行為，並多加引導，以深化遊戲的品質。

 二、規則遊戲中教師之角色——激勵自治與仲介

在幼兒進行規則遊戲中教師之主要任務是激勵自治與仲介，所謂自治包含心智上的靈活自治（主動思考、協調觀點）與行為上的靈活自治（自我管理、與人合作訂定與維護規則）。教師要以第貳篇第三章之高品質遊戲為目標，依據上節「教師於遊戲中之角色與鷹架模式」，扮演適當角色與搭構合宜鷹架。而規則遊戲是孩子在遊戲時必須遵守明顯遊戲規則才可以運作下去，包括全班或分組進行的團體遊戲與在遊戲角落（或稱興趣區、學習區等）進行的操作遊戲；它是課程萌生遊戲的主要成分，若教師角色與鷹架得宜，有可能成為高品質的遊戲課程。茲說明老師角色與鷹架如下。

（一）規劃準備者

無論是全班或分組進行的團體規則遊戲，例如：瞄準或賽跑等體能性遊戲、合作完成任務之社會性遊戲，或促進知能之認知性遊戲等，或者是學習區中進行的操作性規則遊戲，例如：棋類遊戲、盤面遊戲或牌卡遊戲等，均須老師事先規劃，準備可能材料、場地，或設想活動進行時的安全問題，尤其是團體進行的活動。以角落進行的操作性遊戲而言，學期初就必須大致備好遊戲操作材料，所提供的遊戲材料與型態儘量多樣化，以滿足不同孩子之需，例如：廣含語文、邏輯思考、數學、音樂、手眼協調、專注力、合作等各類遊戲內涵。最重要的是，務必要考量遊戲與活動是否具有高品質規則遊戲的重要特徵：具趣味性與挑戰性，足以激起幼兒熱烈參與動機與運用思考能力。

由於規則遊戲是課程萌生遊戲取向之主要成分，在此以諧融的課程萌生遊戲情境為例說明規劃準備者角色。在各個遊戲主題進行之前教師要預先準備，在一面繪製主題概念網絡活動圖時（將於第肆篇第七章「遊戲課程之具體實施」探討），一面思考可以提供的合宜經驗與準備的遊戲環境相關工作。例如：「滾動與轉動」主題，可能先要重組角落挪出一個較大的室內、外探索空間（尤其是戶外遊戲場空間），以及準備多元材質的鋪面（例如：平滑斜面、粗糙平面、厚實軟墊等）與能滾動與轉動的各式物體（例如：圓柱體空罐、多面體、大小球體、輪子、寶特瓶、光碟片等），以進行物體或肢體的滾動與轉動遊戲；其次布置或設計各個角落之規則遊戲（如益智角輪盤遊戲、彈珠遊戲等）、其他角落遊戲（例如：科學角齒輪遊戲、美勞角滾珠畫等），以及設計如第一章【球兒滾滾滾】遊戲情節之相關團體遊戲；接著帶入能轉動與滾動之機器設施（例如：電風扇、果汁機、攪拌器等）或商品（例如：陀螺、飛盤、溜冰鞋、滑板車、三輪車、風車等）；並且安排參觀具有滾動與轉動設施之工廠裝配線，準備與滾動或轉動相關的遊戲或表演 DVD（例如：打陀螺、花式遛冰、保齡球、街舞等）。

（二）觀察研究者

如同孩子的扮演遊戲般，教師也需做遊戲觀察記錄，了解孩子的發展狀況與遊戲問題，以為進一步研擬仲介管理、激發引導或共同參與鷹架策略之考量基礎，也可做為提升遊戲素質或是改進教學品質之依據。例如：在分組進行的團體遊戲中，教師觀察到孩子不斷地發生碰撞狀況，思考可能是各組遊戲動線重疊，於是即時調整動線位置、改良遊戲方式，果真減少碰撞情形；又觀察到角落中的某項教具乏人問津，教師遂研究教具本身或詢問幼兒為何甚少觸及，發現是教具難度太大，幼兒根本不知要怎麼玩，於是在與幼兒協商討論後，在教具盒上加上操作圖示，或減輕該教具難度。規則遊戲旨在培育幼兒心智與

行為上的靈活自治，如果孩子的表現充分顯現自治，且能玩出創意，老師則可誇讚並順應孩子的引領，輕省教師仲介管理、激發引導角色的扮演；而若教師觀察到幼兒在遊戲中有違宗旨的行為出現時，如第一章【球兒滾滾滾】遊戲中幼兒未俟前組搧入球盒就違規出發的情境，或者是未能思考就草草結束操作性規則遊戲，就當即思考該如何處理。

（三）仲介管理者

所謂仲介管理是以民主管理為基礎，在人性基礎上強調自治與相互尊重精神。無論是在團體進行的規則遊戲，或在學習區中操作的規則遊戲，孩子都有可能因意見不同、爭奪主權或教具而發生爭執，或是在意輸贏、破壞規則而引來爭鬧。在第一章【四面相關】規則遊戲情節中，三個孩子似乎很投入這個遊戲，表現出心智上與行為上的自主；事實上在此類遊戲，幼兒經常因為在意輸贏而刻意忽視規則或作弊欺騙，引來爭執，有如在【球兒滾滾滾】分組遊戲中，孩子明顯忽視規則先行出發般。遇到此類情況時，老師應以發展自治為精神，激勵幼兒主動思考、自我管理與維護規則，並引導其彼此協商、共同解決爭執問題。

（四）激發引導者

為適度挑戰孩子，老師可以視孩子的年齡與程度激發與引導，玩出不一樣規則或內涵的遊戲，以達心智與行為靈活自主之高品質規則遊戲目標。對於團體進行的規則遊戲，教師可以在遊戲進行當中激發引導，讓幼兒心靈活躍，玩出與老師所設計不同的遊戲，例如：在前面章節提及之螞蟻搬豆或怪車橫行遊戲中，老師在幼兒不按原本設計進行紛紛探索起身體潛能時，可以因勢利導詢問幼兒還有哪些不同的合作性移位動作表現（例如：蠕動、蹲行、爬行、滑步、單腳跳等），刺激幼兒進一步思考並改變合作遊戲進行的方式。

對於角落操作性規則遊戲，其做法可以是教師在旁與幼兒平行遊戲、試圖影響幼兒，或者是直接建議、提問，以激發孩子的想法。以大富翁遊戲為例，可以建議幼兒自行商議、改良遊戲內涵或增加挑戰性，例如：多加骰子點數、在抽籤的卡片內涵上加入難度或不同問題屬性等。再例如：當教師發現三歲幼兒計算兩顆骰子的總數有困難時，可以引導幼兒說出困難之處，並請幼兒想出辦法，例如：骰子的點數可以減少，或者是只用一顆骰子，或者是加大骰子好方便點數等。

（五）共同參與者

老師也可以和幼兒一起遊戲，例如：在所設計的瞄準遊戲中，教師也參與其中與幼兒共組一隊，不僅激勵士氣，鼓勵幼兒完成遊戲的挑戰，而且也可以在遊戲中與幼兒一起變換遊戲的內涵與玩法，例如：被瞄準的東西可依幼兒之意，改變成玩偶、寶特瓶、牆上標誌、呼拉圈、洗衣籃、氣球等，瞄準動作或方式也可以改變為腳踢、手滾、手擲、口吹、彈射等，旨在激發幼兒創意思考，表現心靈自主。又例如：在滾動與轉動主題中玩過空罐、底片盒、寶特瓶等的滾動遊戲後，師生共同發明設計可以走動的車子，亦可激發幼兒心靈自主。筆者對於師生共同設計玩教具或遊戲特別看重，它不僅可以提供有如學徒制的學習情境，而且有時老師的知識、孩子的創意可相互輝映，共構互為主體性的美好境遇，引發更高層次的學習。

（六）充實經驗者

在角落與團體進行的遊戲結束後，教師要扮演充實幼兒經驗者的角

色，在主題氛圍下安排相關的團討、校外參訪經驗、以學習單和父母共構、邀請人物參訪教示等，讓幼兒在這些經驗的激化下，於之後的團體規則遊戲或操作性規則遊戲中能玩出深度與廣度，更加趨向心靈自主的高品質規則遊戲。以滾動與轉動主題為例，可以邀請陀螺打得很好的家長向幼兒示範說明，或觀看與滾轉有關的競賽影片，或參觀工廠裝配線運作等，好讓幼兒更加體驗與理解滾動與轉動概念。若以諧融的課程萌生遊戲取向而言，老師設計的活動與經驗即是一種充實經驗的活動，為孩子在角落或團體情境中自行延伸、發展遊戲充實相關經驗。因此老師所設計的遊戲與活動儘量寬廣，除包含團體、分組與角落活動外，各類經驗如參觀、訪問、觀賞、對談等均可納入，以激發孩子能靈活自主地延伸變化出各種遊戲。而當孩子在延伸變化各種遊戲時，老師也要扮演激發引導、共同參與、觀察研究與仲介管理等角色，並彈性搭構各項鷹架。

老師在規則遊戲中扮演以上數項角色時，可以視情境、時機，彈性運用圖 6-2b 模式中所指之諸項鷹架，例如：在玩牌卡遊戲時，教師提供印模與卡片等材料，讓五歲幼兒分組思考如何自製特別的牌卡遊戲（即材料鷹架、同儕鷹架、語文鷹架、架構鷹架）；或當玩大風吹時，老師擔心幼兒過分興奮遂提問讓幼兒思考：「要怎麼樣做或改變玩法，大家才不會碰撞在一起？」（即情境鷹架、同儕鷹架、語文鷹架）；或參觀和滾動與轉動相關的遊戲大賽或表演，達到提供遊戲主題「情境鷹架」之目的。而且老師要營造民主與成長的「氛圍鷹架」，讓幼兒在彼此尊重的基礎上共訂與維護規則，而且也願挑戰自己顯現心智上的靈活自主。

很重要的是，在規則遊戲中儘量不要強調輸贏，旨在思考中快樂參與、享受遊戲，並能自我管理，因此遊戲結束後老師要強調每一組的優點，例如：全組很努力互助合作、遵守遊戲規則等。又在這樣含有角落與團體進行的遊戲課程中自然引發探究行為，例如：「滾動與轉動」主題中對能滾能轉物體的探索、自我肢體的探索、各種球類遊戲的探索等；而在探索過程中，幼兒可以運用觀察記錄、製作滾轉遊戲小書、訪談能滾轉的專家、查閱相關圖書、分享探索發現、推論與預測等，即運用語文心智工具，以蒐集、驗證與統整想法，顯現心智與行為上的靈活自治，讓遊戲更為邁向高品質境界。

三、角落遊戲中教師之角色——穿梭觀察與提點

角落遊戲是指幼兒在興趣區（或學習區）中遊戲／探索，包括進行以娃娃家、積木角為主的「象徵遊戲」（戲劇遊戲），以益智角為主的「規則遊戲」（例如：棋類、牌卡、盤面等遊戲），以積木角、益智角為主的「建構遊戲」（例如：接龍、樂高、積木、巧拼等遊戲），以及其他角落的「自由探索遊戲」（例如：科學角觀察、實驗，美勞角創作、探索）等。所以它包括多個角落與多類遊戲，同時存在於遊戲萌生課程與課程萌生遊戲兩類遊戲課程中。正因為角落與遊戲之多元性，因此老師的主要任務是穿梭於各角落之間觀察幼兒，並依據各角落遊戲狀況做適當提點，以高品質遊戲為努力目標；它也是一樣，必須依據「教師於遊戲中之角色與鷹架模式」扮演適切角色與搭構合宜鷹架。

具體言之，在整個主題進行之前，教師要扮演規劃準備者角色，安排好幼兒遊戲的舞台與經驗，例如：各角落空間的規劃與玩教具或遊戲的準備（請見第肆篇第八章有關幼兒遊戲環境部分）。而當幼兒在各個角落遊戲時，教師最重要的工作是「穿梭觀察與提點」，提點即是角色的扮演與鷹架的運用——即遊走於教室空間的各個角落間，在

仔細觀察並記錄各角落幼兒的遊戲狀態後，於必要且適當時機運用各項鷹架扮演仲介管理者、激發引導者或共同參與者的角色。若能如此穿梭觀察與適時提點，不僅能提升象徵遊戲的品質，而且也可促進規則遊戲、建構遊戲、探索遊戲等之品質。而當遊戲結束後，教師要扮演充實經驗者，讓幼兒在新經驗的刺激下，持續激化各角落遊戲的品質。

舉例言之，在交通工具主題中，有的孩子在積木角玩著兼具建構遊戲與扮演遊戲的【熱鍋加油站】或【阿泰一人開飛機】的象徵遊戲，有的孩子在娃娃家玩著與主題不相關的扮演遊戲【爸爸要吃蛋炒飯】，有的孩子在益智角玩著拼圖、串珠與智慧建構玩具，有的孩子則在美勞角繪畫街道上的交通工具，又有孩子在玩老師設計的規則遊戲——海陸空交通工具牌卡接龍遊戲等。針對這麼多不同性質的遊戲，教師勢必得穿梭於角落之間，在仔細觀察後才能搭建適切鷹架。以下舉娃娃家的【爸爸要吃蛋炒飯】、積木角的【阿泰一人開飛機】與益智角的【智慧建構遊戲】遊戲情節等，以呈現老師角色的多元複雜——穿梭不同角落遊戲間，不時觀察、思考與提點。【阿泰一人開飛機】遊戲情境顯示孩子間無法協調意見，戲劇無法成形；【爸爸要吃蛋炒飯】顯示一個霸氣的小男生，主導了他人的遊戲，並喧賓奪主讓遊戲無法持續；【智慧建構遊戲】的兩位幼兒持續拼組同樣造型數天，無法玩出不同形式。身為老師，可能要扮演仲介管理者協助幼兒協調不同的戲劇意見，讓戲劇可以萌芽；也要當機處理霸氣孩子的遊戲問題，或是私下與孩子溝通、了解背後原因；更要扮演激發引導者，巧妙激發幼兒更上一層樓，玩出創意。

【遊戲情節：智慧建構遊戲】

亦廷與若為在玩具有磁力吸附作用的智慧建構玩具。亦廷把智慧建構棒平放在地面，以中心點向外輻射的方式建構平面圖形，若為也是把智慧建構棒放在地面，以隨意添加方式建構不規則平面圖形。這幾天以來，兩人都是這樣地玩著。

針對以上【智慧建構遊戲】情節，教師可以直接介入引導，例如：「你們做得很有型，很棒！不過你們可以再試試看不同的形狀嗎？」若是孩子一臉茫然，可以更具體地說：「像是可以站起來的嗎？」若老師此時選擇以下平行遊戲的激發引導法，激發幼兒做出不一樣的立體造型，可能更為合宜。她所用的鷹架包括「語文鷹架」——「我想做一個很特別的、可以站起來的。」「這是太空船！可以站起來……的太空船！」、「示範鷹架」（親身提供楷模做出立體造型）、「架構鷹架」（架構了幼兒造型的新方向）。

【遊戲情節：智慧建構遊戲】（續）

老師也拿了一些智慧建構棒坐在亦廷與若為旁邊並自言自語道：「這個很好玩！我想做一個很特別的、可以站起來的。」於是老師交錯連接建構出一個三度空間立體的、而且可以挺立的造型出來，隨即很高興地說：「這是太空船！可以站起來、也可以發射的太空船喔！」兩位幼兒往老師的作品看了看……。沒多久當老師再度回到兩位幼兒身旁時，若為的前面已經多了一座縱橫交錯的立體造型。

以下【阿泰一人開飛機】的遊戲情節，你將如何引導或參與，才能豐富幼兒的遊戲，使之具有象徵性的表徵與動作、以語言創造與扮演假裝的劇情、複雜相互交織的主題、豐富多面向的變化角色、延伸數天等「成熟遊戲」的五項特徵呢？

當然老師先要仔細觀察了解孩子遊戲的狀況，接著提供各種開放教材，然後試圖協助孩子互動、計畫討論他們的遊戲，並且建議、示範如何納入多元角色與讓主題交織等。

【遊戲情節：阿泰一人開飛機】

五歲的阿泰坐在小椅子上假裝在開飛機，他口中不斷發出引擎的聲音：「轟轟轟，開飛機喔！開飛機喔！我在開飛機喔！」身體隨著前後搖晃，一直重複這個動作。旁邊的治平說：「我也要坐飛機！」梅英聽到後趕緊也說：「我們玩坐飛機去美國，好不好？」治平說：「不要！我要去日本！」兩人持續爭執，阿泰還是不斷「轟轟轟，開飛機喔！開飛機喔！我在開飛機喔！」

具體地說，老師針對以上開飛機遊戲情境可以先行使「仲介管理者」角色，建議先到日本再轉機去美國，讓遊戲得以進行下去；然後扮演「激發引導者」角色，提醒幼兒坐飛機前要帶什麼？先經過什麼手續才可以上飛機？坐在飛機上要注意什麼事？甚至是「共同參與者」，假裝乘客口渴以引介空中小姐的角色。此外，飛機到達日本必須加油、清掃，又轉機間肚子餓了怎麼辦（即與機場後勤、餐廳多元主題以及機師、老闆、廚師多元角色結合）？最後到了目的地，可以去哪裡玩（即連結交通工具、遊樂區多元主題以及司機、售票員多樣角色）等，都是可以激發引導的方向，讓遊戲延伸數天，提升內涵層次。而在過程中，彈性運用語文、回溯、架構、氛圍、同儕、情境、材料等各項鷹架，讓幼兒玩出有品質的遊戲，例如：老師假裝是機場地勤人員要檢查機票與秤重行李（即提供語文鷹架、架構鷹架、情境鷹架）等。

在遊戲後，教師「充實經驗者」的角色相當重要。就以上例子，教師可以播放桃園機場影片，例如：紀錄介紹片或是老師自己出國在機場攝影的影片，請任職機長、空中小姐的家長或熟人到教室參訪解說，與孩子共同團討出國過海關、秤重行李、飛機上及旅程中的經驗，以學習單讓孩子回家與父母共構；如有可能則儘量安排機場航空站與航空博物館之旅等方式，來增加孩子的經驗，激發孩子於下次角落扮演遊戲時能玩出不一樣的劇情。

【遊戲情節：爸爸要吃蛋炒飯】

〈這是中大班教室，兩個小女生正在娃娃家玩〉

亦茹：來！寶貝，媽媽做蛋炒飯給你吃喔！快來吃。（一手持鍋，一手做出炒飯動作，然後裝盤端到桌上）

美珍：好好吃！媽媽，如好吃ㄟ。（以手假裝扒著盤裡的碎紙飯、嘴巴做咀嚼狀）

正理：我是爸爸！我要吃飯！（搶走美珍手中的蛋炒飯盤子，碎紙滿天飛，作勢吃了起來）還有嗎？我肚子餓了！爸爸肚子餓了，我的飯呢？！我的飯呢？！

正理：你們在玩什麼？我也要玩，我也要煮飯。（推開扮演媽媽的亦茹，逕自玩起炒飯的鍋盆來）

〈兩位小女生手牽手走到牆角對著正在玩的正理看著，兩人竊竊私語〉

整個早上教師首先在益智角觀察智慧建構遊戲，扮演平行引導者角色，也操作起來，試圖激發兩位幼兒；隨後就到積木角在開飛機情節中扮演一角，與孩子共構遊戲，當起仲介管理者、激發引導者，甚至是共同參與者；然後轉到娃娃家觀察以上正理與兩位小女生的遊戲互動行為，思考著角落遊戲時間後要如何與正理談；又回到益智角觀察孩子建構造型的發展，順便誇讚正在玩牌卡接龍遊戲幼兒的專注認真，以及給予玩拼圖的小孩一些暗示；路過美勞創作角時，與繪畫街道交通工具的孩子互動，提醒孩子馬路上的交通工具有很多種；最後又回到開飛機遊戲情節中觀察孩子的遊戲狀況，一面思索著在遊戲後要如何充實孩子們的經驗。可以說老師是不斷地穿梭在各個角落遊戲間，來回觀察、思考與提點。

本節小結

扮演遊戲、規則遊戲與角落遊戲是課程萌生遊戲與遊戲萌生課程之重要成分，而無論是在扮演、規則，或是角落遊戲中，教師都要以高品質遊戲為指標，期望幼兒表現心智上的靈活自主與行為上的自治，並依據「教師於遊戲中之角色與鷹架模式」，扮演合宜角色與搭構適切鷹架，形塑優質遊戲課程。基本上，在戲劇遊戲中要凸顯教師之深化遊戲品質與引導的角色；在規則遊戲中則強調激勵自治與實施民主仲介的角色；而在興趣區自由遊戲中則著重於穿梭互動與提點作用的角色，以回應各角落的遊戲狀況與需求。至於遊戲課程之具體設計與實施，將於下篇探討。

研討問題

一、針對【爸爸要吃蛋炒飯】遊戲情節，請依據本章之「教師於遊戲中之角色與鷹架模式」，討論老師可以扮演的角色與運用的鷹架為何？

二、針對第一章【熱鍋加油站】遊戲情節，請依據本章之「教師於遊戲中之角色與鷹架模式」，討論老師可以扮演的角色與運用的鷹架為何？

具體落實篇

重要章節內涵

遊戲課程之具體實施

- 遊戲課程之統整實施：設計與施行
- 成人期望暨迷思 VS. 遊戲課程
- 遊戲課程之共構：親師生夥伴關係

遊戲課程之環境規劃與運用

- 遊戲環境之意涵與區域類別
- 遊戲環境之規劃與運用

根據前面篇章的論述，遊戲對幼兒的發展極具價值，它應在師生共構下與課程交融，本書在社會建構論下，建議諧融的遊戲萌生課程取向與課程萌生遊戲取向兩種融合方式，並希冀能於幼教實務中真正落實。本篇將針對遊戲課程之具體實施方法（第七章）與相關遊戲環境之規劃與運用（第八章），加以探討，裨利遊戲課程真正落實。為呼應統整性課程，第七章首先論及遊戲課程與教學之統整設計與實施；第二節探討對遊戲課程落實頗具影響的成人迷思與期望以及論述如何抗辯因應；第三節則進一步提出親師生共構實質做法，即親師生如何建立夥伴關係，共構遊戲課程。

第一節　遊戲課程之統整實施：設計與施行

幼教課程強調統整設計與實施，遊戲與課程融合也須如此，本節探討如何統整設計與實施第三章所揭示有品質的兩種遊戲課程取向——「諧融的課程萌生遊戲」與「諧融的遊戲萌生課程」。諧融的課程萌生遊戲雖由教師啟動，以遊戲為主要途徑落實課程目標，但在共構實施歷程中兼顧孩子興趣與需求，儘量平衡孩子與教師間之主導權；諧融的遊戲萌生課程雖由孩子啟動，以自發遊戲為發展基礎，但在共構實施歷程中兼顧教師充實經驗與引導延伸，儘量平衡教師與孩子間之主導權。所以兩種取向都有順應幼兒興趣與內建教師鷹架引導的成分，也因此兩種取向都有「萌生」字眼，表示遊戲課程之動態發展狀態，是在共構歷程中逐漸萌發成形的。

一、「諧融的遊戲萌生課程」之設計與實施

諧融的遊戲萌生課程初始源自於孩子在遊戲角落的戲劇扮演遊戲或建構遊戲，例如：第一章研討問題中連續幾天在角落裡玩的【生病、車禍、救護車】遊戲情節，此時敏察力高的老師就會嗅到幼兒的遊戲興趣，在思考感冒、腸病毒與車禍防治及護理之迫切需要後，就一面扮角色搭鷹架為幼兒遊戲穿針引線，一面則繪製概念網絡活動圖自我掌握與準備遊戲可能走向，據此開展「生病了！」主題之遊戲課程。

基本上，整個遊戲課程的開展歷程，是在幼兒自發遊戲與教師為幼兒充實經驗的活動間交替循環發展的，最後延伸與擴展成豐富的課程。也就是説在幼兒自發遊戲時，教師依前章圖6-2a所示扮演角色與搭建相關鷹架，以及準備如圖 3-6 之「生病了！」主題概念網路活動圖相關作業；其後教師根據幼兒自發遊戲表現，實施一些充實幼兒經驗的活動，例如：進行團討、參訪有趣場所、邀人參訪教示、布置角落與教具、以學習單與父母共構、實施團體遊戲等教學活動。然後幼兒又回到角落繼續遊戲，教師從中觀察與搭架引導後，再進行第二回合的充實經驗活動，如是交織循環不已，有如圖 7-1 所示偏向幼兒主導的遊戲與偏向教師主導的經驗間交替進行著，最後引爆一個豐富的遊戲課程。

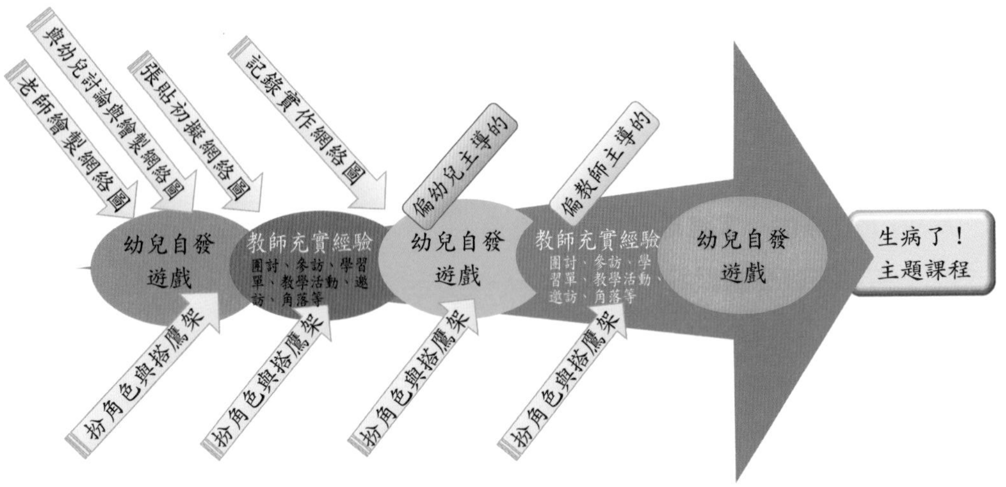

圖 7-1　「諧融的遊戲萌生課程」之設計與實施

圖 7-1 下方扮角色與搭鷹架部分，已在第六章「教師於遊戲課程中之角色（II）：鷹架與實務」中充分論述，本處針對圖形上方之繪製網絡圖相關作業即本遊戲課程之設計部分，加以闡述。

（一）「諧融的遊戲萌生課程」之設計

諧融的遊戲萌生課程是以幼兒的自發遊戲為發展基礎，順著幼兒興趣走，但是並不代表老師就無事可做，完全在後跟隨幼兒的興趣。諧融的遊戲萌生課程之設計有四個步驟，均與主題概念網絡活動圖有關，包含繪製、討論、張貼與記錄，說明如下。

1 教師繪製可資參考的「主題概念網絡活動圖」

第一個步驟是老師繪製網絡圖，即當老師發覺幼兒連續幾天在角落裡對生病主題很感興趣時，就可一面扮角色、搭鷹架，一面著手繪製如圖 3-6 之主題概念網絡活動圖。這主題概念網絡活動圖包括主題的知識或概念結構，也含括各領域或學科活動（社會、科學、美勞、健康等）以及各型態遊戲或活動（團體、分組與角落等）；其繪製除教師自行思考外，也可與同儕討論或參考相關書籍、教材。至於繪製網絡圖之作用有三，分別說明如下。

(1)給予教師信心掌握遊戲的可能走向

通常在萌發的課程中，教師較缺乏安全感與信心，因為隨時有不確定因素，不知課程會走向何處，而教師的信心影響課程之運作甚鉅，因此建議教師在察覺孩子的遊戲興趣後，先行繪製主題概念網絡圖。繪製網絡圖之益處是能讓自己藉機思考與充實主題相關知識或概念脈絡，從而了解未來遊戲的可能走向；而且也可進一步預思日後可做為充實幼兒經驗或達成概念理解的活動。因此對教師而言，將較有信心面對在遊戲中萌發、逐漸演化的課程取向。

(2)有利教師規劃孩子可能所需的經驗

孩子的自發遊戲常受限於貧脊的生活經驗，導致一直重複或無法延展，教師繪製概念網絡圖後，可預先知悉孩子可能的瓶頸或需強化的經驗為何，於是可以著手規劃可豐富孩子經驗或達成概念理解的活動，使之成為主題概念網絡活動圖，例如：到社區診所或衛生所參觀、讓當醫生或護士的家長入班教示或接受幼兒訪問、到鄰近的藥局參觀等。以上這些地方或人士並非即時可以配合，在繪製概念網絡活動圖後，便可伺機開始著手聯絡與預備，及時充實孩子的經驗。

(3)方便教師準備孩子盡情遊戲的舞台

在掌握孩子遊戲的可能走向與可能做為充實遊戲的活動後，也方便教師準備遊戲舞台與道具，例如：戶外空間、角落空間、教材、教具、回收資源、與主題相關的道具等，從而激發幼兒的遊戲內涵。有些資源是教室或幼兒園儲藏室裡既有的資源（例如：相關繪本、教具

等），有些則需藉助於家長或社區贊助（例如：白布、大型紙箱、醫藥宣傳海報等），甚或必須臨時申請購買，這些都必須及早規劃或協調聯繫，以及時讓遊戲開演。不過建議教師在繪製網絡圖後能立即與幼兒討論，以了解幼兒興趣並達成共識。

2 與幼兒討論與繪製「主題概念網絡活動圖」

第二個步驟是與幼兒討論與繪製網絡圖（圖 7-2a～7-2c 為及幼幼兒園長頸龍班兩位老師與幼兒討論網絡圖）。「諧融的遊戲萌生課程」是源自孩子的自發遊戲，在順應孩子興趣基礎上與之共構，因此與幼兒討論與繪製主題概念網絡活動圖，了解幼兒真正興趣與先備經驗就顯得十分重要。由於老師已經自行繪製網絡圖，大約了解此一主題之重要內涵，在與幼兒討論與繪製時，就能在有所參照下，較為得心順手並可做彈性調整。不過師生共同繪製的網絡概念活動圖要保留足夠空間，讓遊戲課程在發展歷程中得以真正萌發延展。至於與孩子討論與繪製網絡圖有如下三項作用。

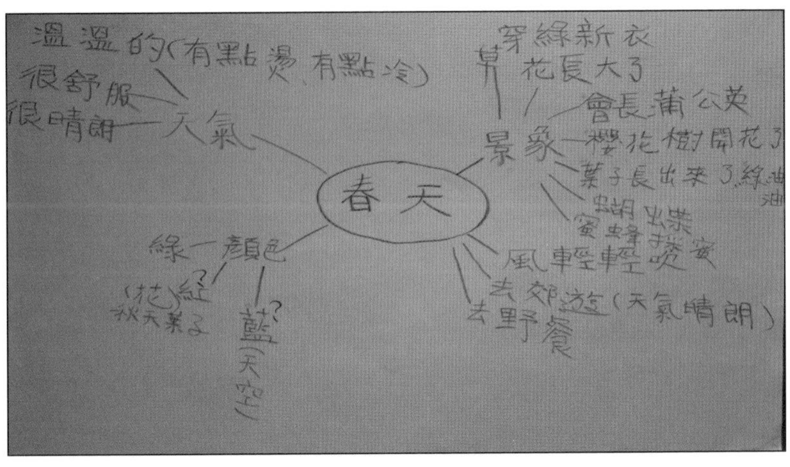

圖 7-2a　與幼兒討論網絡圖

圖 7-2b　與幼兒討論網絡圖

圖 7-2c　與幼兒討論網絡圖

(1)了解興趣與舊經驗以利後續共構

其實以上教師自行繪製網絡圖的三項作用——掌握可能走向、準備遊戲舞台、規劃幼兒經驗，在與幼兒協商討論並調整繪製後，更加凸顯這些功能，因為教師可以清楚洞悉孩子的興趣點，知道哪些經驗或活動確實可以引發幼兒關注與投入；也可藉機了解孩子的先備經驗與亟待充實經驗，較易掌握遊戲發展線路與待搭鷹架，實有利於後續共構實務。

(2)可為重要概念鋪陳豐富幼兒視野

老師在與幼兒討論網絡圖時，因有自行繪製的網絡圖為之參考，已事先知悉某些對幼兒非常重要的知能或概念，當幼兒始終未提及該概念時，教師就可拋出話語，試圖引起幼兒共鳴或注意，並加以鋪陳引

導之，例如：腸病毒、感冒、車禍等的「疾病防治」概念。如是，在師生協商討論下，共同繪製類如圖 3-6「生病了！」之主題概念網絡活動圖。

(3)體現民主氛圍激發遊戲／探索興趣

與幼兒協商討論並繪製網絡圖乃充分顯現民主共構氛圍，幼兒的遊戲興趣與老師的重要關注均能在教室中呈現。孩子在民主尊重氛圍下，不但可汲取社會文化的重要資訊，而且也自豪能成為學習社群中的重要貢獻者，尤其當孩子看到自己的想法能被老師當場記載在網絡圖上，而且在其後又被張貼在教室團討區顯著處時，更能激發其遊戲／探索興趣。

3 張貼初擬的「主題概念網絡活動圖」

第三個步驟是張貼初擬的網絡圖，亦即師生初步共構的主題概念網絡活動圖，幼兒在文字旁畫上大家可以理解的圖示後，可以張貼在幼兒教室明顯處（例如：團討區），做為一種「情境鷹架」，也具民主與成長意涵的「氛圍鷹架」作用，讓孩子清楚意識到教室裡大家正在遊戲與探索著的是什麼，共同投入此一氛圍中，可發揮聚焦遊戲內涵的作用，其實它也是一種「架構鷹架」，架構了幼兒遊戲的大致走向。不過，此概念網絡活動圖應定位為藍圖，容許日後彈性變動與發展。

4 記錄實作的「主題概念網絡活動圖」

第四個步驟是忠實地記錄遊戲／探索實作的軌跡，尤其是在未完全依照初擬的主題概念網絡活動圖實施的狀況下；因此，在師生共構歷程中，應隨時文圖並茂地記錄實際進行的遊戲內涵，留下遊戲軌跡。這遊戲軌跡也可以是以線條從網絡圖概念或活動拉出的遊戲照片或作品照片，而這文圖並茂的大型網絡概念活動圖張貼在教室中，可做為

「情境鷹架」、「氛圍鷹架」、「回溯鷹架」，讓幼兒浸泡在該主題的遊戲氛圍中，有利遊戲課程之發展。圖 7-3 為及幼幼兒園長頸龍班老師與幼兒正在網絡圖上記錄遊戲／探索結果。

圖 7-3　記錄實作的主題概念網絡活動圖

（二）「諧融的遊戲萌生課程」之實施

「諧融的遊戲萌生課程」之實施除依圖 6-2a 角色與鷹架模式扮合宜角色與搭適切鷹架已如第六章所述外，尚須兼具計畫性與萌發性。就字面意義而言，諧融的遊戲萌生課程取向是建立在幼兒自發遊戲基礎之上，不過承上所述，它也需老師預先計畫，例如：設計網絡活動圖、與幼兒討論及繪製網絡圖等，甚或聯繫參訪經驗與外賓入班、準備舞台與道具、規劃充實經驗活動等，才能走向具豐富內涵的高品質遊戲課程，故諧融的遊戲萌生課程是在幼兒引領與教師引導經驗間保持平衡狀態下發展的，實兼具計畫性與萌發性。

以萌發性而言，諧融的遊戲萌生課程取向是在順應幼兒興趣為基礎之師生共構中動態形成的，老師的想法、幼兒的想法隨時都可能是課程萌發的因素或內涵，例如：幼兒對原初擬網絡圖上的某一概念或活動極有興趣，不斷深入鑽研延伸出許多額外的精采活動；或是對原初擬網絡圖上所沒有的、但卻是相關的概念或活動，臨時萌發濃厚興趣，這些都可以發展成課程內涵。再例如：有時幼兒一直無法玩出高品質遊戲，或僅注意表層膚淺現象的遊戲，教師原所繪製的概念網絡活動圖之某項概念或活動就可發揮作用，適時地彈性切入，或教師另外提供充實幼兒經驗的活動。簡言之，它是教師本民主尊重精神與幼兒協商共構的，有時幼兒較為主導，有時教師較為主導，有時則是共同主導，但是整體而言，都是處在師生平權的氛圍與狀態中。

很重要的是，師生共同繪製的網絡概念活動圖，必須留有未預期的與可改變的足夠空間，才能有以上真正的萌發歷程與成果。吾人皆知興趣是學習之源，是探究的動力，當幼兒顯現充分興趣時，教師應把握時機適度調整課程，例如：在遊戲場遊玩時，發現一隻受傷的小鳥（或小狗），幼兒不時圍觀與討論，想要救護或給牠餵食；此時教師可與幼兒共同討論動物生病了要看什麼醫生，在師生協商下將其納入「生病了！」主題概念網絡活動中，臨時萌發的經驗就可適時切入。就此而言，課程的計畫是持續性的，很難劃分預先設計的與實際所進行的。這種兼顧計畫並預留改變空間的課程規劃方式，在義大利瑞吉歐教育系統被稱之為 Progettazione（Rinaldi, 2003）。

如上諧融的遊戲萌生課程取向之設計與實施步驟，當教師見到幼兒於近日對百貨公司顯露興趣，於角落扮演爸媽帶小孩去百貨公司逛街劇情，有時則扮演結帳、刷卡情節，有時演出食品街叫餐點菜戲碼。這時老師就可針對幼兒的興趣，預先繪製「百貨公司」的主題概念網絡活動圖，然後再與幼兒共同討論與調整繪製。此份共同繪製的主題概念網絡圖，可以張貼在教室明顯處，做為「氛圍鷹架」、「情境鷹架」、「架構鷹架」的一部分，並隨時可將實際共構的遊戲／探索狀況記錄於該圖，發揮「回溯鷹架」、「氛圍鷹架」與「情境鷹架」之效用。而且共同繪製的主題概念網絡圖要保留適度彈性空間，以供後續臨時萌發與師生共構時的動態發展。

二、「諧融的課程萌生遊戲」之設計與實施

諧融的課程萌生遊戲源自於教師依課程目標所設計的以團體、分組與角落等遊戲活動為主的課程，例如：第一章【球兒滾滾滾】團體遊戲，就是「滾動與轉動」主題中的遊戲。在此種遊戲課程取向下，通常老師先會依據課程目標繪製有如圖 7-4 之「滾動與轉動」主題概念網絡活動圖，在老師繪製完後就實施預設的活動，一面扮角色搭鷹架，一面順應孩子興趣與引領期待玩出變化，如是展開「滾動與轉動」主題之遊戲課程。

基本上，整個遊戲課程的開展歷程，是在教師預先設計的活動與孩子延伸發展的遊戲間交替循環發展的，最後衍發成實質的課程內涵。首先老師設計各類教學遊戲與活動，並依第六章圖 6-2b 所示扮演角色與搭建相關鷹架。在遊戲前規劃準備可供滾動與轉動的合宜室內外空間、鋪面、操作性物體與自行運轉的設施或物體等。在遊戲中則以培育自治為目標，期望孩子能表現出心智上與行為上的靈活自治——主動思考、能觀點取代，以及能自我管理、與人合作訂定與維護遊戲規則，甚至協商調整遊戲玩法；因此老師必須善盡觀察研究者之責，若幼兒無法如是表現，則必須彈性運用仲介管理者、激發引導者與共同參與者角色，甚至充實幼兒相關經驗。

換言之，雖然是老師設計的遊戲，也須彈性地適度順應孩子的興趣

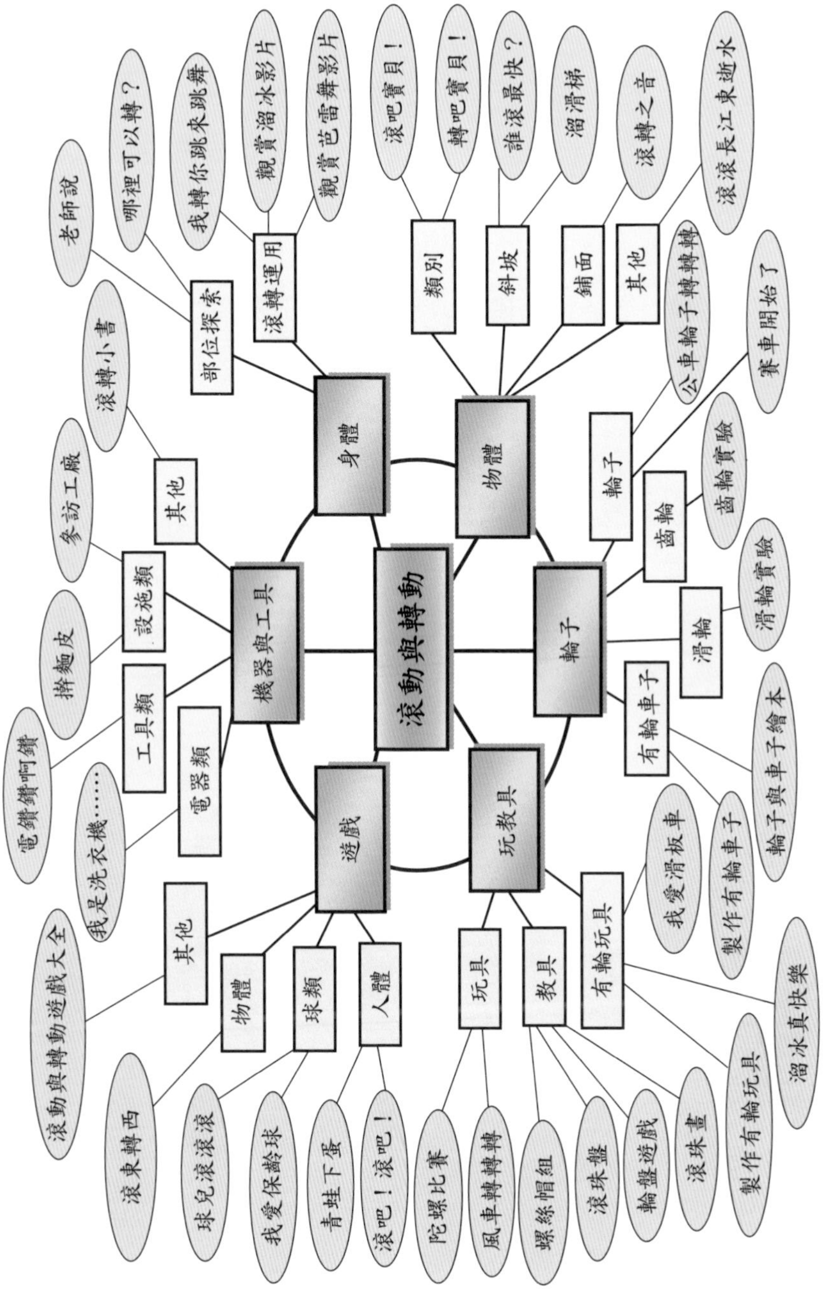

- 滾動與轉動
  - 身體
    - 部位探索：老師說、哪裡可以轉？
    - 滾轉運用：我轉你跳來跳舞、觀賞溜冰影片、觀賞芭雷舞影片
  - 物體
    - 類別：滾吧寶貝！、轉吧寶貝！
    - 斜坡：誰滾最快？、溜滑梯
    - 鋪面：滾轉之音
    - 其他：滾滾長江東逝水
  - 輪子
    - 輪子：公車輪子轉轉轉、賽車開始了
    - 齒輪：齒輪實驗
    - 滑輪：滑輪實驗
    - 有輪車子：製作有輪車子、輪子與車子繪本
  - 玩教具
    - 玩具：陀螺比賽、風車轉轉轉
    - 教具：螺絲帽組、滾珠盤、輪盤遊戲、滾珠畫
    - 有輪玩具：我愛滑板車、製作有輪玩具、溜冰真快樂
  - 遊戲
    - 人體：青蛙下蛋、滾吧！滾吧！
    - 球類：我愛保齡球、球兒滾滾滾
    - 物體：滾東轉西
    - 其他：滾動與轉動遊戲大全
  - 機器與工具
    - 電器類：我是洗衣機……
    - 工具類：電鑽鑽啊鑽
    - 設施類：擀麵皮、參訪工廠
    - 其他：滾轉小書

圖 7-4　「滾動與轉動」主題概念網絡活動圖

與引領權，讓孩子充分延伸與發展，例如：將團體遊戲的熱潮延伸到角落持續遊戲／探索，或再度進行類似但卻是孩子所萌發的不同玩法的團體遊戲，或樂觀與延伸孩子受主題影響在角落所發展的各類遊戲；然後再回到老師設計的遊戲中，如是交織循環不已。而老師所設計之遊戲活動也具充實經驗作用，激發孩子接續的延伸與發展，整個遊戲課程的發展有如圖 7-5 所示，在偏向教師主導的活動與偏向幼兒主導的遊戲間交替進行著，最後發展出一個豐富的遊戲課程。

如圖 7-5 所示，孩子延伸與發展的遊戲有可能是在團體進行或角落操作的規則遊戲中，改變或延伸了老師原本的設計內涵或遊戲方式；也有可能是在角落中孩子受遊戲主題或老師設計活動的激發而自行發展的建構、戲劇扮演或其他探索遊戲；也有可能是將團體遊戲熱度帶到角落中持續進行，或是幼兒要求再度進行該團體遊戲。無論是哪一種狀況，都是幼兒心智與行為靈活自主的表現，是幼兒引領主導的成分，均值得鼓勵。圖 7-5 下方扮演角色與搭鷹架已在第六章「教師於遊

圖 7-5　「諧融的課程萌生遊戲」之設計與實施

戲課程中之角色（II）：鷹架與實務」充分論述，本處針對圖形上方之繪製網絡圖即本遊戲課程之設計部分，加以探討。

（一）「諧融的課程萌生遊戲」之設計

諧融的課程萌生遊戲取向因是教師依課程目標啟動，因此在設計方面比遊戲萌生課程取向較為結構性，通常有書面文件存在，最主要的是繪製主題概念網絡活動圖。這網絡圖包括主題的知識或概念結構，也含括各領域或學科活動（社會、科學、美勞、體能等），以及各型態遊戲或活動（團體、分組與角落）。如圖 7-5「滾動與轉動」主題概念網絡活動圖所示，包括主題知能或概念如身體部位的滾與轉、身體滾與轉的運用、物體的滾與轉、滾與轉的玩教具、滾與轉的遊戲、滾與轉的機器與工具等；以及各領域遊戲活動，例如：齒輪實驗、滑輪實驗、誰滾最快？（科學領域），我轉你跳來跳舞、滾吧！滾吧！、我是洗衣機⋯⋯（體能領域），滾轉之音、公車輪子轉轉轉（音樂律動領域），滾動與轉動遊戲大全、輪子與車子繪本、滾轉小書（語文領域）等。而遊戲活動的型態有團體或分組進行的，例如：球兒滾滾滾、我愛保齡球、電鑽鑽啊鑽、老師說等，也有在角落進行的，例如：輪盤遊戲、滾珠盤、誰滾最快？、滾珠畫、繪本閱讀等。

至於圖 7-4 左上方的與幼兒討論與繪製網絡圖、張貼初擬的網絡圖、與記錄實作的網絡圖三項，筆者強烈建議亦應納入「諧融的課程萌生遊戲」取向之設計程序內，以讓幼兒感受民主與成長氛圍，在師生共構中更有焦點，發揮氛圍鷹架、情境鷹架、架構鷹架與回溯鷹架的作用，有如「諧融的遊戲萌生課程」取向之設計中所描繪。尤其是與幼兒討論與繪製部分，可及早依幼兒興趣與先備經驗調整教師所設計的課程，讓課程萌生遊戲取向更為諧融化。值得注意的是，這些遊戲的設計也要符合高品質遊戲的要求──趣味性與挑戰性，以激發幼兒遊戲興趣與心智思考。就此，教師在設計之初儘量要了解幼兒的興趣，最好是以幼兒感興趣的主題與活動來規劃設計；而且也要了解孩子的知能發展，方能設計落在近側發展區間的挑戰性活動。

（二）「諧融的課程萌生遊戲」之實施

「諧融的課程萌生遊戲」之實施除依圖6-2b角色與鷹架模式扮適切角色與搭合宜鷹架已如第六章所述，尚須兼俱計畫性與萌發性。就字面意義而言，諧融的課程萌生遊戲取向是在教師設計與啟動後，順應幼兒興趣與引領所動態形成的遊戲課程，當然具有隨時萌發的特性。承上所述，它除有預先結構的計劃外，如設計主題概念網絡活動圖、聯繫參訪經驗與外賓入班、準備遊戲舞台道具等，還需容許幼兒的延伸、改變與發展，才能走向具豐富內涵的高品質的遊戲課程，故諧融的課程萌生遊戲之實施兼俱計畫性與萌發性。

以萌發性而言，幼兒的興趣、想法隨時都可能是課程萌發的因素或內涵，例如：在「滾東轉西」團體遊戲中，孩子探索了老師所提供物體的滾動與轉動後，興趣依然熱烈，有幼兒找起教室內可以滾動或轉動的物體，於是起了漣漪作用，全班幼兒忙著尋找與試轉、試滾；在幼兒要求下，老師持續讓幼兒探索，有孩子很得意地發現光碟片可以轉動也可以滾動，也有孩子興奮地發現錢幣也有同樣效果，又有孩子雀躍地發現鉛筆也是可滾可轉……；接著有孩子比賽起轉動與滾動的速度，歡樂聲此起彼落，就這樣原本點心時間遂改成自行取用方式。

再如幼兒玩過【球兒滾滾滾】團體遊戲後，興趣盎然高漲，老師遂將扇子與乒乓球放在角落中，讓幼兒自由探索；孩子在角落中搧著扇子一陣子後，有孩子突然發現用嘴巴吹也可讓乒乓球移動，大家紛紛玩起用嘴吹乒乓球的遊戲；還有幼兒發現用手拍打震動地板，也可讓乒乓球移動；如是，每天都有新花招出現。最後老師又進行了一次

【球兒滾滾滾】團體遊戲，各組可以用自己的方式移動乒乓球入球盒，所用的方式非常創意多元，例如：用寶特瓶對著乒乓球擠壓（空氣流動）、用繪本搧、用粗橡皮筋彈、用手指彈等，孩子樂此不疲，於是讓遊戲又回到角落中玩了一陣子。

以上兩個活動的進行，都超乎教師原本規劃的內涵與時間，就像這樣，幼兒對原本網絡活動圖上的某一概念或活動特別有興趣，不斷深入鑽研延伸變化出許多精采活動；有時則是受老師主導的遊戲或主題氛圍的影響，在娃娃家或積木角中自發玩起與主題相關的遊戲，都有可能發展成課程內涵；而有時是幼兒對原初擬網絡圖上所沒有的、但卻與主題相關的概念或活動，臨時萌發了濃厚興趣，也可發展成課程內涵。基本上，以上實例並無離開原訂目標與內涵太遠，教師都應順應幼兒興趣與引領，加以彈性調整，因為有了幼兒的興趣熱度，才能造就真正的學習。

簡言之，教師要本民主尊重精神，與幼兒協商共構遊戲課程。有時教師處於較為主導地位，有時幼兒居於較為主導態勢，有時則是共同主導，但是整體而言，都儘量是處在師生平權的狀態。所以很重要的是，老師預先繪製的主題概念網絡活動圖，必須留有因應幼兒興趣、可彈性改變的空間，或者是因應臨時事件、可彈性調整的餘地，才能萌發精采的遊戲課程。

三、「主題概念網絡活動圖」之繪製

以上兩種遊戲課程均須繪製網絡圖，有如上述。至於繪製統整性遊戲課程的主題概念網絡活動圖，本書採用 Beane（1997）的觀點，認為設計的第一步要先分析此一主題之概念或次概念，即主題知識結構，然後在概念或知識下再設計有助於探索與理解該概念或知識的各領域相關活動（圖 7-6），有如圖 7-4「滾動與轉動」主題概念網絡活動圖與圖 3-6「生病了！」主題概念網絡活動圖所示，含括各層級概念與促進概念理解的各領域活動。針對概念網絡活動圖的繪製，有人建議除自行構思外，可運用同儕腦力激盪、參考相關書籍或教材等方式蒐集想法；或採用「W」開頭的問題如何時、何地、為何、如何、與誰等，加以構思與組織。又同一主題的網絡圖可能有多種表現，只要符合邏輯知識結構即可。

以主題「好吃的食物」為例，其下的概念可能包括：食物的來源、食物的種類、食物的烹調、食物的保存、食物的選購、食物的營養等；而在「食物的種類」概念下，可能還有五穀類、蔬果類、油脂類等次概念；在「食物的保存」概念下，可能還有醃漬法、冷凍法、真空法等次概念。當然也可以是在主題下先分為蔬果、油脂、五穀等五

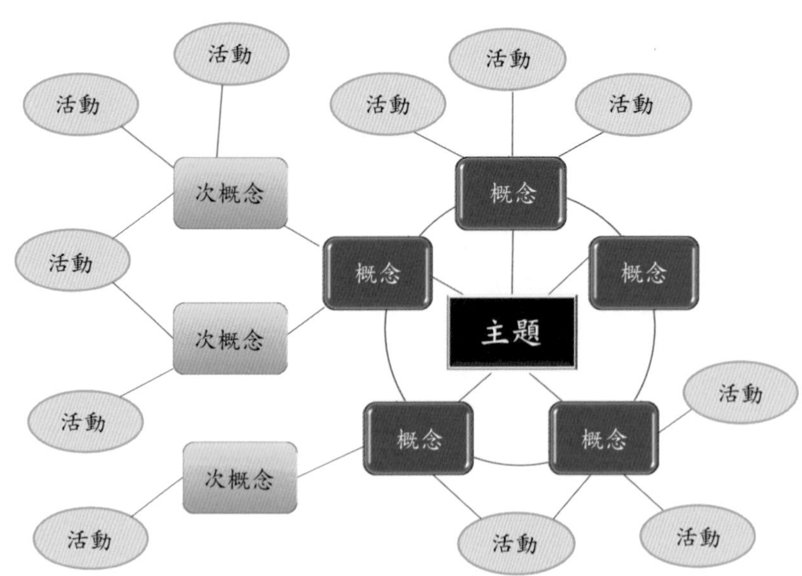

圖 7-6　統整性課程主題概念網絡活動圖

資料來源：改編自 Beane（1997）

大類食物，然後在第二層級概念才涉及各大類食物的來源、種類、選購、烹調等。以上這些概念與次概念整體構成「好吃的食物」主題的知識結構，是對主題充分探討的要素（周淑惠，2006）。接著為了促進對「食物的種類」、「食物的烹調」、「食物的營養」等概念的探索或理解，乃在各概念之下設計各領域相關活動，例如：閱讀食譜、逛超級市場、向媽媽取經、小小市場調查員（調查與記錄食物的種類）、創意烹飪活動、我的飲食日誌、營養食物品嚐會等。以上有些活動可同時促進二或三個以上概念的理解與探索，有些概念則可透過數個活動加以探討。

值得注意的是，統整性課程統整了課程設計、知識、經驗與社會等層面，但是絕非等同於「多學科課程」（multidisciplinary curriculum）（Beane, 1997）。統整性課程之設計始於一個中心主題，然後向外確立與主題相關的各「大概念」，以及用來探索主題與概念的「活動」（圖 7-6），這樣的設計並未特意考量各個學科，因為主要目的是要「探索主題自身」。簡言之，統整性課程是以兒童有興趣的問題、主題做為課程的開始與結束，對主題的概念與知識充分探討，並以概念來統整各個領域知識。

至於「多學科課程」是由主題概念直接切入各學科／領域教學（圖 7-7），例如：在「好吃的食物」主題下，於美勞領域進行繪畫各種好吃的食物，語文領域閱讀相關的繪本，社會研究領域參觀超級市場，科學領域進行烹飪活動等。也就是多學科課程之課程設計始於確認各個「科目」以及各學科中應被精熟的重要內容與技能；當一個主題被決定後，以「每個科目可對主題貢獻什麼？」的問題來設計主題課程。在這種情況下，各獨立分科的身分仍被保留於教材內容中，學生仍須輪轉於各學科間；雖然各科目與主題相關，但主要的目的仍是精熟其所涉及的內容與技能，因此，主題的探討乃變為次要。換言之，

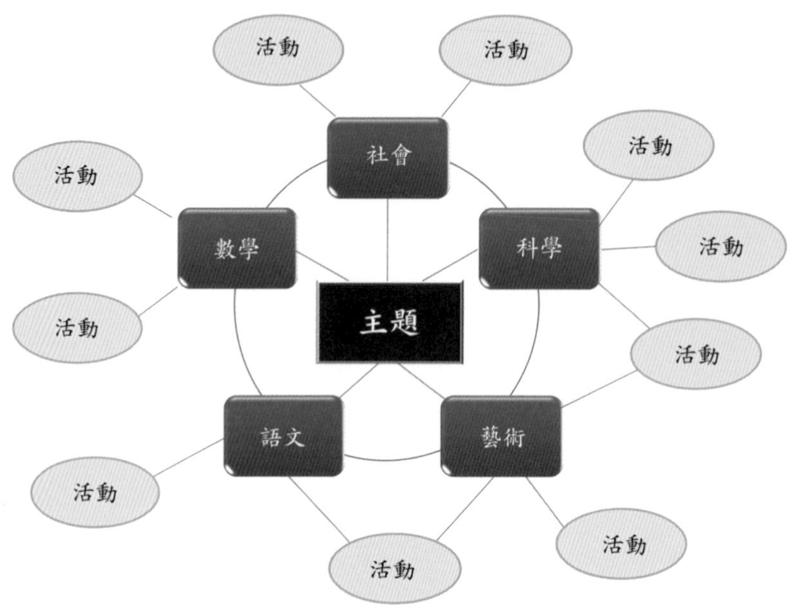

圖 7-7　多學科課程網絡圖

資料來源：改編自 Beane（1997）

多學科課程是以學科內容、技能做為課程的開始與結束，在執行的過程中很容易直接落入設計與各科有關的膚淺活動，發生知識被淺化的現象（Beane, 1997），因此本書較不贊同此一設計方式。

本節小結

本節探討遊戲課程之統整實施，包括設計與施行部分。諧融的遊戲萌生課程取向與諧融的課程萌生遊戲取向皆是在孩子發展的遊戲與老師設計的經驗間交織循環的。諧融的遊戲萌生課程之設計有四個步驟，即繪製、討論、張貼與記錄主題概念網絡活動圖；諧融的課程萌生遊戲亦包含此四步驟，讓幼兒感受民主與成長氛圍。至於此二遊戲課程之實施除教師合宜地扮角色與搭鷹架外，要顧及計劃性與萌發性彈性地實施。而在繪畫概念網絡圖方面則強調先概念再活動的設計方式。

第二節　成人期望暨迷思VS.遊戲課程

遊戲在幼兒發展上極具價值，然而它在幼兒教育實務上並未被普遍落實。本節首先說明遊戲在各國幼教概況，繼而探討此一現象後面的影響因素——成人的期望與迷思，俾便於下節提出抗辯與具體對策，以利遊戲課程落實。

遊戲課程之落實情形

筆者曾綜合諸多實徵研究，歸納台灣幼兒教育教學現況為：分科與才藝教學當道、對坊間教材過分依賴、教學開放性不足、對美語教學與全美語存有迷思（周淑惠，2006），可見遊戲在幼教實務中處於邊緣地位，此亦可從過往各層級政府之幼兒園評鑑報告以及幼教學者之輔導與評鑑幼兒園經驗中加以驗證。又簡茂發、郭碧唫（1993）曾調查以兒童為主導的自由遊戲在台灣幼兒園的運用情形，發現自由遊戲占幼兒園一週時間的比例極為有限，平均約只有 12%，更可做為明證。此外，筆者也常旅行觀察亞洲各國的幼兒園，從中都發現：雖然有一些非常標榜遊戲／探究，其實務也著實令人驚艷，但究竟是少數園所；其他諸多園所多還是將遊戲置於邊緣或次要地位，認知取向的學業學習凌駕一切之上。很明顯地，遊戲並未普及於亞洲各國幼兒教育，讀寫算認知性與結構性教學當道。以下舉各國遊戲實況補充說明。

美國知名幼教學者 Elkind（1990）曾指出，當代父母與教育者多持有「不要輸在起跑點」、「愈早教育愈好」，以及「孩子如同海綿一樣地吸收周遭事物」的信念，因此嬰兒未出生前就開始進行「胎教」，孩子還很小時就被送到幼兒園或才藝班開始學習數學、鋼琴或其他才藝課程；在這種情境下，幼兒園自然淪為學業取向，「遊戲」無疑地被犧牲或邊緣化。美國學者 Kagan（1990）亦指出，幼兒教育現場的現實面顯示，遊戲理論與實務間確實有所落差。又實徵研究也指出，幼兒園並未有效執行全美幼教協會所頒布的以遊戲為精神的《適性發展的幼教實務》，僅有 33%的幼兒園是真正以遊戲為基礎的（Dunn & Kontos, 1997）。

不僅遊戲未被落實於美國幼兒園中，英國的 Bennett 與 Kell（1989, 引自 Wood & Attfield, 2006）的實徵研究也指出，幼兒園教師雖然提及遊戲是他們的教學目標，但是只有 6%的研究觀察中之教學實務是屬於遊戲活動；大體而言，「幼教是以遊戲為根基」僅停留在喊口號的層面，在實務上並未被真正落實。也難怪第一章所提及之 Jenkinson（2001）指出，英國亦有失掉童年與遊戲的現象。

此外，遊戲專家 Smilansky（1990）也調查了美國與以色列幼兒園教師在課程中運用遊戲的情形，發現雖然兩個國家的課室中皆有類似娃娃家的遊戲角落，但多數教師並未把遊戲有意地納入課程中，更談不上觀察或評量孩子的遊戲，甚而不認為可促進孩子遊戲發展的鷹架引導的必要性；而且老師在師資培育期間也未被教導如何搭建鷹架、促進與評量孩子的遊戲。也就是說，雖然社會戲劇遊戲有助於幼兒認知、社會／情緒發展與未來的學習，但是無論美國或以色列的幼兒教師都在實務上忽略了它。誠如 Michalovitz（1990）探討以色列幼兒教育一文中指出，老師集中於教導的、以學習為取向的活動，遊戲流於幼兒園次要地位。

二、成人期望與對遊戲之迷思

針對遊戲無法在幼兒教室中被落實，一般老師常將此歸咎於不合宜

的遊戲材料，或者是來自於家長或機構不鼓勵遊戲的壓力所致（Kagan, 1990）。Elkind（1990）認為，歸根究底在於當代父母與教育者多持有「不要輸在起跑點」、「愈早教育愈好」的信念。以下就西方社會與東方社會分別說明成人的期望與迷思及其形成因素。

（一）西方社會

前面提及父母多持有「不要輸在起跑點」、「愈早教育愈好」與「孩子如同海綿一樣」的期望，其實這也是迷思，Elkind 將此歸究於社會大眾對於幼兒能力的看法。他認為自古以來對幼兒能力的看法一向有兩種觀念：一是取決於環境形塑的「個別差異觀」，亦即好壞不同的環境造就了個別能力的差異；一是取決於階段發展的「團體表現觀」，亦即幼兒期是一個獨特階段，所謂能力是該年齡層兒童群所共同表現出的狀態，類似常模之意。當代美國社會大眾認為「愈早教育愈好」，很明顯地是受到個別差異觀之影響遠勝於階段發展團體表現觀。

Elkind（1990）進而指出，有諸多因素共同形成了美國社會大眾的個別能力觀，包括歷史因素以及當代轉變中社會的潮流因素，結果造成社會大眾持有愈早受教愈好的觀念，以及支持幼兒階段應該強調 Piaget 所指之調適或工作，而非同化或遊戲的想法（同化、調適請參見第二章第一節遊戲理論或第五章第一節社會建構論部分）。以下探討美國社會的歷史因素與當代社會的潮流因素以及其所形成的信念。

1 歷史因素

共同形塑社會大眾個別能力觀的歷史因素包括個人主義、平等主義、拓荒冒險心態、資本主義等數項。在強調個人權力至上，以及只要努力則大家機會均等、均有出頭機會的「平等主義」理念瀰漫中，再加上冒險總是可能改變的拓荒冒險精神，以及把孩童也當成顧客的資本主義思潮下，共同匯聚形成了整個社會意氣相投地傾向支持強調個人的個別能力觀。

2 潮流因素

當代全球社會劇烈變動，美國社會也不例外，例如：婦女運動、公民權利運動、家庭結構改變等潮流趨勢，合力造成社會大眾對於個別能力觀的接受勝於某一階段發展的團體表現觀。首先，隨著婦女走入職場就業，中產階級子女成為經濟富裕象徵的「超級孩童」（super-kid）——穿著高檔服飾、購買昂貴玩教具如電子產品、就讀高費用的私立才藝課程，以上種種現象凸顯若要象徵某一階層就必須出類拔萃的意象與信念。其次，社會大眾對於公民的基本權力愈來愈重視，尤其是少數民族的受教與工作權，最有名的就是提早教育方案（Head Start Program），它強調智力與學業成績的個別能力表現。最後，再加上離婚、單親等家庭結構的快速變化，當代父母深信自己的孩子必須要有能力應付生活中所有的不順與變動。以上這些種種潮流讓「及早教育」的信念深植美國社會人心。

以上是 Elkind 從時間縱斷面向入手，分析從古至今影響個別能力觀形成的各個因素，頗具巨觀與見解，有助理解遊戲實務淪為次要地位之脈絡。相對地，Kagan（1990）則從當今現象的橫斷面向加以分析，將遊戲理論與幼兒教育現場實務間的落差，即遊戲無法在幼兒教室落實，歸咎於三項障礙因素——態度、結構與功能，對於理解遊戲實務邊緣化很有助益，茲說明如下。

1 態度上的障礙

態度是最明顯的障礙——美國的文化精神並不看重遊戲，成功之道乃繫於持續地努力工作。一般社會文化觀點是把工作與遊戲分離如週

間與週末，而且只有在工作完成之後才能遊戲；又父母在自己的生活中或孩子的生活中並不重視遊戲，遊戲只有在能促進認知功能時，才被認為是有價值的。

2 結構上的障礙

結構障礙是指制度的結構性、課程的結構性，以及時間、空間、材料、師生比例等的限制，例如：幼兒準備度評量、發展評量或是上小學的入學篩選測驗制度等確實讓老師與家長不敢輕忽，預備幼兒能通過考試成為上上之策，自然地導致遊戲落入次要地位。雖然態度是最明顯的障礙，但是要因應與破除結構上的障礙也是不容易的事，這在英國 Bennett 與 Kell（1989, 引自 Wood & Attfield, 2006）的幼兒園遊戲教學研究中也得到印證：缺乏時間觀察與反思、教室空間限制、班級規模大、缺乏其他成人支持與資源缺乏等，均干擾教師將遊戲理念付之實施。

3 功能上的障礙

功能的障礙係指幼教老師缺乏時間在職進修或訓練，沒有充分的知能以推動遊戲教學；此外，幼教老師工作辛苦繁重且流動率大，現場又無足夠的人力來填補流失率，老師須一人抵多人之用，因此理論與實務間的落差是可以理解的。

針對以上不看重遊戲或遊戲與工作對立的態度上障礙，筆者以為是遊戲無法落實的最根本原因，其實它與上述 Elkind 所指個別能力觀有所關聯，因為要表現優異的個別能力，只有持續努力地工作才有可能。其次，有關結構上的障礙確實羈絆與牽制教師，若入小學的幼兒都要篩檢測驗，而測驗的內容均以學科知能為主，教師與家長均飽受無窮壓力，自然地以讓孩子通過考試為主要目標，何來閒情與幼兒共構遊戲呢？又各樣結構上的限制如空間、班級規模、資源等也確實讓教師難以伸展推動。而最後功能的障礙猶如瘸腿的教師，根本無能力實施遊戲教學。以上 Kagan 三項障礙確實有道理。

筆者將Elkind的縱斷面分析與Kagan的橫斷面分析，統整於圖 7-8，希望有助於讀者理解遊戲無法於實務上落實之緣由。一方面，導致幼教實務無法落實是因為社會大眾擁有「及早教育」的迷思，而此迷思是源於「個別能力觀」，而個別能力觀是由多項歷史與潮流因素所形塑；另一方面，從當今現象剖析遊戲無法落實之因，乃因三大現實障礙所形成：態度、功能與結構，而這三大障礙也綜合促成及早教育迷思。Elkind 與 Kagan 之說均指出及早教育迷思的緣由，二者實可互補。

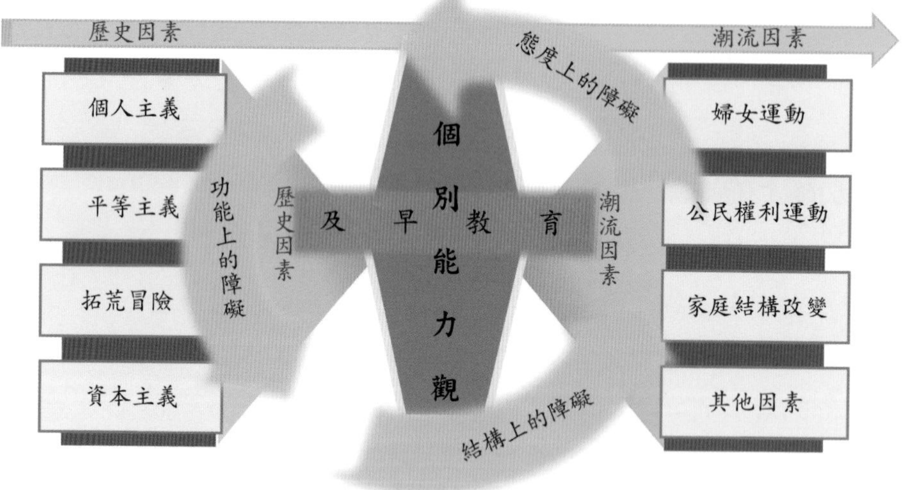

圖 7-8　遊戲無法落實之緣由

（二）東方社會

在東方社會尤其是兩岸四地的家長，對於子女教育也有類似的「不

能輸在起跑點」的期望與迷思，筆者以為東方父母的期望暨迷思有三，在此並探討其形成因素。

1 期望子女成為龍鳳

在東方「宗族社會」，望子女成龍、成鳳心態是非常明顯且自然之事，一方面這是為人父母的正常表現，不僅綿延子孫延續香火，而且竭盡所能地培育後代並寄以厚望，盼望子女光宗耀祖。而在另一方面，望子女成龍鳳有時也在補償、實現父母的心願，因為當代許多為人父母者過去曾受到連續戰亂與經濟困頓的影響，無法接受良好教育，因此深度寄情於下一代，望其成龍鳳之心更加強烈。此外，當代「少子化」趨勢愈來愈嚴重，著實讓父母之成龍成鳳心態更加炙烈，因為可以期盼的子女有限，每一個子女都是寶貝，眾千關愛集於一身，必須好好地加以栽培。如台灣出生率近幾年大幅驟降，導致許多幼兒園、小學，甚至大學必須面臨關門命運；大陸則因一胎化政策形成萬人皆寵的獨生寶貝兒，期望自然也攀高。

2 學業成就高於一切

在「科舉考試制度」壟罩下，傳統東方社會非常重視萬中選一的士大夫階層，「士、農、工、商」階層順序毫無疑問地顯示士大夫的崇高地位，衍生出「萬般皆下品，唯有讀書高」的堅實信念，因此一般民眾十分強調讀書與學業成就。研究指出，無論是在美國的華裔，或是中國大陸或台灣的學生，都是比較成績導向的（Xing, Lee, & Solomon, 1997），以筆者之經驗與觀察，父母最常掛在口裡的是：「你考幾分？」「你第幾名？」在德、智、體、群、美各種教育之中，似乎偏重智育與其表現，尤其是讀、寫、算能力的表現。

3 成功繫於苦幹苦讀

在望子女成龍鳳心態與重學業成就觀念共同加持下，孩子必須按照父母期望與所認為的最佳方式去學習，例如：苦幹、苦讀。古諺「業精於勤、荒於嬉」，自古大家對於嬉戲均持負面態度，認為是有害於學習，必須勤勞苦讀，才能出頭天，而所謂苦讀顧名思義是辛苦讀書，竭盡精力與時間於讀書。拜科舉之賜，「十年寒窗」的書生終得頭名狀元，從此榮華富貴享不完，羨煞人也，在此錦繡前程激勵下，成為大家畢生努力之目標，十年寒窗必得忍受。其實不僅讀書要苦讀，工作也要苦幹，誠如「吃得苦中苦，方為人上人」「天將降大任於斯人也，必先勞其筋骨，苦其心志。」總之，無論是讀書或工作，埋頭苦幹、辛苦工作的信念深繫於人心，相反地，嬉戲則有礙學習。

以上東方家長的三項期望暨迷思，在面臨入小學後學業壓力與考試制度的推波助瀾下，致使幼兒園淪為小學先修班，提早開始學業教育；更甚的是，在兩岸四地某些地區的小學入學還須考試測驗，為讓學前幼兒順利過關進入小學，幼兒園學業取向教育成為順理成章，自然地對幼兒遊戲持負面態度，這種及早教育信念深植社會大眾人心。舉例而言，台灣一些幼兒園在中小班就開始教寫國字與注音符號、教導算數加減算則，尤其是注音符號，深怕孩子入小學前未先學習，一定會跟不上小學注音符號與國字的學習。又根據筆者的經驗與觀察，許多家長在為孩子選擇幼兒園時，最關心的問題是幼兒園是否教寫字與算術，如幼兒園是遊戲取向或不教導寫字，則選擇不就讀或馬上將孩子轉走，因為不能輸在起跑點上，寧可及早教育。

綜合上述，Elkind 是從歷史演變中的大社會文化探討：為何美國社會大眾重視個別能力表現，以致持有及早受教、贏於起跑點的看法，導致遊戲邊緣化現象；而 Kagan 認為，遊戲實務無法落實的第一項障礙

就是美國社會不看重遊戲的態度，將工作與遊戲分立，其實這也與個別能力觀有關，兩位學者的看法實可相互補充。至於Kagan的第二項——入學準備與評量的結構障礙，則讓美國社會大眾在態度上的障礙更加發酵與凸顯；其實這與深受歷史制度影響的東方社會家長的期望暨迷思，在某些程度上是不謀而合的。雖然東西方文化不同，所形塑的信念本質也不同，但東西方社會大眾均認為努力是必需的，是邁向成功唯一之道；也就是無論是東方期望孩子成龍鳳、西方盼望孩子顯出個別能力，辛勤均為不二法門。再加上雙方結構上的因素加持，如考試評量制度與學業取向的小學教育，為贏在起跑點取得似是而非的心中合法地位，遊戲遂淪於點綴性的邊緣地位。

本節小結

遊戲在幼教實務上並未被深度與廣度地落實，本節探討東西方對遊戲的迷思與形成因素，明顯可見遊戲與工作兩極對立的根深蒂固觀念，也不難理解東西方及早教育的期望暨迷思。一般人認為，「工作代表嚴肅，遊戲代表淺薄與幼稚」（Sutton-Smith, 1986: 9），「工作代表生活中理性的事業，遊戲是為了消遣與玩樂」（Wood & Attfield, 2006: 9）；再加上遊戲有時會帶來混亂、破壞性與不可預測性，如打鬧遊戲，所以成人想要去控制它（Wood & Attfield, 2006），無怪乎 Saracho（2002）特意分辨「教育性遊戲」與「非教育性遊戲」，並建議教師要規劃具教育性的遊戲。此外，誠如第一章所述，由於遊戲本質的不可捉摸與定義的紛歧，讓人們霧裡看花，無法理解，遑論在實務上落實，也共同形成遊戲失掉其在教育上的地位與大眾的信任度。

第三節　遊戲課程之共構：親師生夥伴關係

本節旨在針對社會大眾的期望暨迷思，提出省思與抗辯，期望能扭轉一般人似是而非的看法，進而對遊戲持正向態度；接著提出親師生夥伴共構的遊戲課程並解釋其意涵與重要性，為免流於紙上談兵，繼而提出夥伴共構之具體實質做法，以期真正落實遊戲課程。

一、父母迷思的省思與抗辯

針對當今與未來社會的劇烈變化及挑戰，筆者特別關心的是，如何培養能好奇、求知與應變的求知人、應變人，進而是符合時代需求的民主人、地球人、科技人，甚而是強調全人發展的完整人（周淑惠，2006）。本人深深以為，及早進行讀寫算的學業教育並無法提升孩子的全方位能力，使其能倖存於高度變遷與挑戰的新紀元中；然而父母往往擁有迷思，對孩童另有期望，有如上節所述。

首先論及幼兒能力，根據 Bloom，認知能力是有高低層次之分的，由較低層次的知識與技巧的記憶背誦、理解，到中間層次的運用、分析、綜合能力，再到較高層次的評鑑、創造能力。在教育上要培養的應該是強調比較高層的認知能力，也就是最起碼能運用、分析，甚至能評鑑與創造，而求知、應變、民主、科技等人，就是屬於較高層次的認知能力。試想在現今資訊爆炸之時代，個體能記憶、背誦多少呢？再怎麼能記與背也比不上電腦，還不如擁有求知探究力與應變處變力等更為重要，俗語道：「給幼兒魚吃，還不如教他釣魚的方法，也要培養他釣魚的興趣」，就是這個道理。

以上釣魚的方法譬喻求知探究能力，釣魚的興趣譬喻對課程與學習的興趣；遊戲是幼兒內在自發、積極表現的，遊戲課程自然具有吸引幼兒興趣與動機的條件。在此鄭重呼籲，現階段幼兒園中過分重視記憶、背誦的讀寫算教學，其實並無法培養幼兒高層次的認知能力，而且讀、寫、算基本能力只要是正常發展的幼兒到達一定程度，在正確有意義的學習情境下一定能充分展現。既然及早教學並無特別功效，還不如在孩子寶貴的童年讓孩子遊戲／探究，不僅可以培養求知應變力，引發求知探究興趣，更能讓孩子均衡健全地發展。

又針對「不要輸在起跑點上」，筆者認為更重要的是：不要停在中點即跑不動停下來，或死在中點或終點，因為人生猶如馬拉松賽跑一樣的漫長辛苦，要能持久跑下去並抵達終點才是贏家。幼兒很小就在起跑點上背負厚重包袱（例如：很小就被迫提筆寫字、背誦詩書、學習算數與各樣才藝等），一路衝刺下去，如何能在冗長的人生馬拉松賽跑中，不僅是具有意願、動機，而且是有體力地堅持下去到達終點呢？就此而言，親師生共構的遊戲／探究課程似乎是解套，它不僅可以培養有意願釣魚且喜歡釣魚（求知動機與態度）的幼兒，而且更可培養具釣魚技能（求知應變能力）的幼兒；有了求知動機、態度與技能，就不怕無法獲得知識，在人生馬拉松賽跑旅程中，才能一勞永逸地堅持到終點，成為贏家。

二、親師生共構的意義與實質策略

如果幼兒園是一艘船，家長有如載舟覆舟之水般是幼兒園生存的關鍵角色，尤其在私立幼兒園更是如此。既然家長都關心孩子的學習狀況，基於以上論述，筆者提出基於社會建構論的「親師生共構的遊戲課程」，它有兩種取向：諧融的遊戲萌生課程、諧融的課程萌生遊戲，有如第三章「遊戲與課程之關係與品質」所述。以下論述親師生共構遊戲課程的意義與實質策略。

（一）親師生共構意義

其實人類本就生存於整個大的社會文化情境之中，我們的認知都是在社會文化中共構學習而來的，如何將父母納入幼兒園教育中，讓親、師、生共構學習，從中因了解而肯定與支持幼兒的遊戲，成為重要議題與當急要務。在第參篇第五章論及社會建構論的四項教學原則：知識建構、共同建構、引導鷹架，以及語文心智工具，因此，所謂親師生共構遊戲／探究課程之意涵為：*孩童與社會文化中的成人（老師與家長等）共同遊戲／探究與建構，在歷程中，幼兒得以運用語文心智工具，教師與家長則偕同在旁，為幼兒搭構遊戲／探究的鷹架*。

筆者之所以提倡共構，乃因：既然東西方社會均重視子女能成龍鳳或凸顯孩子個別能力，透過親師生共構的具有教育性的遊戲／探究課程，不僅能培養孩子的求知、應變或高層次認知等能力，而且能讓家長在共構行動中隨時看得見孩子的學習情形與成果，可爭取支持與信任。Wood 與 Attfield（2006）所言甚是，遊戲失掉其地位與可信度，除源自於工作與遊戲的兩極對立觀點外，特別是與難以獲得孩子在學習中進步的證據有關係；雖然學界對遊戲言之鑿鑿，但是實務界就是難以向家長證明孩子在遊戲中是有學習的（Wood, 2010b）。親師生共構得以讓家長藉共構行動一親遊戲課程之美，也能具體看見孩子的學習成果，有利拾回遊戲的地位與信任。其實遊戲是與家長溝通孩子進步的一項很珍貴的工具，例如：遊戲的軼事觀察紀錄可向家長顯現孩子在園裡表現的個人風格，也讓老師有機會舉孩子進步實例，向家長說明遊戲課程中之所學（Hoorn et al., 1993）。重點是在於共構中，教師也

要善用遊戲觀察紀錄或各種溝通方式，向家長顯現孩子的學習成果。

事實上，將家長納入教育機構的「家長參與」已行之多年，由過往經驗顯示，1960 年代僅止於一種象徵層次，例如：家長被幼兒園方視為缺乏親職能力須被教育，家長僅為機構中的額外協助之手，逐漸演變到 1990 年後的平等夥伴關係，幼教專業人員開始接受家長是具有不同專業型態的專家，強調共同協作的實務關係（Rodd, 1998）。誠如 Wolfendale（1984, 引自 Robson, 2003a）曾將家長參與的歷史用一連續體呈現，從極少接觸，經類如家長會的適度接觸、義工家長或園訊等的適度參與，到親子作業或家長聯誼室等的相當參與，再到夥伴協作關係。而家長參與之所以必要，根據 Robson（2003a）有幾項原因：(1)家長本就有權利參與孩子的學習；(2)根據實徵研究，其展現的態度與支持對孩子在校的表現有諸多正向影響，而且可以防治孩子在園家之間的衝突行為；(3)可以提升父母與教師雙方的知能與自信；(4)對於建立對老師與學校的支持，是一種有效的方式。

（二）親師生共構實質策略

既然園家夥伴協作關係是一個趨勢，問題是家長與幼教專業人員一樣，也有他們從大社會文化中習來的養育知識、內隱理論，甚或是期望暨迷思，往往與幼教專業人員觀點不同。職是之故，Rodd（1998）之見極有道理，即幼教專業人員必須窮其專業致力於發現兩個觀點間的共同基礎；而筆者覺得**幼教專業人員與家長的共同基礎即是關心孩子的發展、表現與學習成果，尤其在語文聽說讀寫能力的表現**。就此，如何讓家長隨時看得見孩子的學習狀況與表現，以及如何透過語文心智工具的運用，讓孩子在遊戲／探究中自然顯現語文能力，是促進親師生夥伴關係的重點核心工作。身為幼教工作者絕對不能忽略對孩子最為關心的家長的想法。基於以上思維，在此進一步提出親師生共構遊戲課程的數項具體策略如下。

1 隨時溝通與聯繫幼兒狀況

隨時溝通與聯繫幼兒狀況是親師生共構遊戲課程的基礎，是建立彼此信任的開端，即讓孩子在幼兒園的學習狀況是幾近透明的，家長隨時可聞、可見、可談與可了解孩子的學習狀況。因此，電話聯繫、親子聯絡本、每日接送交流、園訊（班訊）、班親會等一般幼兒園常用的溝通與聯繫方式，都很有價值。此外，在當代電子時代，園所設有部落格、網站或運用臉書，隨時將課程活動上傳，也是讓家長了解孩子學習情形的良好方式，而且還可以在網上直接互動，隨時溝通聯繫，極具效果。

重要的是，除隨時溝通聯繫外，有一些溝通聯繫方式最好是定期辦理，讓家長定期滿足對孩子的關心並能有所預期。其次，定期溝通聯繫的內涵（例如：班訊）要是有品質的，除了照片、活動花絮外，最好有老師的觀察分析，將孩子在這一段期間內的重要轉折表現與進步情形，以及老師的活動考量與鷹架策略，具體地呈現家長面前，不僅讓家長充分了解孩子的學習情形，而且也讓家長了解老師的引導與用心，進而支持教師。此外開學之初的班親會，教師與園方要將本學期遊戲／探究的可能內容向家長溝通，調查家長可參與貢獻部分或接納家長建議，讓共構關係有美好的基礎與開始，更能催化親師生共構之旅。

2 以親子作業為共構橋樑

所謂親子作業係指親子必須共同完成的任務，其數量不必多，也許兩、三個星期或更久一次，視遊戲主題進行狀況而定，但每一個親子作業都很有意義，重點在於親子共構的歷程。例如：當遊戲主題進行時，可讓幼兒將與主題相關的繪本帶回家與父母共讀，並在閱讀紀錄

卡上共同記錄（孩子塗鴉繪圖）閱讀心得；或者是遊戲主題之某些重要活動亦可透過「親子學習單」的回家共同作業方式，共同尋找資料，以做為探究／遊戲的起始點；或者是運用學習單讓孩子與父母共同進行某一項活動，以充實幼兒的主題經驗。

簡言之，學習單是親師生共構的媒介與橋樑，不僅讓家長了解孩子在幼兒園的學習狀況，並能適度參與幼兒的學習並貢獻心力與資源。例如：「滾動與轉動」主題讓親子共同尋找家中可滾動或轉動的物體，做記錄（幼兒塗鴉）並帶入教室；又例如：「我的社區」主題請父母帶幼兒到社區逛逛，並讓幼兒塗鴉記錄社區所見並到園分享；「美麗的春天」主題讓親子共同查閱各地所進行的慶祝春天活動（上網、報章雜誌、看電視報導等），並讓幼兒塗鴉記錄所查閱結果及帶入所得資料分享；又如染布活動前，讓父母與孩子分享染布經驗或查閱染布相關資料，並讓幼兒塗鴉記錄各種染布方法及帶入染布相關器材。由於孩子學習單中所獲得的資料或所進行的活動必須回園分享與展示，教師可視內容加以延伸，無異也是一種親師生共構的良好方式。

3 視家長為遊戲課程豐富者

夥伴協作的關係強調對家長專業的認同，他們也是專家，在孩子的學習上共同擔負責任，各有不同的貢獻（Rodd, 1998），而且教育本就是家長與教師共同的責任。親師生共構遊戲主題，不僅讓家長了解孩子學習進展，而且亦可化解老師的窘境，因為教師非全知全能，對每個主題都瞭若指掌，抱著親師生共構精神，教師對於任何主題皆可放心地與家長、幼兒共構學習，可以說教師從「教」的角色變成一起「建構學習」的角色。

其實藉由上述親子學習單往往可以了解父母在某方面的經驗與優

勢，於是教師可以向家長虛心請教，在進行主題討論與分享時邀請家長到教室參與討論、展示某項技藝、分享專業知能，讓遊戲主題的內涵更加豐碩，例如：「生病了！」主題可以邀請身為醫生、護士的家長分享與展示其醫護知識、器材與技能；「彩色的布！染布」主題，邀請家長分享與示範染布技巧與工具；「神奇的電腦」主題，邀請家長解說與展示電腦軟硬體相關知能。此外，透過各種溝通聯繫管道，家長也可充當義工協助教師，例如：角落遊戲時間、校外參訪時間等，並入班觀察課室狀況；當然家長亦可貢獻遊戲課程所需的材料與資源，例如：「滾動與轉動」遊戲主題之大批可滾動與轉動的物體如線軸、廢棄的光碟片、滑輪等。以上種種可以說是園、家共同為孩子的遊戲課程而共同協作，期望孩子能從中得益。圖 7-9 為親仁幼兒園亮晶晶家的家長在「新竹．新族」主題中分享原住民族群的特有文化。

圖 7-9　家長為課程豐富者實例

4 運用語文心智工具於遊戲課程中

親師生共構中幼兒語文心智工具的運用包含：運用「口說語文」策略，例如：陳述觀點、討論、辯論、分享、訪談、聆聽等，以達理

解、澄清與統整作用；運用「書寫語文」策略如畫日誌畫、塗鴉記錄、觀察記錄、訪談記錄、製作圖表、自製小書、查閱圖書、上網找資料、完成親子學習單等，以求知辨真、表徵概念的理解，或記錄遊戲／探究歷程與結果。簡單地說，就是將聽、說、讀、寫能力做為遊戲／探究的工具。傳統教學是將語文聽說讀寫能力做為學習的標的，也就是教學目的就是要學到語文的聽說讀寫能力；在本書所倡遊戲／探究課程中是強調將語文做為一種心智思考與學習的工具，在實地運用聽說讀寫的歷程中，自然獲得語文的聽說讀寫能力。此舉不僅符合社會文化論的精髓，亦可緩和家長對讀、寫、算成果表現強烈要求的壓力，頗為適合擁有迷思之幼教生態。

在此舉「滾動與轉動」遊戲課程為例說明語文心智工具的運用。當孩子玩過各式各樣小模型汽車後，想做一部可以走動的車，於是興沖沖地「查閱」有關輪子（單輪、滑輪、齒輪等）與車子的圖鑑，並在老師協助下上網「搜尋」相關圖片；「訪談」安親班汽車達人哥哥如何製作車子並做「記錄」，然後「繪畫」設計圖並向全班「分享」設計圖；在班上同儕「對談」後，發覺不周全處又「修改」設計圖，最後專注地「閱讀」設計圖製作車子……。另一組幼兒在探索滾動與轉動的遊戲時（例如：保齡球、乒乓球、陀螺等），「討論」與「制定」遊戲規則並貼在積木區，在遊戲後經「討論」決定分工「繪製」滾動與轉動的遊戲大全，這大全裡不僅有圖畫展示，且有簡單文字或符號說明規則；經上網「搜尋」資料並「繪製」草圖，以及依草圖「製作」遊戲大全；最後向全班「分享」後，置於圖書角供其他孩子「借閱」。綜言之，語文被當成工具般運用，從運用中共構知能，也學到語文聽說讀寫的技能。圖 7-10a、7-10b 為親仁幼兒園小樹家的孩子根據學習單上家長提供資料所整理繪製的貢丸製作步驟圖，以為實際製作貢丸之參考。

圖 7-10a　語文心智工具實例：繪製貢丸製作步驟圖

圖 7-10b　語文心智工具實例：孩子製作貢丸時參照步驟圖

5 舉辦期末遊戲課程成果展

在整個遊戲／探究課程結束前，教師可以安排期末成果展，讓幼兒統整遊戲課程所學，以各種方式向父母或社區展現學習成果。上述「滾動與轉動」遊戲課程中，孩子的遊戲大全、貼在積木角的各遊戲規則，以及車子設計圖與所製作的車子等，不僅隨時透過班訊、部落格等呈現，而且在期末的遊戲課程成果展時，亦是重要的陳列項目。期末成果展在師生共構中可以強化孩子的主導權，讓孩子討論並決定展出形式與內涵、活動取向與流程、空間與時間安排、檔案與紀錄陳列等；教師則在旁協助、搭構各種鷹架，助其統整、組織與順利展現。

舉例而言，展出形式可以是靜態的：陳列所有遊戲課程活動剪影的檔案，展示小組建構的大型美勞作品如自製車子、街道或機器等；也

可以是動態的：融合主題知識小測試的父母闖關活動，現場買賣的開商店活動如販售幼兒製作的陀螺作品等，與主題相關可現場實作的手工藝品或食品製作，整合整個遊戲課程經驗或合力創作故事的戲劇演出等。當然也可以是動、靜兼備，集檔案展覽、大型創作展、現場活動或實作、與戲劇演出之大成；孩子在其中不僅是規劃者、展出者、演出者，而且也是主持人、秩序維護者兼迎賓者。而空間可以是在原班教室、園內大型活動室、園內戶外空間，甚至是社區空間，視成果展的內涵與形式而定。可以說，整個成果展主要目的不僅在統整幼兒所學，更可讓家長實地體會在整個遊戲／探究課程之學習內涵與成果。圖 7-11a 為幼兒向家長解釋所設計大富翁遊戲之玩法並邀家長參與，7-11b 為「戲劇達人」主題之自編戲劇呈現，7-11c、7-11d 為幼兒製作並販賣與主題相關之食物。以上均為親仁幼兒園之期末成果展展出方式。

圖 7-11a　多元方式之主題成果展：家長玩孩子設計的遊戲

圖 7-11b　多元方式之主題成果展：孩子自編戲劇演出

圖 7-11c　多元方式之主題成果展：食物製作與販賣

圖 7-11d　多元方式之主題成果展：食物製作與販賣

6 製作各類文檔紀錄

遊戲主題進展時，教師可製作各類文檔紀錄，包括類如文檔紀錄面版作用的園訊、班訊或海報，它可以張貼在課室裡外明顯之處與帶回家中，讓幼兒的探究／遊戲鮮活地呈現於家長面前，這是關心幼兒學習情形的家長所最需要的資訊。這定期報導的刊物或海報旨在呈現孩子的表現和成果並具有充分的細節，例如：於作品圖片、活動、幼兒對話旁加註老師的註解說明與分析，幫助家長了解幼兒的想法、整個主題的進程與轉折，以及教師所搭構的鷹架。

此外，教師亦可製作主題歷程與成果檔案，即累積一段時間（通常是主題期中或期末）孩子的所有的遊戲／探究資料，包括軼事紀錄、活動照片、觀察量化資料、孩子畫作、錄影資料等，顯示孩子的學習軌跡與目前狀態；它可以公開展示並比較前後差異與進步情形，而且孩子也可參與，自己選擇欲呈現的作品或資料。當然也可以為個別孩子製作檔案，甚至也可以為整組孩子製作遊戲／探索檔案。此外，也可以有分門別類的畫作檔、對話檔等。這樣的檔案，讓幼兒的學習是透明、隨手可閱的。甚至可以讓幼兒自己製作遊戲／探索主題檔案，

一方面統整遊戲主題所學，一方面也讓家長完整了解幼兒的學習歷程與成果。如圖 7-12a～7-12d 為親仁幼兒園幼兒所製作之主題檔案。

圖 7-12a　幼兒自製遊戲／探索主題檔案：封面

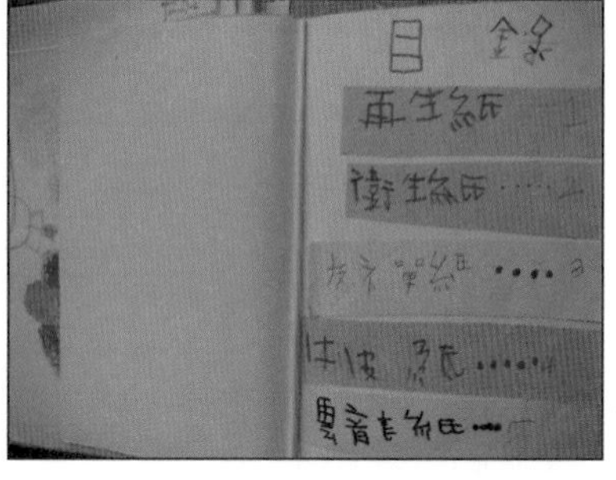

圖 7-12b　幼兒自製遊戲／探索主題檔案：目錄

圖 7-12c　幼兒自製遊戲／探索主題檔案：內文

圖 7-12d　幼兒自製遊戲／探索主題檔案：內文

本節小結

本節首先提出對父母迷思的省思與抗辯，並探討親師生夥伴共構的意義與實質策略。筆者以為以上諸項共構措施必須統整運用、相互補充。在這樣的親師生共構關係中，可以說隨時可聽、看、談、接觸到孩子的學習狀況：不僅家長參與了教室中的遊戲／探究、了解課程進行的概況、知道學習活動的歷程與幼兒的變化，更獲悉整體學習的成果；尤其是在遊戲／探究中幼兒的心智靈活自主與聽說讀寫具體表現上，可讓父母十足感受遊戲／探究的魅力，就此放心孩子的學習，亦可能因而逐漸潛移默化，甚而化解所持迷思。再加上在親師生共構中，家長也能充分了解教師致力於教學的心力付出，自然就比較容易支持教師，進而與教師合作共同致力於幼兒的遊戲學習，落實遊戲課程，教師也得以舒緩過往來自家長的課業要求壓力。

研討問題

一、幼兒園舉辦主題成果展有何作用？請從各面向論述如何與幼兒共構主題成果展的展出？

二、如果這學期的主題是「各行各業」，請依照本章親師生共構的策略設想要如何與幼兒、家長共構課程？

CHAPTER

8 遊戲課程之環境規劃與運用

在幼兒教育上，「環境」是一個很重要的「教育者」，影響課程與教學之實質運作（Ceppi & Zini, 1998; Edward, Gandini, & Forman, 1993），亦即環境在教學上如同教師般重要。無可否認的，遊戲課程除教學互動鷹架「軟體」的運作外，室內、外「硬體」環境的規劃與運用也相當重要，它是遊戲課程具體落實之基本要件，否則再美好的軟體都無法架構與伸展。本章探討如何規劃與運用室內、外遊戲環境硬體（包括物理空間與遊戲材料），使遊戲課程得以真正落實，首先第一節論述遊戲環境之意涵與介紹遊戲環境之類別，第二節則探討遊戲環境之規劃與運用。

第一節　遊戲環境之意涵與區域類別

本節分為室內遊戲環境與戶外遊戲環境，分別說明其意涵、區域類別以及對幼兒遊戲與學習之重要性，以期喚起大家對室內外遊戲環境之重視，尤其是戶外遊戲環境。

一、室內遊戲環境

幼兒活動室不僅是幼兒的「生活用房」，而且也是其遊戲探索的「活動空間」，做為一個複合的活動用房，筆者主張將其劃分為許多有趣、可供遊戲探索的「學習區域」（learning area）、「興趣中心」（interest center）或「興趣區域」（interest area）（在台灣俗稱「角落」，在大陸俗稱「區角」）。以下分別說明興趣區的意涵、重要性、類型與教具。

（一）興趣區之意涵與重要性

興趣區源自於開放教育或非正式教育（informal education）實務，而開放教育始於英國大戰期間因教室毀壞於戶外上課的體驗，其後逐漸演變為將學校或活動室視為開放的學習空間，規劃成多個有趣且反映各學習領域的遊戲／探索區域，例如：圖書區、積木區、益智區、創作區、科學區、音樂區等。Moore 等人（1996）則將此半封圍的興趣區稱之為「資源豐富的活動口袋」（resource-rich activity pockets），顯示其充滿操作性資源與遊戲性。幼兒活動室做如是多元有趣規劃，實提供不同面向的統整學習經驗。

基本上在興趣區開放時段，幼兒是自主的，可依其個人興趣與能力自由選擇與探索，它含括不同的「學習類型」，例如：探索建構、精熟練習、好奇觀察、解決問題等；幼兒也可以選擇多樣的「社會接觸」，例如：單獨遊戲、合作遊戲、平行遊戲等；當然也可選擇各類的「指導方式」，例如：自己主導、平行指導、合作指導、他人指導等；甚至亦可選擇學習時間的長短（Day, 1983）。大體而言，在興趣區時段，教師的主導性相當低，可以說是一個「自助的環境」（self-help environment），予幼兒能幹、自主與自信的感覺與訓練（Gordon &

Browne, 1993）。綜上所述，興趣區的具體功能為：提供符合發展與差異活動、促進學習動機與成效、發展自主能力與責任感、增進語文溝通能力、統整幼兒各學習領域與促進全人發展（周淑惠，2008）。

（二）興趣區之區域類別與教具

一個幼兒活動室內興趣區的種類與數量，可依實際空間條件（例如：面積、大小、格局、形狀等）、幼兒人數與特質（例如：年齡層、興趣、能力）、課程主題需要、所欲鼓勵遊戲行為與種類、課程目標與經費多寡等，全面統整地彈性規劃。以遊戲行為而言，通常娃娃區、積木區是最易出現團體遊戲的興趣區，創作區、語文區是最易表現單獨遊戲的興趣區（田育芬，1987a，1987b），教師可統整思考各方因素。一般而言，在幼兒園常設的學習區域有戲劇區、圖書區、創作區、益智區、積木區、科學區等；而在教具的選擇與製作方面儘量要配合各角落的特殊目標與幼兒的遊戲需求，選擇與製作能反映不同學習型態、社會接觸與指導方式的多元教具（周淑惠，2008；周淑惠、陳志如，1998）。

1 積木區

本區可進行功能遊戲、建構遊戲、扮演遊戲等，對幼兒空間、測量、數學、力學均衡等概念發展相當有幫助，並可促進人際溝通、合作、肌肉發展，亦稱之為操作區、大肌肉發展區、建構區等。通常本區備有形狀多樣且材質不同的大小積木，例如：木質單位積木、紙質盒狀積木、樂高套接教具等；並配有各種附件，例如：小汽車模型、小動物模型、小船模型、連結式軌道、交通標誌等。而積木區中亦可提供與幼兒建構內涵相關的書籍、圖鑑，供幼兒建構各種造型時的參考（圖 8-1a～8-1d）。

圖 8-1a　積木區：各式積木

圖 8-1b　積木區：各式積木

圖 8-1c　積木區：各式積木、軌道、書籍

圖 8-1d　積木區：各式積木、軌道、書籍

2 扮演區

幼兒在本區可藉角色扮演或戲劇活動，表現情感、抒發情緒與反芻經驗；也可發揮想像力與解決問題能力，合作創造各種戲劇性活動，引發各項利社會行為。通常本區所提供的道具諸如：回收或仿製的服飾、烹飪器具、櫃子、鏡子、梳子、皮包、電話、小床、洋娃娃、桌子等，因此又稱之為娃娃家、裝扮區、戲劇區、家政區、扮演角、家庭生活區等。

3 益智區

本區旨在讓幼兒由操作中獲得感官的滿足、促進手眼協調及小肌肉靈巧發展，並促進智能發展，亦稱之為小肌肉操作區、手眼協調區、動腦動手區、認知發展區等。通常本區遊戲材料內容包含有規則的牌卡遊戲（例如：分類卡、配對卡、撲克牌、接龍卡、順序卡等）、盤面遊戲（例如：走迷宮、大富翁等）、棋類遊戲（例如：四子棋、跳棋等）、小型建構遊戲（例如：樂高、百變巧接、智慧遊戲片等）、認知或邏輯類遊戲（例如：各式拼圖、四面八方邏輯接龍、型式積木、數棒等），以及其他促進手眼協調的遊戲（例如：穿線、串珠、釘板、疊疊樂等）。

4 圖書區

本區乃以促進幼兒語文發展為目標，是一個可供聽、說、讀、寫的環境，也稱之為語文區、讀寫區、說故事角、寫作區等。幼兒可在此閱讀認字（例如：提供繪本、雜誌、報紙、圖鑑、廣告宣傳 DM 等）、塗鴉與寫信製卡（例如：提供各類紙材）、聽故事（例如：提供錄音機、耳機等）、說故事與故事接龍（例如：提供布偶、傀儡台等）、造詞遊戲、剪報等，或運用此處資源將扮演或建構遊戲發揮淋漓盡致，例如：計畫劇情順序、設計積木造型、寫菜單、寫病歷表、製作錢鈔等扮演遊戲相關文件。通常此區布置得溫馨舒適，例如：有地毯、舒適小沙發、光線柔和燈光的立燈或吊燈等，並將繪本開架陳列，以引發幼兒的閱讀行為（圖 8-2a、8-2b）。另外，在科技發達的今日，可將電腦融入圖書區中，做為尋找資料、繪圖製卡與認讀文字的媒具，尤其是在遊戲／探究取向的課程，更為必要。

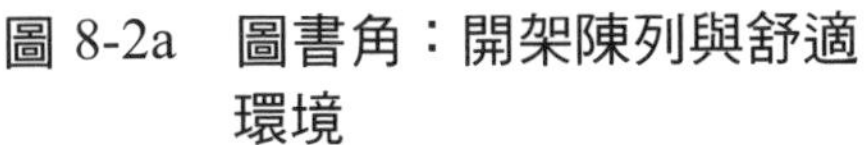

圖 8-2a　圖書角：開架陳列與舒適環境

圖 8-2b　圖書角：開架陳列與舒適環境

5 藝術區

本區設置目的在提供幼兒盡情創作的材料與機會，發展創造力與想像力，創作範圍包括平面與立體工，並學習收拾與整理，也稱之為美勞角、創作區、工作區等。創造力在近年來頗受重視，而藝術區是最好發揮創意之處，因此本區宜擺設多元美勞用具如：畫架、蠟筆、水彩筆、剪刀、膠水、膠帶等，多樣素材如：紙張、黏土、鐵絲、通心草、木板等，各式回收材料如：海綿、紙杯、紙箱、布丁盒、吸管等，以及保護與清潔用具如：防水圍兜、小掃帚、塑膠桌布等。本區亦可放置畫冊、雕塑作品、圖卡等，供幼兒創作時參考（圖 8-3a、8-3b），而且最好有展示、陳列幼兒作品的空間，例如：釣鉤、懸掛線繩、陳列台等，讓幼兒間可彼此欣賞，達到相互激發作用。

圖 8-3a　藝術區：多元材料與工具

圖 8-3b　藝術區：多元材料與工具

6 科學區

本區又稱之為科學探索區、探索區、科學益智區、科學數學區等，主要目的在引導幼兒對科學現象的好奇，以及運用科學程序能力於自然與現象的探索。一般幼教老師對於科學領域較為畏懼，也較少設置科學區，如第一章所述，幼兒在遊戲中自然伴隨探索，兩者關係密切，因此筆者強力建議借助科學區讓幼兒在遊戲中自然探索科學，也讓教師從與幼兒共構中親近科學領域。因此基本設備有溫度計、滴管、放大鏡、量尺、量杯、記錄本等觀察或操作工具，齒輪、發條玩具、鳥巢、磁鐵、鏡子、壞的時鐘、過時的電腦等可供探究或拆解的物品，以及可供觀察的盆栽或培養皿（例如：塊莖發芽、走莖發芽、葉片發芽、種子發芽等植物）與動物（例如：水族箱、昆蟲箱、寵物籠等）。有時科學區會與益智角結合，或者是備有有輪活動式的小型沙箱、水箱，可隨時加入或移離本區；另外，亦可放置電腦，做為查

閱資料、探究知識的工具。

7 其他區

除以上六區外，可視活動室空間設置俗稱安靜角的隱密區、心情小屋等，其設置旨在讓幼兒發抒情緒、沉澱心情，躲藏自己平靜後再復出。它可以設在樓梯底下的凹槽、牆角空間、夾層閣樓下，裡面可放置讓幼兒休憩及擁抱的軟墊、填充娃娃、小毯子等，如圖 8-4 所示。或者是提供大紙箱、木板與布料等，讓幼兒自己架設包被的小空間或心情小屋。此外，還可以設置木工角與沙水區。木工角必須設置在活動室的外緣或遠離安靜角落，以防止聲浪波及；至於沙／水區則必須注意沙／水外漏，可在其底鋪一層保護墊加以防範，建議最好採用活動箱蓋式設計，配合課程所需，隨時可推進推出，或蓋上蓋子即可變為桌子使用。

圖 8-4　隱密區：小閣樓下

二、戶外遊戲環境

幼兒的最愛——戶外遊戲場，也是一個「教育」的環境、學習的場所，它是室內教育方案的延伸，必須與室內學習環境以同樣的態度加以審慎規劃（Brown & Burger, 1984; Essa, 1992; Frost & Dempsey, 1990）。也就是戶外遊戲場與幼兒活動室均為幼兒園生態體系內的微系統，皆須妥善規劃，然而在實務上它卻常常被忽視，實錯失大好學習契機。筆者提倡一個「全方位戶外遊戲場」，以下探討其意義、重要性與區域劃分。

（一）全方位遊戲場之意涵與重要性

一個精心設計的戶外遊戲場對孩童之大小肌肉、情緒／社會、認知發展等方面與學習方面具有重大貢獻，主要是它具有以下三項特性。

1 變化性

戶外遊戲場身處大自然環境中，而自然環境是美麗的、隨季節變化不可預測的、豐富的、創造許多空間的、滋養療傷的，正因為如此豐富使其充滿許多遊戲潛能（Greenman, 2005, 引自 Wilson, 2008: 4），是室內環境所無法取代的（Bilton, 2004; Tovey, 2007）。尤其是戶外景觀與感受隨季節轉移與日出日落變化，創造了許多遊戲與感官學習的契機，而孩子是透過感官經驗而學習的，例如：光影移動消長變化、植栽生長凋落更替、下雨前後穹蒼變化、季節景色溫度差異等，以及泥觸水柔、花香葉氣、風拂衣飄、蟲鳴鳥叫等多元多變感受無一不是扣人心弦的感官經驗。

2 挑戰性

戶外遊戲空間因為空間較大，裡面的器材、物體不像室內較具有確定用途，而且其體積也較大，因此使用性較為開放，孩子有很多機會去象徵性使用它、改變其意義（Tovey, 2007），例如：滾動大輪胎到各處架平變成戰士的臨時充電基地，在組合遊戲結構大小平台間的「古堡」穿梭、躲藏與玩扮演遊戲等。正因為物體的彈性可做多用，孩子們必須運用肢體語言去溝通物體的使用方式，也造成對孩子的挑戰性（Perry, 2001）。可以說這是一個靠移動物體、身體而學習的理想場所，在移動、操作間，不僅挑戰孩子，也帶來學習與身體健康（Bilton, 2004）。

3 自由性

戶外遊戲場之自由度也大，任何在室內進行的活動都可以在戶外進行，但很多戶外活動卻無法在室內進行（Robson, 2003b），它提供多元領域的學習經驗，例如：科學、語文、美勞、創造力、地理等（Tovey, 2007），例如：在戶外大片牆面或地面讓孩子用顏料或粉筆塗鴉，事後可以沖洗，或者是立起畫架寫生；讓孩子在樹下陰涼處閱讀繪本，然後演出繪本戲劇；老師與孩子一起架高水槽與水流管道，體驗水的壓力，或者是挖泥引水感受泥與水的特性；在花草區穿梭倘佯、捕風捉影、歌詠春天或與蝴蝶共舞，或者是以凋落的花草葉片扮演或創作；在空曠硬表層區架起數個木板斜坡，實驗物體的滾動速度，或直接騎乘滑板、三輪車等。以上廣泛經驗都可帶來與室內截然不同的氛圍與學習效果，甚至是室內所無法做到的。

筆者贊同一個「全方位戶外遊戲場」的設計，除以上原由外，也是受 Cohen、Hill、Lane、McGinty 與 Moore（1992）之內含各種遊戲場特徵與滿足不同年齡層的多樣整合式社區遊戲場概念——「廣泛性遊戲場」（comprehensive playground）的啟示。這樣的提供多樣遊戲型態、滿足各年齡層發展需求的廣泛性遊戲場概念亦可用於幼兒園，不僅因幼兒園含括大、中、小班三年齡層；最重要的是，它著實符合幼兒全人發展的需求，因為具有多樣化遊戲器具的遊戲場，確能提升的遊戲品質，也有利孩子身心各方面之均衡發展（楊淑朱、林聖曦，1995）。

呼應全方位遊戲場概念，Frost（1987）以及 Frost 與 Dempsey（1990）曾建議一個適性發展的遊戲環境，應包括符合各年齡層、能增強所有遊戲類別的設備、材料、空間與活動，以及具有複雜的超級遊戲結構與簡單可移動的組合材料；如三至五歲幼兒遊戲場包含運動的遊戲設施（例如：爬、盪、轉、滑等）、戲劇與建構遊戲的可移動附加零件（loose parts）、規則遊戲的平坦草坪區、單獨與平行遊戲的半私密區等。Vergeront（1988）亦指出，一個好的遊戲場除了一個遊戲結構外，還必須具有追、跑、跳、翻滾的開放區域，與可聚集的舒適小角落、有坡地的自然景觀區、可種植的園圃區、沙水區、有輪車輛騎乘區、木工區、動物區等多元區域。換句話說，戶外區域不僅是孩子發洩精力與運動身體的地方，它應該也要提供促進社會化、認知與語言發展、感知覺探索、創意表達、欣賞自然的機會（Essa, 1992）。誠如 Guddemi 與 Eriksen（1992）指出，戶外遊戲場應備有許多發展合宜的經驗與機會，可以讓孩子在情緒／社會、認知與體能方面充分發展與學習，也就是戶外遊戲場應支持幼兒各階段遊戲與全人發展需求。

綜上所言，戶外遊戲亦應如同活動室內部，規劃具有不同社會接觸、指導方式與學習方式的多樣遊戲區域，誠如 Moore 等人（1996）所言，室內與戶外活動區域唯一不同處在於有無屋頂而已，重要的是，兩者均應提供滿足孩子發展需求的多樣性活動。因此本書提出「全方位戶外遊戲場」，它的意涵是：*在強調儘量回歸自然下，以當代遊戲場為基礎，兼容並蓄其他遊戲場重要元素，具有多樣的遊戲設施、活*

動與區域，滿足幼兒各領域發展需求如認知、體能、情緒／社會等，是一個可促進全人發展的複合功能遊戲場所。而此一全方位戶外遊戲場的具體功能為：提供大肢體運動促進體能發展與健康、帶來多樣感官經驗激發探索與學習動機、提供多元遊戲可能性激發創意表現、提供符合發展的挑戰活動激發潛能，與促進全人均衡發展。

（二）全方位遊戲場之區域類別與器材

所謂「全方位戶外遊戲場」，具體地說，是以自然綠化為背景、當代遊戲場重要成分——大型組合遊戲結構為主體，並配合其他多樣遊戲區域與各種移動性附加零件，其間則以循環動線串連統整之；其整體設計滿足幼兒體能、情緒／社會與認知等全人發展需要，也考量多樣種類的遊戲形式，例如：規則遊戲、表徵遊戲、練習遊戲、平行遊戲、合作遊戲、單獨遊戲等。吾人以為 Essa（1992）所言甚是，提升戶外區域的品質也可像室內活動的區域劃分一樣，創造一些明確的學習區域。在綜合諸多文獻後，筆者提出一全方位遊戲場的重要遊戲區域與設施內涵如下（周淑惠，2008）。

1 植栽草坪區

自然植栽是戶外有別於室內環境之最特別處，我們應讓孩子回歸自然，與大自然調和共生，如 Prescott（1987）所言，兒童需要有一種「處在大自然的感覺」（a sense of being in nature）。樹木與植栽可讓孩子攀爬、躲藏、休憩、觀賞；其枝葉、果實可用來扮演；而且其生命力展現如發芽、開花、結果，及伴隨而來的蝴蝶、蜜蜂、昆蟲等小生物，也豐富孩子的認知經驗，並可抒發情緒與涵養情意。因此，戶外遊戲場必須充滿綠意植栽，一方面成為遊戲探索之區，一方面提供遮蔭效果，再方面也達到環境美化以及陶冶性情的多功能效果。此外，也要特別保有一塊幼兒可以親手種植的小園圃，讓孩子建構生命週期、植物、昆蟲與生態等概念。又直接與泥土親近的翻、滾、爬、溜、跑、跳等，甚至只是安靜地躺臥，對孩子的發展都很可貴；所以遮蔭大樹下儘量要保有一塊綠地草坪，它實具「彈性潛能」性，一方面可讓孩子肢體運動、玩球與嬉戲，再方面可讓孩子安靜休憩或觀賞他人遊戲，甚至也可以將畫架立於此處，成為野餐、親師（子）聯誼活動區，以及可移動附加零件之建構操作處。若再配合一些地勢起伏，例如：小山丘、小窪地，則更增加遊戲的變化性、刺激性與挑戰性。吾人非常認同 Rivkin（1995）所言，學校或托育中心若缺乏自然區域，無異是欺騙了孩子，對不起孩子！

2 組合遊戲結構區

組合遊戲結構是戶外遊戲場的核心與焦點，係指木造或塑膠製造的大型立體連結式遊戲體設施，提供孩子水平面與垂直面的連續且多樣以大肢體為主的遊戲活動。雖然它的尺寸規模、形式與材質種類繁多，卻有些共同的特徵：(1)結構自身提供多種且不同挑戰程度的大肢體活動，例如：盪繩、攀爬繩網、吊環橫槓、鞦韆、滑梯、消防滑槓等（最常見的是不同高度、彎度的滑梯），將傳統遊戲場各自獨立的體能遊具加以組合並置；(2)結構上不同層級設有各種尺寸的平台、小空間，可供社會性遊戲或戲劇扮演用；(3)結構本身有些部位與認知遊戲結合，例如：設哈哈鏡、蜿蜒傳聲筒、反光鏡、井字遊戲、立面拼圖、音鐘等；或者是部分結構設計加入創意造型變化及科學原理，例如：日本學者仙田滿（侯錦雄、林鈺專譯，1996）的遊戲設計——風城堡壘、大型坡面、天網、環形跑道、嵌板隧道、巨管遊具等，就是非常具有創意與新奇想法的結構。Kritchevsky、Prescott 與 Walling（1977）將遊戲單位分為簡單、複雜與超級單位，此一組合遊戲結構即

具有複雜，甚而超級特性的遊戲單位。組合遊戲結構請見圖 8-5a～8-5d。

圖 8-5a　組合遊戲結構：多類遊戲與多層平台

圖 8-5b　組合遊戲結構：多類遊戲與多層平台

圖 8-5c　組合遊戲結構：不同挑戰的遊戲

圖 8-5d　組合遊戲結構：不同挑戰的遊戲

3 硬表層多功能區

除充滿自然與泥土芳香外，遊戲場可以在鋪面上加以變化，例如：設一硬表層多功能區，讓孩子在此溜滑板車、騎三輪車、推手推車等；此外，還可以進行規則遊戲如跳房子、一二三木頭人，或是以粉筆、濕拖把繪畫地面，或是操作移動性附加零件，非常具有「彈性潛能」。而此區最好鄰近儲藏空間或活動室並能加上頂棚，成為半戶外空間，讓孩子在下雨天也能出來舒展筋骨，例如：律動、騎乘活動、進行團體遊戲、做為室內活動的延伸等，是一個名副其實的多功能區。硬表層多功能區請參見圖 8-6a、圖 8-6b。

圖 8-6a　串連的硬表層多功能區

圖 8-6b　串連的硬表層多功能區

可移動的附加零件對促進廣泛多樣的遊戲是很重要的（Frost, 1992a），戶外遊戲場最好能設有一塊固定的建構區，讓孩子可以運用附加零件建構或操作；如受限於空間，可彈性將硬表層區或草坪區加大，或者是設有木工桌或創作桌，並鄰近儲藏空間，便於操作並搆取。Shaw（引自 Rivkin, 1995）則將可移動式的附加零件分為數類：大的可移動物件（例如：大積木、泡棉塊、輪胎等）、建構材料（例如：箱子、毯子、板子等）、容器（例如：桶子、盆子、水罐等）、自

然物件（例如：樹枝、石頭、松果、沙、水等）、有輪玩具（例如：三輪車、小篷車、小推車等）、玩具（例如：球、跳繩、娃娃等）、工具（例如：槌子、鋸子、螺絲等）、遊戲場設施（例如：滑輪、繩索等）。

4 彈性沙水區

如果幼兒園空間夠大，最好設有一親水區、小泳池、甚至是生態池等，小泳池或親水區在冬天乾水時，可成為一個集會、說故事的場所，也可成為表演舞台。一般幼兒園空間有限，筆者鼓勵購置類如移動式水箱，或者是創意運用大容器、兒童塑膠泳池，以及運用水管與極小塊空間（或容器）成小戲水池，均是可行的策略。至於沙／土區最好鄰近水區，並且（或）設有唧水器、洗腳沖沙設施，並提供小水桶、漏斗、容器、鏟子、木板、花灑、勺子等可移動附加零件，增加沙／土遊戲的多元性與價值性；若限於空間，可採用加蓋的移動式設計如小沙箱，方便四處移動與更換沙土。

5 其他空間

戶外遊戲場可視空間大小設置其他空間，包括遊戲小屋、動物觀察區、觀賞區、儲藏空間、留白處等。首先在戶外遊戲場自然地形的一角，或鄰近大型組合遊戲結構旁與其底，建議設置一或兩個包被的遊戲小屋或隱密小角落，如釘製的木頭小屋，讓情緒高漲想退避自己的小孩，或是有安靜、躲藏需求的小孩有地方可去；而且也讓天馬行空的戲劇扮演遊戲變為可能，因為這個小屋可以是基地、電影院，也可以是商店、醫院。其實只要在大型組合遊戲結構上與下提供附加零件如塑膠布、大垃圾袋、木板、大積木、塑膠娃娃、籃框等，幼兒也會自己創造一個包被的小空間，玩起扮演遊戲。又如果幼兒園有足夠空間，建議在植栽區旁，尤其是有地勢起伏的小土丘設一有棚籬的動物觀察區，飼養溫馴的兔子、貓或狗等；例如：兔子會自行挖掘四通八達的地道。親近與觀察小動物不僅可以安撫幼兒的心，而且可以培養愛護動物的情操，進而了解動物習性與生態，在認知與情意上均有助益。

有一些空間是具充分加分效果的，例如：觀賞也是一種學習，可設置「觀賞區」與小舞台；加大的層次台階，自然就成為觀賞區，而舞台區可以是高出地面的結構或內凹的結構，或專設的小舞台，或是彈性權變的移動設計。而「留白區」可讓遊戲活動更加彈性，當然也可以與草坪區、硬表層區結合。另外，還可設置儲存遊具如三輪車、滑板車等與其他可移動附加零件的「儲藏小空間」；儲藏室建議設有斜坡道，讓輪車可以自然滑下，以增加遊戲的變化性，而其兩旁可分別設置附加零件建構區與硬表層多功能區，以方便收拾、儲藏與取用。

本節小結

本節探討室內外遊戲硬體環境，在室內方面論述可供遊戲／探索的興趣區的意涵、重要性、種類與教具，在室外方面則論述強調自然並以大型組合結構為主的全方位遊戲場的意涵、重要性、區域種類與器材。簡言之，無論是室內或戶外均須提供多元區域與多樣材料或設施，讓幼兒盡情遊戲／探索。

第二節　遊戲環境之規劃與運用

本節探討室內外遊戲環境的規劃與運用。規劃與運用有時是難以分開的，尤其是室內興趣角落，不僅在學期初教師必須規劃角落，在任何時候都需配合遊戲主題加以調整變換。戶外區域雖是建築之初已經設定，但是戶外區不僅有大型結構，還有可移動的附加零件，它隨時須配合遊戲主題加以增添，例如：大塊木板、原木桶、磚塊、小帳篷、滑板車等；此外，戶外尚有草坪、多功能硬表層或留白區域，隨時亦可配合遊戲主題加以調整，如圈圍一處為幼兒種植蔬果處、挖土引水成小魚池或增設噴泉、加墊台階為臨時戲劇舞台等，其實規劃與課程上的運用難以區分。

一、遊戲環境之規劃

筆者曾綜合一般建築環境規劃通則、幼兒發展與學習特性，以及幼兒學習環境新浪潮等相關文獻，歸納幼兒學習環境規劃的六項通則：遊戲探索、多元變化、互動交流、潛能彈性、溫馨美感、健康安全，並推崇一個「如家般安全、溫馨、整潔，而且能遊戲探索、互動交流的『多樣機能』與『開放學習環境』」（周淑惠，2008）。這六項幼兒學習環境規劃通則，與一些有名的規劃模式（pattern）專著非常吻合，例如：美國威斯康辛大學建築與都市規劃研究中心 Moore、Lane、Hill、Cohen 與 McGinty（1996）之《托育中心的建議》（*Recommendation for Child Care Centers*）一書的設計模式。表 8-1 乃筆者以六項規劃通則為基礎，分別針對活動室興趣區與戶外全方位遊戲場提出細部規劃原則，並論述於下。

表 8-1　室內外環境細部規劃原則

活動室興趣區	全方位戶外遊戲場
做多元區域整體性劃分	做多元區域整體性劃分
依「同鄰、異分」分配	
示明確界線與內涵	做整體性多元區域劃分
創彈性可變設計	創挑戰、創意與想像情境 保留白或彈性空間
設流暢動線	設組織各區之循環且分支動線
具綜覽視線	設組織各區之循環且分支動線
重安全考量	重安全與定期維護
	重自然景觀與微氣候

資料來源：作者自行整理

從表 8-1 可以看出在六項規劃原則之下，無論是在室內興趣區或戶外全方位遊戲場之細部規劃原則，基本上大同小異，只有兩項細則因室內、外環境屬性的個殊而有所不同。一是在室內興趣區的規劃上重視依「同鄰、異分」的原則劃分興趣區域，戶外遊戲場的規劃則較不強調；因為室內空間較為有限，尤其聲浪的干擾是一大困擾，所以必須將同性質的區域相鄰，以免相互干擾，而戶外空間較為寬廣，較不受此影響。第二項不同處是：戶外遊戲場因受自然環境陽光、空氣、水的主宰影響，當然特別重視「自然景觀與微氣候」，希望能讓幼兒舒適自在地在戶外遊戲，這是戶內環境比較不需擔憂的。至於戶外之「設組織各區之循環且分支動線」自然包含流暢動線與綜覽視線在內，而室內興趣區則是分立兩項細則；又戶外之「做整體性多元區域劃分」則包含各區域之明確界線與內涵，與興趣區規劃同，如表所示。

（一）室內興趣區的規劃

幼兒活動室不僅是幼兒的「生活用房」，而且也是其遊戲探索的「活動空間」；為實現所揭櫫之幼兒學習環境規劃通則，有關幼兒活動室興趣區的實際規劃與設計，經筆者分析，要注意以下細部原則（周淑惠，2008）。

1 做多元區域整體性規劃

複合活動房空間的規劃，首在統整考量室內、外整體空間關係與所欲設立興趣區的性質，規劃成多樣的半封閉學習區域，就此，教師應先對自己的教學目標、所欲促進的幼兒發展領域及其對應的興趣區域，有清楚的意識與了解。所謂整體規劃係指整個活動室裡外空間必須做全面性考量，包括活動室外圍周遭環境、出入口空間、內部水源與採光處、各學習區內部半開放空間、以及連串內外與各區的動線通道等；換言之，整個活動室內外空間是相互影響與依存的，不能只考量個別學習區內部而已。

職是之故，教師必須先對整個活動室內外環境做大致的狀況調查與功能區分。首先是掌握四周或廊道的使用狀況與人行穿越干擾狀態，最重要的是出入口空間，它是所有動線匯集之處，必須留有寬廣的轉圜區間，其旁必須以矮櫃區隔動線與興趣區域，或是其旁僅能設立較不受人行踐踏的學習區如益智角。其次是整體考量室內空間關係，包括定位全活動室中最靜與最吵地點、近水離水處、與出入口動線關係、壁面與櫥櫃開口狀態等，然後才將各個不同功能的學習區在活動室平面空間上具體配置，例如：活動室某面是陽光易及之處，可考量將其規劃為科學角；又兩班臨界共用廁所區旁因有水源，可考量設置需要用水的創作角或沙、水箱區。

2 依「同鄰、異分」原則配置

整個活動室空間按內外關係與機能狀況大致加以區分後，接著則進行多樣空間平面配置的具體工作，首須考量「同質互惠」與「異質分離」原則，儘量讓同性質的興趣區域相互為鄰，彼此互惠與支援，例如：娃娃家與積木角；而不同性質的興趣區域則必須適度分離，以免相互干擾。異質分離平面配置包括「動靜分離」原則與「乾濕分離」兩項原則——動態角落如積木、娃娃區應與安靜的角落如圖書、益智區相區隔；以及需使用水的角落如美勞角，須與乾燥的角落如圖書角適度分隔。張世宗（1996）之「十字定位分析法」，以「十」字四端之動、靜、乾、濕四向度，做為幼兒活動室區劃之配置，實可資參考。

3 顯著明確界線與內涵

各興趣區空間首須有清晰的界線、明確的空間與活動屬性，讓幼兒清楚知道在該空間應表現的合宜行為模式。而每一個興趣區域為確保空間範圍並能讓幼兒表現適當的顯著行為模式，最好是半封閉設計，既能區別空間，又不致造成幼兒不易輪轉且教師無法掌握狀況；為確立明確空間界線與範圍，可使用方便移動的矮櫃隔出半封圍空間，並（或）輔以地毯鋪陳加以界隔、以有色膠帶標示區隔、以地板落差自然區分、以臨時活動小平台凸顯分立、以簾幕垂吊界分等。其次，每一個興趣區要有清晰的活動內涵與氛圍，例如：創作區是鼓勵創意之處，可藉提供可變和開放的多樣豐富素材、陳列創意的作品與布置創意的空間等來引發幼兒合宜的行為；再如圖書角是安靜閱讀的溫馨小空間，可透過立燈、地毯、軟骨頭、小沙發等營造恬靜的閱讀氛圍空間。

4 創彈性可變設計

有限面積的幼兒活動室應是容許彈性運用的，落實「多元變化」與「彈性潛能」規劃取向，以因應遊戲／探究課程與幼兒各種需求，例如：大積木區收拾清理後，就可變成大團討區；將毗鄰的娃娃角矮櫃推向牆面倚立，聯合大積木區，就成為肢體律動場所；安靜的圖書角一隅，也可成為老師處理幼兒問題行為之處。正因為要彈性多用途，做為臨時界隔空間的素材，例如：小矮櫃、地毯、垂吊的布幔、巧拼地板、移動式雙層平台等就顯得十分重要；甚至也可運用地板高低層次變化或活動式地板傢俱，創造各種彈性變化空間，例如：小閣樓、下挖的地板空間、臨地可彈性起降或卸除的桌面等（劉玉燕，1993）。此亦即 Moore 等人（1996）所提出之「富有彈性傢俱」與「能回應需求、動態調整的環境」設計模式，也呼應胡寶林等人（1996）所建議之「可時常變動、互換的空間組織」設計模式。

5 具流暢動線

在各區隔的半封閉興趣區間必須注意其間串通的動線，務必流暢、便捷，避免繞道而行、相互干擾或碰撞傢俱等狀況。此一動線要有一定寬度並直接連到寬廣的出入口空間，迅速吞吐人潮，也讓行走於各興趣區間、正在做選擇或觀望活動的幼兒間不致相互碰撞。簡單地說，活動室內要能自由活動、暢行無阻，以符合「健康安全」規劃通則。

6 具綜覽視線

具多樣半封閉空間的複合活動房，其區隔空間的素材不宜過高，一方面便於教師綜覽幼兒整體遊戲／探索狀況，以便適時介入、參與或提供鷹架協助；一方面方便幼兒放眼選擇所欲進入的興趣區域，尤其是發抒情緒、獨處的隱密角，它雖然位於教室的一隅，但其整體動態應在老師視線可及之處。有時為利於視線穿透與綜覽，可利用紙鏈、半透明膠布、膠圈、彩線或細繩區隔興趣區，提供可透視但具適度隱密的分隔空間（Dunn, Dunn, & Perrin, 1994, 引自湯志民，2001）。

7 重安全考量

上述綜覽無遺的設計，旨在考量幼兒整體安全。幼兒空間的設計特別要注意安全，像是易碰撞的尖角隔櫃就儘量要避免，插頭處要加蓋或隱藏在櫃後等。此外，動線寬敞平坦也是重要的安全要素，因其可防止幼兒間的碰撞。特別叮嚀的是，不要以兩個小矮櫃上下堆疊做為區隔興趣區域方式，以免櫃落砸人發生意外狀況。

（二）戶外全方位遊戲場的規劃

遊戲場大師 Frost（1992b; Frost & Klein, 1979）曾提出遊戲場規劃應考量五項因素：(1)具有複雜、多功能的結構物；(2)能反映多樣遊戲的區域與設施；(3)提供戲劇遊戲的整合性結構與設施；(4)界定視線相連的各區界線；(5)具有聯繫各區與引導作用的流暢動線。Cohen 等人（1992）在《兒童遊戲區域》（*Recommendation for Children Play Areas*）的報告中，則提出有關遊戲環境的數十項模式建議，包括：基地組織原則、活動空間模式、遊戲空間一般設計、基地細部設計等幾大面向。在此舉較有關係者論之。首先在「基地組織原則」部分的建議有：分離且相連的區域劃分、迴路動線、一些程度的遮蔽、繼續性與分支活動等；其次在「活動空間模式」面向的建議為：硬表層遊戲區、孩子的花園、開放草坪遊戲區、設計的遊戲結構、創意遊戲區等；在「遊戲空間一般設計」方面的建議是：挑戰性環境、可攜式附加零件、安靜的巢穴、清晰的成就點；至於在「基地細部設計」部分

建議有：小山丘也是遊戲設施、戶外儲藏室等。

綜合戶外遊戲場相關文獻，發現多樣變化性、創造性（想像、新奇）、安全性、近便性、發展性、挑戰性、遊戲性、藝術美感性、多功能性等幾項特性是較常被提及的設計原則，此與本書所揭示之幼兒學習環境六項規劃通則實極相近。以下依據這些規劃通則與所歸納之相關文獻，進而提出一個全方位戶外遊戲場之具體設計原則（周淑惠，2008）。

1 做整體性多元區域劃分

戶外遊戲場的空間規劃如同室內空間般，首要統整考量室內外空間關係、自然與人為環境條件，以及所欲設立遊戲區之質與量，做整體全面性規劃，例如：硬表層區與附加零件建構區為方便收拾與搆取，最好毗鄰儲藏空間；草坪嬉戲區就地利之便，最好設於大樹下；而沙水區最好鄰近水源等。至於所設遊戲區域，基本上要儘量含括各種遊戲型態，而且也要涉及不同的社會參與類型，整體規劃成有如 Cohen 等人（1992）所指——彼此分離但視線相連的多元半開放區域。

此外在空間具體配置上，要將最吵雜的區域配置於離活動室較遠的位置，以免干擾室內活動之進行。而戶外遊戲場的安全是最重要的考量點，園內的重要動線絕對不能橫穿整個遊戲場，造成遊戲中斷與碰撞危險，而且辦公室的視線要能掌握戶外遊戲場。同時各遊戲區域配置後，可藉矮籬、植栽、輪胎等界定彼此間明確的活動範圍，並善用自然與物理環境特性營造每個遊戲區域的內涵與氛圍。此一整體性多元區域劃分原則，落實幼兒學習環境規劃的「遊戲探索」、「多元變化」、「互動交流」與「健康安全」等通則。

2 重自然景觀與微氣候

由於當代社會生活讓孩子愈來愈遠離自然世界，因此幼兒園必須幫助兒童與自然世界重新連結，而戶外空間則是讓此一連結開始的重要地方（Rivkin, 1995）。簡言之，孩子需大自然的薰陶，因此，遊戲場必須儘量保有植栽與綠地，善加選擇遊戲場之座落與方位（例如：遠離高樓建物長年陰影的籠罩），引入充足陽光、空氣，並規劃適當的遮蔭效果，讓孩子舒適地浸淫在大自然中遊戲探索。胡寶林等人（1996）推崇「與自然共生」的環境理念，例如：四季變化的植栽、生態池、有機果菜區、鳥園、綠化屋頂等；Cohen 等人（1992）特別重視綠草小坡與植栽景觀設計，不僅可定義活動區域，成為重要的遊戲設施，而且可提供遮蔭效果。吾人以為，在都市中的幼兒園綠地得來不易，但也要儘量綠化，引入自然因素。

3 創挑戰、創意與想像情境

遊戲場內的遊戲設施或活動要具有挑戰性，讓孩子可以依自己的能力選擇不同程度的挑戰活動，舉例而言，滑梯可以有陡高彎曲的 S 滑道、低矮寬直的短滑道、較高且直的中滑道等不同設計；攀爬設施可以是攀爬網繩、垂直繩梯、拉繩與斜板等不同形式。此外，遊戲設施與遊戲情境也必須在造型與功能上均為創意新奇的，不僅會引發幼兒的遊戲興趣，而且也能從遊戲中玩出創意，甚至結合聲音、光線、風、力學等科學體驗。遊戲情境與遊戲設施也不能太具體，要有適度的模糊性，引發幼兒的想像力（Cohen et al., 1992）；一個外形看起來有點像什麼又不太像什麼的四不像物體，會帶給幼兒無限的遐思，玩出許多想像性遊戲、社會戲劇遊戲。

4 設組織各區之循環且分支動線

在遊戲場地劃分為各區域後，必須加以串連組織；好的遊戲場地組織準則在於有一清晰寬廣的動線與足夠「空」的空間，而且幼兒的遊戲活動最好是持續流動的，因此一個循環式的動線較能滿足此一需求

（Kritchevsky, Prescott, & Walling, 1977）。此循環動線不僅要寬廣而且要有分支設計，讓結束一個遊戲活動的孩子可以迅速、舒服地轉移到下一個區域，或選擇退避休息，或離開遊戲區域，整個流程不致彼此碰撞或就此突兀地結束活動；此外，也可以增加孩子們社會互動的機會，最重要的是，也讓教師可綜覽整個遊戲場的活動狀況。

5 保留白或彈性空間

戶外遊戲場要儘量保有一塊留白（空）的彈性空間，隨時滿足孩子們遊戲與課程的需要。Kritchevsky、Prescott 與 Walling（1977）曾提及好的遊戲場組織原則之一在於有足夠「空」的空間；他們又將遊戲空間內涵分為「潛在單位」與「遊戲單位」，當遊戲材料增加時，潛在單位就變得很有用處。在都市中的幼兒園受限於空間，可儘量朝向多功能彈性設計，甚至將留白空間與其他空間適度結合，例如：藉加大草坪區或硬表層區使其具有留白功能，讓這兩個區域不僅供做嬉戲、球類遊戲、騎乘外，亦可讓幼兒操作與建構移動性附加零件，而且也提供其他活動用途，例如：親子活動、畫架寫生等。

6 重安全與定期維護

遊戲場最大的隱憂就是安全防護，在遊戲中孩子要能安全無虞地在空間中移動自如。安全的範圍很廣，例如：(1)堅固的構造：大型立體遊具要材質堅固、緊牢密連並穩架於地面中；(2)安全的鋪面：跳落區與擺盪區的地面要鋪上軟質層面，例如：滑梯底、鞦韆底等；(3)安全的距離：活動與活動間保有安全距離，例如：鞦韆與單槓間，或者是動線間也要有安全距離；(4)光滑的外部材質：如木質表層要光滑、木頭遊具沒有鬆脫的釘子等；(5)軟質的擺動材料：會擺盪移動的設施其材料最好是軟質的，如鞦韆坐墊等；(6)乾淨與安全的沙坑：沙坑要定期曝曬與更換，並要檢查裡面是否有排泄物或尖凸之物等。職是之故，定期的維護保養工作就顯得特別重要。

總之，無論是活動室空間或是戶外遊戲場規劃設計後，為確認幼兒學習環境的多元變化與遊戲探索性，教師必先分析其是否支持全方位（即各類）的幼兒遊戲行為（Phyfe-Perkins & Shoemaker, 1986），例如：是否有第一章所述之功能、象徵、建構、規則遊戲或單獨、聯合、群體等遊戲，或者是不同的學習類型——探索建構、精熟練習、好奇觀察、解決問題等。綜言之，幼兒室內外環境無疑地是一個複合式的遊戲空間。

二、遊戲環境之運用

此處分為室內興趣區與戶外全方位遊戲場，分別探討其重要運用原則。

（一）室內興趣區的運用

當教師接到已經成型的活動室空間，或在學期初擬欲規劃活動室遊戲空間時，一定要先歷經研究與彈性調整步驟，並配合各個遊戲主題實質地運用，說明如下。

1 研究與彈性調整既定空間資源

通常活動室空間是已經建築成型的，在硬體上很難做大幅度或根本改變，不過教師可以先觀察研究，了解活動室空間之長處與短處，思考在可能範圍內如何調整修正，以做最佳運用。有時幼兒活動室是現成設計不佳的，例如：教室三面牆腳下緣皆有嵌入內牆的櫃子，或許在有些情境下是有用的，但對有多元興趣區需求的幼兒活動室而言卻是個困擾，很難有效區隔成半封閉大小區域，這就需要依賴教師的創造力了；一個具有反思力的老師應會把焦點關注於如何可以擴大建物

空間的學習潛能上，並儘量改善一個較差的學習環境，使之提升品質（Dudek, 2000）。此時教師可以選擇將櫃門拆除，成為開放式的教材陳列處或是配合半透明簾幕成為小小的隱密空間；或是廢棄某個牆面內櫃（將比較不常用的材料儲放於此），並美化櫃外門面或貼上海報，將其納入興趣區空間中，成為興趣區中的一部分。

至於教具除安全與易清理考量外，要儘量選用具開放性與彈性的教具，讓幼兒能發揮創造力與想像力，例如：單位積木、巧拼建構片、型式積木、紙張、水、沙、回收材料等；太逼真的特定物體如小奶瓶、小嬰兒床、小爐具等，對中大班幼兒則不太合宜，因為在扮演時無法讓幼兒做物體象徵性表徵。尤其是讓教師投入許多時間的自製教具，最好是具彈性多功能的設計，例如：活動式的鑲嵌卡片設計，幼兒可隨遊戲需求更換不同挑戰的遊戲類別卡片或鑲板，或者是立體教具的各面向或裡外空間有不同性質的遊戲設計，例如：可以立即變身成不同角色的故事玩偶設計。如果一項教具只有一項功能，老師怎能有足夠的時間與精力應付幼兒的各種遊戲需求呢？

2 配合遊戲主題營造合宜情境

在每一個遊戲主題開始前，教師必先預備環境空間與主題情境，誠如第六章所論教師在幼兒遊戲中的角色之一是一個規劃準備者般，必須調整與備好整體遊戲環境與各遊戲／探索角落，配合主題性質預備相關材料，以營造一個合宜的主題情境與氛圍，裨利幼兒入戲或投入情境中，例如：「很久很久以前」主題，可能要把教室布置成古早時代的情境，以團討區域為例，牆上張貼古裝人物劇照、庭台樓閣古建築照片等，娃娃家可加入中國唐裝娃娃、陶碗陶盤、竹籃、夜壺等，積木區加入古代的大小木桶、古代童玩（竹蜻蜓、陀螺、木馬）等，圖書區陳列古代的線裝書冊、毛筆墨盤等，教室醒目處陳列簑衣、簑帽、唐裝旗袍等，整體營造出一個古老時代氛圍，引發幼兒探究過去的生活智慧。

再例如：「小機器大妙用」主題，可能要重組活動室角落空間，挪出一個有較大工作枱的「機械探索角」，即一個能置放報廢機器、工具並能拆解研究的探索與工作空間；以及將科學角變成「小科學家區」或「發明創作角」等，展示一些小創意發明或玩教具，整體營造一個邀約幼兒探究與創造發明的情境。此外，在布置主題氛圍時，儘量要凸顯新加的主要元素，也就是背景事物不要太複雜或凌亂，好讓孩子能抓到主體進入遊戲狀態，而且要隨時保持整潔，然後讓孩子盡情操作弄亂後，再維持整齊以凸顯主體，這才是成功的指標（陶英琪譯，2002）。

3 配合遊戲主題添加材料與活動

不管是在課程萌生遊戲或遊戲萌生課程取向中，遊戲內涵與教具也要因應主題更換與補充，例如：「滾動與轉動」主題必須準備能滾與轉的各類物體、機器設備、玩教具等及滾與轉之相關遊戲，以及提供可資參閱的圖鑑、小百科等。再例如：因應「可愛的寵物」主題，在語文區可以閱讀相關寵物繪本，增進寵物相關知識；創作區可以繪畫各種寵物，做各種寵物造型、面具，或幫寵物做衣飾；在科學區可以真正飼養寵物，讓幼兒隨時觀察；而在音樂區可以運用肢體律動，舞出寵物的可愛，例如：貓靜走、蟲蠕動、龜慢爬、兔速跳等。又「可愛的動物」主題，益智角內可以增添教師自製的動物配對卡（動物國字與圖配對、食物與動物配對、居住空間與動物配對等），圖書角落可以增添各種與動物有關的繪本或動物填充玩具，積木區可以增添大小動物玩偶模型，科學角可以加入水族箱、小昆蟲箱、昆蟲標本等。可以說在各興趣區的材料與活動均可與主題適度結合，幼兒可從不同

領域與面向去探究或理解寵物或動物此一主題概念，增進知能，實統整幼兒的學習，促進全人均衡發展。

4 配合遊戲主題讓幼兒轉換角落空間

不管是在課程萌生遊戲或遊戲萌生課程取向中，最重要的是，教師容許幼兒因應主題遊戲所需而改變角落空間，例如：出現機場、機艙、辦公室、加油站、餐廳等區域，或者是聯合數個角落區域成為一個便利商店、主題樂園、萬國博覽會場等，例如：在「可愛的寵物」主題中，娃娃家可以布置成「寵物醫院」，幼兒可以扮演醫生、寵物、護士等，藉以理解職業工作與寵物疾病相關知識；積木區可以蓋供寵物居住的「寵物旅館」，讓幼兒學習如何照顧寵物與理解寵物照護相關行業。因此，活動室內彈性的空間區隔就顯得相當重要，幼兒方能配合遊戲需求自行組合與布置，玩出豐富的遊戲內涵（圖 8-7a、8-7b）。

圖 8-7a　幼兒自行轉換角落空間

圖 8-7b　幼兒自行轉換角落空間

（二）戶外全方位遊戲場的運用

全方位戶外遊戲場不僅是休息運動之處，並可以如室內環境一樣，與課程巧妙地結合，說明如下。

1 研究與彈性調整既定空間資源

戶外遊戲場與活動室一樣，早已規劃成型，在硬體上很難做大幅度或根本改變，不過教師可以先觀察研究，了解戶外遊戲場空間之優勢與短處，思考在可能範圍內如何調整修正，以做最佳運用，例如：如何在有限空間下，新闢一塊種植區或小水窪讓幼兒遊戲／探索？如何在烈日曝曬天氣下，也能讓幼兒接觸大自然？前項問題可以運用大型容器當成植栽盆盒，整齊排列於遊戲場邊區，以及運用大型容器當成小水塘，座落在親土區或緊臨沙箱，讓泥、沙與水有機會混合，玩出創意；後項問題可運用大樹下、屋簷下或廊道區增設吊床、畫架、移動式平台等，或巧於運用大型組合遊戲結構之下方地面區，設置沙區或碎石區並提供各式附加零件。又附加零件也可彌補戶外遊戲場空間設備之不足，建議儘量提供多元、可自由移動的，讓幼兒發揮創意建構與遊戲，例如：紙箱可讓幼兒配合組合式遊戲結構體建構城堡、秘密基地；木箱可以是桌子、椅子或小動物的家；木板可以是實驗物體滾動的斜面，也可以是表演的平台，還有可當平衡木使用，當然也可圍蓋成隱密小屋；又大型的動物模型可讓孩子在水池為動物洗澡、以木板做欄杆蓋牧場或動物園、騎三輪車載或卡車運動物、放在草叢中玩叢林動物王國扮演遊戲等。

2 與遊戲主題活動結合，尤其是科學領域

其實遊戲場是進行科學探索的最佳地方，例如：槓桿原理可以於蹺蹺板上體驗，平衡原理可以在攀爬遊戲中體驗。有些遊戲主題活動在

戶外進行反而比室內合宜，像是「光與影」主題得藉助戶外光影之移動變化與親身探索，才能有利概念理解；「美麗的春天」須讓幼兒直接親近大自然，嗅嗅花香葉氣，看看百花怒放與百草爭榮之生機盎然景象，甚至與蟲蝶嬉戲共舞等，才能強烈感受春天就在身邊。以上這些經驗是活動室內所無法做到的。

再以「水的世界」主題進一步說明戶外遊戲環境如何與課程結合運用：可以讓孩子在親水區（或克難的大水盆中）盡情玩水，體驗水的特性、浮沉原理與反射原理等；在草坪嬉戲區噴水槍、以水管沖泥，體驗水的壓力原理；在硬表層多功能區以拖把沾水寫字、塗鴉，體驗蒸發原理；也可以讓幼兒在陽光下調製色水果汁，讓繽紛閃亮的色彩將幼兒帶入想像戲劇中，並也能體驗科學。其實不僅科學領域，所有課程領域如說故事、美勞創作、科學體驗、數學經驗、感知覺活動等均可在此進行，例如：「美麗的春天」主題可在在草地上寫生、或在畫架上繪畫春天美景，或躺在草坪在大樹下閱讀相關繪本、聽老師說故事，或以凋落的花草進行美勞創作，或一起數算不同顏色的花朵並做記錄等，或一起歌詠春天之美、創作朗朗上口的詩詞等。

3 做為室內遊戲活動的延伸，室內外彼此互補

戶外活動可做為室內活動的延伸，與室內活動互補，共同交織出遊戲主題。有時因教室空間屬性與限制，無法讓幼兒做較大動作或移動性探索，戶外遊戲場就是最佳的選擇，例如：「滾動與轉動」主題需要較大空間探索與實驗，可在戶外遊戲場運用滑梯當斜坡或架設不同斜度的木板，實驗物體的滾動；亦可運用硬表層多功能區探索物體如大陀螺、原木桶、輪胎、滑板車、三輪車等的轉動與（或）滾動（在室內恐傷及木頭地板且空間受限）；還可盡情跑跳穿梭整個場地，玩弄手作風車，或以手腕轉動彩帶四處飛奔等，以體驗滾動與轉動。

又有時戶外遊戲場更能彰顯主題，例如：在「快樂遊樂園」主題中，幼兒想建蓋一座全方位的主題樂園，就可藉助遊戲場許多現成設計與各式各樣附加零件（例如：木板、紙箱、大木桶、輪胎、麻繩、積木等），建構出有創意的主題樂園。又戶外遊戲場更能豐富孩子的象徵遊戲，在具有高低層平台與小空間的大型組合遊戲結構體本身與四周，是最佳的社會戲劇遊戲的場所；若遊戲場搭配有遊戲木屋，或者是提供附加零件，則更能誘發具有想像力、創造力的社會戲劇遊戲。因此無論是為補足室內活動限制或力求更加彰顯主題內涵，不妨讓戶外遊戲場做為學習的延伸，將幼兒帶至戶外，運用另一個學習場域。

本節小結

本節探討室內外遊戲環境的規劃與運用，在筆者所歸納的幼兒學習環境六項規劃通則下，分別提出細部規劃原則，諸如多元區域整體劃分、彈性可變設計、流暢動線與安全等為室內外共同原則，惟戶外要特別重視自然景觀與微氣候，室內要依「同鄰、異分」規劃區域。在運用方面，無論是室內外遊戲環境均需與課程結合。最後要提醒的是，幼兒的學習是超越環境限制的。遊戲課程的進行不僅可在活動室內興趣區內進行，而且應經常運用戶外空間，做為互補不足與相互彰顯之用，尤其對於自然科學相關遊戲經驗，在戶外進行是最為自然不過了。此外，園外社區空間、博物館、公園、超級市場等均是可資利用的場所，很可惜的是，這些場所經常被遺忘，甚至是園裡的戶外遊戲場也只流於下課時間使用，與遊戲課程根本無關，浪費戶外遊戲場的天然優勢與學習潛力。因此，衷心希望能藉此喚醒大家對遊戲環境的重視。

研討問題

一、如果主題是「好吃的食物」，請具體說明你將如何運用室內外空間？

二、如果你的幼兒園沒有戶外遊戲場所，或是只有一具組合型結構與極小空地，身為幼兒教師的你將如何彈性變通或以其他替代方案配合遊戲課程的實施？

參考文獻

中文部分

台中愛彌兒教育機構、林意紅（2001）。**甘蔗有多高：幼兒測量概念的學習**。台北市：信誼。

台中愛彌兒教育機構、林意紅（2002）。**鴿子：幼兒科學知識的建構**。台北市：光佑。

田育芬（1987a）。幼稚園活動室空間安排與幼兒社會互動關係之研究。載於中華民國學校建築研究學會（主編），**幼稚園園舍建築與學前教育**（頁 264-293）。台北市：台灣書店。

田育芬（1987b）。美國幼兒教育活動室空間之相關研究。載於中華民國比較教育學會（主編），**學前教育比較研究**（頁 401-430）。台北市：台灣書店。

朱家雄（2006）。**幼兒園課程**。台北市：五南。

吳幸玲（2003）。**兒童遊戲與發展**。台北市：揚智。

李鬱芬（譯）（2001）。J. H. Helm, S. Beneke & K. Steinheimer 著。**開啟學習的視窗：建檔與評估孩子的學習經驗**（Windows on learning: Documenting young children's work）。台北市：光佑。

周淑惠（1998）。**幼兒自然科學經驗：教材教法**。台北市：心理。

周淑惠（2006）。**幼兒園課程與教學：探究取向之主題課程**。台北市：心理。

周淑惠（2008）。**幼兒學習環境規劃：以幼兒園為例**。台北市：新學林。

周淑惠（2009）。幼兒學習與評量：析論「文檔紀錄」。**香港幼兒學報，8**（1），14-21。

周淑惠（2011）。**創造力與教學：幼兒創造性教學理論與實務**。台北市：心理。

周淑惠、陳志如（1998）。幼兒園室內學習環境簡介：學習區。**國教世紀，179**，16-20。

周淑惠、鄭良儀、范雅婷、黃湘怡等（2007）。**以幼兒興趣為探究取向之主題課程：新竹市親仁實驗托兒所的經驗**。發表於台灣課程與教學學會第十六屆課程與教學論壇：全球化衝擊下的課程與教學學術研討會。新竹市：新竹教育大學。

林士真（1999）。河濱街模式（實踐部分）。載於簡楚瑛（策劃主編），**幼教課程模式**（頁 449-493）。台北市：心理。

金瑞芝、林妙徽、林聖曦（譯）（2000）。C. S. Rogers & J. K. Sawyers 著。**幼兒遊戲**（Play in the lives of children）。台北市：華騰。

侯錦雄、林鈺專（譯）（1996）。Senda 著。**兒童遊戲環境設計**（Designing of children's play environments）。台北市：田園城市。

胡寶林、陳其澎、林佩蓉、施建邦、魏主榮、詹瑞峰、陳歷渝、侯娉婷（1996）。**托育機構空間設計之研究**。內政部社會司專案研究計畫。

高敬文、幸曼玲（譯）（1999）。C. Kamii & R. DeVries 著。**幼兒團體遊戲**（Group games in early education: Implications of Piaget's theory）。台北市：光佑。

張世宗（1996）。幼兒學習空間的規劃與應用。載於國立台北師範學院幼兒教育學系（主編），**幼兒教育專輯：空間**（頁 10-38）。台北市：教育部國民教育司。

陳淑敏（1999）。**幼兒遊戲**。台北市：心理。

陶英琪（譯）（2002）。E. Jones & G. Reynolds 著。**小遊戲・大學問：教師在幼兒遊戲中的角色**（The play's the thing: Teachers' roles in chil-

dren's play）。台北市：心理。

湯志民（2001）。幼兒活動室的設計與配置。**台北市立師範學院初等教育學刊，10**，199-228。

黃瑞琴（2001）。**幼兒遊戲課程**。台北市：心理。

楊淑朱、林聖曦（1995）。國小二年級學童在現代及傳統遊戲場的遊戲器具選擇及遊戲行為之比較分析。**嘉義師院初等教育研究所學報，1**，1-22。

劉　焱（2009）。**兒童遊戲通論**（第二版）。北京市：北京師範大學。

劉玉燕（1993）。**幼兒園遊戲環境設計**。發表於兒童遊戲空間規劃與安全研討會。

潘世尊、陳淑琴、鄭舒丹、陳振明、柳嘉玲、張斯寧、愛彌兒幼兒園教學團隊（2007）。**建構主義取向的幼兒課程與教學：以台中市愛彌兒幼兒園探究課程為例**。台北市：心理。

蔡慶賢（譯）（1997）。S. C. Chard 著。**進入方案教學的世界（II）**（The project approach）。台北市：光佑。

鄭英耀、蔡佩玲（譯）（2000）。C. Danielson & L. Abrutyn 著。**檔案教學**（An introduction to using portfolios in the classroom）。台北市：心理。

薛曉華（譯）（2000）。L. B. Cadwell 著。**帶回瑞吉歐的教育經驗：一位藝術老師的幼教創新之路**（Bringing Raggio Emilia home: An innovation approach to early childhood education）。台北市：光佑。

簡茂發、郭碧唫（1993）。**兒童為主導的自由遊戲在台灣幼稚園之運用**。教育部八十二年度幼稚教育專案研究計劃。

簡楚瑛（1994）。**方案課程之理論與實務：兼談義大利瑞吉歐學前教育系統**。台北市：文景。

簡楚瑛（1999）。河濱街模式（理論部分）。載於簡楚瑛（策劃主編），幼教課程模式（頁 435-448）。台北市：心理。

英文部分

Beane, J. (1997). *Curriculum integration: Designing the core of democratic education*. New York, NY: Teachers College Press.

Berk, L. A. (2001). *Awakening children's minds: How parents and teachers can make a difference.* New York, NY: Oxford University Press.

Berk, L. E., & Winsler, A. (1995). *Scaffolding children's learning: Vygotsky and early childhood education.* Washington, DC: National Association for the Education of Young Children.

Bilton, H. (2004). *Playing outside: Activities, ideas and inspiration for the early years.* London, UK: David Fulton.

Bodrova, E., & Leong, D. J. (2007). *Tool of the mind: The Vygotskian approach to early childhood education* (2nd ed.). Upper Saddle River, NJ: Prentice-Hall.

Brooker, L., & Edwards, S. (2010). Introduction: From challenging to engaging play. In L. Brooker & S. Edwards (Eds.), *Engaging play* (pp. 1-10). UK: Open University Press.

Brown, J. G., & Burger, C. (1984). Playground designs and preschool children's behaviors. *Environment and Behavior, 16*(5), 599-626.

Cecil, L. M., Gray, M. M., Thornburg, K. R., & Ispa, J. (1985). Curiosity-exploration-play-creativity: The early childhood mosaic. *Early Child Development and Care, 19*, 199-217.

Ceppi, G., & Zini, M. (1998). *Children, spaces, relations: Metaproject for an environment for young children*. Reggio Emilia, Italy: Municipality of Reggio Emila Infanzia Ricerca.

Chard, S. C. (1992). *The project approach: A practical guide for teachers*. Alberta, Canada: University of Alberta Printing Services.

Cohen, U., Hill, A. B., Lane, C. G., McGinty, T., & Moore, G. T. (1992). *Recommendation for children play areas*. WI: Center for Architecture and Urban Planning Research, University of Wisconsin-Milwaukee.

Copple, C., & Bredekamp, S. (Eds.) (2009). *Developmentally appropriate practice in early childhood programs: Serving children from birth through age 8* (3rd ed.). Washington, DC: National Association for the Education of Young Children.

Csikszentmihalyi, M. (1996). *Creativity: Flow and the psychology of discovery and invention*. NY: Harper Collins.

Cuffaro, H. K., Nager, N., & Shapiro, E. K. (2000). The developmetal-interaction approach at Bank Street College of Education. In J. L. Roopnarine & J. E. Johnson (Eds.), *Approaches to early childhood education* (pp. 263-276). Upper Saddle River, NJ: Prentice-Hall.

Day, D. E. (1983). *Early childhood curriculum: A human ecological approach*. Glenview, IL: Scott, Foresman and Company.

Devereux, J. (1997). What we see depends on what we look for: Observation as a part of teaching and learning in the early years. In S. Robson & S. Smedley (Eds.), *Education in early childhood: First things first.* London, UK: David Fulton.

DeVries, R. (2006). Games with rules. In D. P. Fromberg & D. Bergen (Eds.), *Play from birth to twelve* (2nd ed.) (pp. 119-125). New York, NY: Taylor & Francis Group.

DeVries, R., & Kohlberg, L. (1987). *Constructivist early education: Overview and comparison with other programs*. Washington, DC: National Association for the Education of Young Children.

Dodge, D. T., & Colker, L. J. (1992). *The creative curriculum for early childhood* (3rd ed.). Washington, DC: Teaching Strategies.

Dudek, M. (2000). *Architecture of schools: The new learning environments.* Woburn, MA: Architectural Press.

Dunn L., & Kontos, S. (1997). Research in review: What have we learned about developmentally appropriate practice? *Young Children, 52*(5), 4-130.

Edwards, C. P. (1998). Partner, nurturer, and guide: The roles of the Reggio teacher in action. In C. Edwards, L. Gandini, & G. Forman (Eds.), *The hundred language of children: The Reggio Emilia approach: Advanced reflections* (2nd ed.) (pp. 179-198). Norwood, NJ: Ablex.

Edwards, C. P. (2000). Children's play in cross-cultural perspective: A new look at the six cultures study. *Cross-Cultural Research, 34*, 318-338.

Edwards, C. P., Gandini, L., & Forman, G. E. (Eds.) (1993). *The hundred language of children: the Reggio Emilia approach to early childhood education.* Norwood, NJ: Ablex.

Edwards, S., Cutter-Mackenzie, A., & Hunt, E. (2010). Framing play for learning: Professional reflections on the role of open-ended play in early childhood education. In L. Brooker & S. Edwards (Eds.), *Engaging play* (pp. 137-151). UK: Open University Press.

Elkind, D. (1981). *The hurried child: Growing up too fast too soon*. Reading, MA: Addison-Wesley.

Elkind, D. (1987). *Miseducation: Preschools at risk.* New York, NY: Alfred Knopf.

Elkind, D. (1990). Academic pressures-too much, too soon: The demise of lay. In. E. Klugman & S. Smilansky (Eds.), *Children's play and learning: Per-*

spectives and policy implication (pp. 3-17). New York, NY: Teachers College Press.

Else, P. (2009). *The value of play*. New York, NY: Continuum International Publishing Group.

Essa, E. (1992). *Introduction to early childhood education.* Albany, NY: Delmar.

Fein, G. G., & Schwartz, S. S. (1986). The social coordination of pretense in preschool children. In G. G. Fein & M. Rivkin (Eds.), *The young child at play: Review of research* (Vol. 4) (pp. 95-112). Washington, DC: National Association for the Education of Young Children.

Fleer, M. (2005). Developmental fossils-unearthing the artefacts of early childhood education: The reification of "child development". *Australian Journal of Early Childhood, 30*(2).

Fleer, M. (2010a). A cultural-historical perspective on play: Play as a leading activity across cultural communities. In I. Pramling-Samuelsson & M. Fleer (Eds.), *Play and learning in early childhood settings: International perspectives* (pp. 1-18). Australia: Springer.

Fleer, M. (2010b). Conceptual and contextual intersubjectivity for affording concept formation in children's play. In L. Brooker & S. Edwards (Eds.), *Engaging play* (pp. 68-79). UK: Open University Press.

Forman, G. E. (1996). The project approach in Reggio Emilia. In C. T. Fosnot (Ed.), *Constructivism: Theory, perspectives, and practice.* New York, NY: Teachers College Press.

Forman, G. E. (2005). The project approach in Reggio Emilia. In C. T. Fosnot (Ed.), *Constructivism: Theory, perspectives, and practice* (2nd ed.) (pp. 212-221). New York, NY: Teachers College Press.

Forman, G. E., & Fyfe, B. (1998). Negotiated learning through design, documentation and discourse. In C. Edwards, L. Gandini & G. Forman (Eds.), *The hundred language of children: The Reggio Emilia approach: Advanced reflections* (2nd ed.) (pp. 239-260). Norwood, NJ: Ablex.

Forman, G. E., & Hill, F. (1984). *Constructive play: Applying Piaget in the preschool*. Reading, MA: Addison-Wesley.

Forman, G. E., & Kaden, M. (1987). Research on science education for young children. In C. Seefeldt (Ed.), *The early childhood curriculum: A review of current research* (pp. 141-164). New York, NY: Teachers College Press.

Forman, G. E., & Kuschner, D. S. (1983). *The child's construction of knowledge: Piaget for teaching children*. Washington, DC: National Association for the Education of Young Children.

Forman, G. E., Langley, J., Oh, M., & Wrisley, L. (1998). The city in the snow: Applying the multisymbolic approach in Massachusetts. In. C. Edwards, L. Gandini & G. Forman (Eds.), *The hundred language of children: The Reggio Emilia approach: Advanced reflections* (2nd ed.) (pp. 359-374). Norwood, NJ: Ablex.

Fromberg, D. P. (1987). Play. In C. Seefeldt (Ed.), *The early childhood curriculum: A review of current research* (pp. 35-74). New York, NY: Teachers College Press.

Fromberg, D. P. (1999). A review of research on play. In C. Seefeldt (Ed.), *The early childhood curriculum: Current findings in theory and practice* (3rd ed.) (pp. 27- 53). New York, NY: Teachers College Press.

Frost, J. L. (1987). *Child development and playground*. ERIC Document Reproduction Service No. 281 632.

Frost, J. L. (1992a). *Play and playscapes*. Albany, NY: Delmar.

Frost, J. L. (1992b). Reflection on research and practice in outdoor play environments. *Dimensions of Early Childhood, Summer*, 6-10.

Frost, J. L., & Dempsey, J. D. (1990). *Playgrounds for infants, toddlers, and preschools*. ERIC Document Reproduction Service No. 332 806.

Frost, J. L., & Klein, B. L. (1979). *Children's play and playgrounds*. Boston, MA: Allyn & Bacon.

Gandini, L. (1993). Educational and caring spaces. In C. P. Edwards, L. Gandini & G. Forman (Eds.), *The hundred language of children: The Reggio Emilia approach to early childhood education*. Norwood, NJ: Ablex.

Gandini, L. (1998). Educational and caring spaces. In C. P. Edwards, L. Gandini & G. E. Forman (Eds.), *The hundred language of children: The Reggio Emilia approach: Advanced reflections* (2nd ed.) (pp. 161-178). Norwood, NJ: Ablex.

Ginsburg, H. P., & Opper, S. (1988). *Piaget's theory of intellectual development*. Englewood Cliffs, NJ: Prentice-Hall.

Giudici, C., Rinaldi, C., & Krechevsky, M. (Eds.) (2001). *Making learning visible: Children as individual and group learner*. 2001 Reggio Children, the President and Fellows of Harvard College, and the Municipality of Reggio Emilia.

Goffin, S. G. (1994). *Curriculum models and early childhood education: Appraising the relationship*. New York, NY: Macmillan.

Gordon, A., & Browne, K. W. (1993). *Beginnings and beyond*. Albany, NY: Delmar.

Gosso, Y. (2010). Play in different cultures. In P. K. Smith (Ed.), *Children and play* (pp. 80-98). West Sussex, UK: Wiley-Blackwell.

Gronlund, G. (2010). *Developmentally appropriate play*. St. Paul, MN: Redleaf Press.

Guddemi, M., & Eriksen, A. (1992). Designing outdoor learning environments for and with children. *Dimensions of Early Childhood, Summer*, 15-40.

Haste, H. (1987). Growing into rules. In J. S. Bruner & H. Haste (Eds.), *Making sense: The child's construction of the world* (pp. 163-195). New York, NY: Methuen.

Helm, J. H., & Katz, L. (2001). *Young investigators: The project approach in the early years*. New York, NY: Teachers College Press.

Honig, A. S. (2007). Ten power boosts for children's early learning. *Journal of the National Association for the Education of Young Children, 62*(5), 72-78.

Hoorn, J. V., Nourot, B. S., Scales, B., & Alward, K. (1993). *Play at the center of the curriculum*. New York, NY: Macmillan.

Hoorn, J. V., Nourot, B. S., Scales, B., & Alward, K. (2011). *Play at the center of the curriculum* (5th ed.). Upper Saddle River, NJ: Pearson.

Hughes, F. P. (1999). *Children, play, and development*. Boston, MA: Allyn & Bacon.

Isenberg, J. P., & Jalongo, M. R. (1997). *Creative expression and play in early childhood*. Upper Saddle River, NJ: Prentice-Hall.

Jenkinson, S. (2001). *The genius of play: Celebrating the spirit of childhood*. Gloucester, UK: Hawthorn Press.

Johnson, J. E., Christie, J. F., & Wardle, F. (2005). *Play, development, and early education*. Boston, MA: Pearson.

Johnson, J. E., Christie, J. F., & Yawkey, Y. D. (1987). *Play and early childhood development*. London, UK: Scott, Foresman and Company.

Kagan, S. L. (1990). Children's play: The journey from theory to practice. In E. Klugman & S. Smilansky (Eds.), *Children's play and learning: Perspec-*

tives and policy implication (pp. 173-187). New York, NY: Teachers College Press.

Kamii, C. (1982). *Number in preschool and kindergarten: Educational implications of Piaget's theory.* Washington, DC: National Association for the Education of Young Children.

Kamii, C. (1985). *Young children reinvent arithmetic: Implications of Piaget's theory.* New York, NY: Teachers College Press.

Kamii, C. (1989). *Young children continue to reinvent arithmetic (2nd grade): Implications of Piaget's theory*. New York, NY: Teachers College Press.

Kamii, C., & DeVries, R. (1980). *Group games in early education: Implications of Piaget's theory*. Washington, DC: NAEYC.

Kamii, C., & DeVries, R. (1993). *Physical knowledge in preschool education: Implications in Piaget's theory.* New York, NY: Teachers College Press.

Kamii, C., & Kato, Y. (2006). Play and mathematics at age one to ten. In D. P. Fromberg & D. Bergen (Eds.), *Play from birth to twelve* (2nd ed.) (pp. 187-198). New York, NY: Taylor & Francis Group.

Katz, L. G., & Chard, S. C. (1989). *Engaging children's mind: The project approach*. Norwood, NJ: Ablex.

Katz, L. G., & Chard, S. C. (2000). The project approach: An overview. In J. L. Roopnarine & J. E. Johnson (Eds.), *Approaches to early childhood education* (pp. 175-189). Upper Saddle River, NJ: Prentice-Hall.

Kitson, N. (1994). "Please Miss Alexander: Will you be the robber?" Fantasy play: A case for adult intervention. In J. R. Moyles (Ed.), *The excellence of play* (pp. 88-98). Philadelphia, PA: Open University Press.

Knight, C. (2001). Quality and the role of the pedagogista. In L. Abbott & C. Nutbrown (Eds.), *Experiencing Reggio Emilia*. Buckingham, UK: Open

University Press.

Krechevsky, M. (2001). Form, function, and understanding in learning groups: Propositions from the Reggio classrooms. In C. Giudici, C. Rinaldi & M. Krechevsky (Eds.), *Making learning visible: Children as individual and group learners*. 2001 Reggio Children, the President and Fellows of Harvard College, and the Municipality of Reggio Emilia.

Krechevsky, M., & Mardell, B. (2001). Four features of learning in groups. In C. Giudici, C. Rinaldi & M. Krechevsky (Eds.), *Making learning visible: Children as individual and group learners*. 2001 Reggio Children, the President and Fellows of Harvard College, and the Municipality of Reggio Emilia.

Kritchevsky, S., Prescott, E., & Walling, L. (1977). *Planning environment for young children: Physical space*. Washington, DC: National Association of Education of Young Children.

Malaguzzi, L. (1993). History, ideas and basic philosophy. In C. Edwards, L. Gandini & G. Forman (Eds.), *The hundred language of children: The Reggio Emilia approach to early childhood education.* Norwood, NJ: Ablex.

Michalovitz, R. (1990). Academic pressure and dramatic play in the Israeli early childhood educational system. In E. Klugman & S. Smilansky (Eds.), *Children's play and learning: Perspectives and policy implication* (pp. 86-94). New York, NY: Teachers College Press.

Moore, G. T., Lane, C. G., Hill, A. B., Cohen, U., & McGinty, T. (1996). *Recommendation for child care centers*. WI: Center for Architecture and Urban Planning Research, University of Wisconsin-Milwaukee.

Moss, P. (2001). The otherness of Reggio. In L. Abbott & C. Nutbrown (Eds.), *Experiencing Reggio Emilia*. Buckingham, UK: Open University Press.

Moyles, J. R. (1989). *Just playing? The role and status of play in early childhood education*. Philadelphia, PA: Open University Press.

Moyles, J. R. (1994). Introduction. In J. R. Moyles (Ed.), *The excellence of play* (pp. 1-12). Philadelphia, PA: Open University Press.

New, R. (2011a). "*Progettazione*": *Reggio Emilia's curriculum for children and adults*. 發表於方案教學之理論驗證與文化組織脈絡：「國際與本土經驗的對話」國際學術研討會。新竹市：國立新竹教育大學。

New, R. (2011b). *Early childhood education as socio-cultural mirror: The case of Reggio Emilia*. 發表於方案教學之理論驗證與文化組織脈絡：「國際與本土經驗的對話」國際學術研討會。新竹市：國立新竹教育大學。

Nolan, A., & Kilderry, A. (2010). Postdevelopmentalism and professional learning: Implications for understanding the relationship between play and pedgogy. In L. Brooker & S. Edwards (Eds.), *Engaging play* (pp. 108-121). Buckingham, UK: Open University Press.

Nourot, P. M. (2006). Sociodramatic play pretending together. In D. P. Fromberg & D. Bergen (Eds.), *Play from birth to twelve* (2nd ed.) (pp. 87-101). New York, NY: Taylor & Francis.

Nutbrown, C., & Abbott, L. (2001). Experiencing Reggio Emilia. In L. Abbott & C. Nutbrown (Eds.), *Experiencing Reggio Emilia* (pp. 1-7). Buckingham, UK: Open University Press.

Palincsar, A. S., Brown, A. L., & Campione, J. C. (1993). First-grade dialogues for knowledge acquisition and use. In E. A. Forman, N. Minick, & C. A. Stone (Eds.), *Contexts for learning*. New York, NY: Oxford University Press.

Pellegrini, A. D. (1980). The relationship between kindergarteners' play and achievement in prereading, language, and writing. *Psychology in the Schools, 17*, 530-535.

Perry, J. P. (2001). *Outdoor play: Teaching strategies with young children.* New York, NY: Teachers College Press.

Phyfe-Perkins, E., & Shoemaker, J. (1986). Indoor play environment: Research and design implications. In G. Fein (Ed.), *The young child at play: Review of research* (Vol. 4) (pp. 177-193). Washington, DC: National Association of Education of Young Children.

Piaget, J. (1962). *Play, dreams and imitation in childhood.* New York, NY: W. W. Norton.

Piaget, J. (1970). *Genetic epistemology* (E. Duckworth, Trans.). New York, NY: Columbia University Press.

Piaget, J. (1973). *To understand is to invent: The future of education* (G. and A. Roberts, Trans.). New York, NY: Grossman.

Piaget, J. (1976). Piaget's theory. In B. Inhelder & H. Chipman (Eds.), *Piaget and his school: A reader in developmental psychology*. New York, NY: Springer-Verlag.

Prescott, E. (1987). Environment as organizes in child care settings. In C. S. Weinstein & T. G. David (Eds.), *Spaces for children: The built environment and child development*. New York, NY: Plenam.

Rinaldi, C. (1993). The emergent curriculum and social constructivism. In C. Edwards, L. Gandini, & G. Forman (Eds.), *The hundred language of children: The Reggio Emilia approach to early childhood education*. Norwood, NJ: Ablex.

Rinaldi, C. (1998). Projected curriculum constructed through documentation-progettazione: An interview with Lella Gandini. In C. Edwards, L. Gandini

& G. Forman (Eds.), *The hundred language of children: The Reggio Emilia approach: Advanced reflections* (2nd ed.) (pp. 113-126). Norwood, NJ: Ablex.

Rinaldi, C. (2001). Documentation and assessment: What is the relation-ship? In C. Giudici, C. Rinaldi, & M. Krechevsky (Eds.), *Making learning visible: Children as individual and group learners* (pp. 78-89). 2001 Reggio Children, the President and Fellows of Harvard College, and the Municipality of Reggio Emilia.

Rinaldi, C. (2003). The joys of preschool learning. In M. Tokoro & L. Steels (Eds.), *The future of learning: Issues and prospects* (pp. 57-69). Burke, VA: IDS Press.

Rivkin, M. (1995). *The great outdoors: Restoring children's right to play outside.* Washington, DC: National Association for the Education of Young Children.

Robson, S. (2003a). Home and school: A potentially powerful partnership. In S. Robson & S. Smedley (Eds.), *Education in early childhood: First things first* (pp. 56-74). London, UK: David Fulton.

Robson, S. (2003b). The physical environment. In S. Robson & S. Smedley (Eds.), *Education in early childhood: First things firs*t (pp. 153-171). London, UK: David Fulton.

Rodd, J. (1998). *Leadership in early childhood.* New York, NY: Teachers College Press.

Rogers, S. (2010). Powerful pedagogies and playful resistance: Role play in the early childhood classroom. In L. Brooker & S. Edwards (Eds.), *Engaging play* (pp. 153-165). Buckingham, UK: Open University Press.

Rogers, S., & Evans, J. (2008). *Inside role-play in early childhood education:*

Research young children's perspectives. New York, NY: Routledge.

Rubin, K. H., Fein, G. G., & Vandenberg, B. (1983). Play. In P. H. Mussen (Ed.), *Handbook of child psychology* (pp. 690-705). New York, NY: John Wiley & Sons.

Rubin, K. H., Watson, K., & Jambor, T. (1978). Free-play behaviors in preschool and kindergarten children. *Child Development, 49*, 534-536.

Rubizzi, L. (2001). Documenting the documenter. In C. Giudici, C. Rinaldi, & M. Krechevsky (Eds.), *Making learning visible: Children as individual and group learners* (pp. 94-115). 2001 Reggio Children, the President and Fellows of Harvard College, and the Municipality of Reggio Emilia.

Saracho, O. N. (2002). Developmental play theories and children's social pretend play. In O. N. Saracho & B. Spodek (Eds.), *Contemporary perspectives on early childhood curriculum* (pp. 41-62). Greenwich, CT: Information Age Publishing.

Saracho, O. N. (2012). *An integrated play-based curriculum for young children.* New York, NY: Routledge.

Singer, D. G., & Singer, J. L. (2005). *Imagination and play in the electronic age.* Cambridge, MA: Harvard University Press.

Singer, D. G., & Singer, J. L. (2006). Fantasy and imagination. In D. P. Fromberg & D. Bergen (Eds.), *Play from birth to twelve* (2nd ed.) (pp. 371-378). New York, NY: Taylor & Francis.

Sluss, D. J. (2005). *Supporting play: Birth through age eight*. Clifton Park, NY: Thomson Delmar Learning.

Smidt, S. (2011). *Playing to learn: The role of play in the early years.* New York, NY: Routledge.

Smilansky, S. (1990). Sociodramatic play: Its relevance to behavior and achievement in school. In E. Klugman & S. Smilansky (Eds.), *Children's play and learning: Perspectives and policy implication* (pp. 18-42). New York, NY: Teachers College Press.

Smilansky, S., & Shefatya, L. (1990). *Facilitating play: A medium for promoting cognitive, socio-emotional, and academic development in young children.* Gaithersburg, MD: Psychological and Educational Publications.

Smith, P. K. (1994). Play and uses of play. In J. R. Moyles (Ed.), *The excellence of play* (pp. 15-26). Philadelphia, PA: Open University Press.

Smith, P. K. (2010). *Children and play*. West Sussex, UK: Wiley-Blackwell.

Sutton-Smith, B. (1986). The spirit of play. In G. Fein (Ed.), *The young child at play: Review of Research* (Vol.4) (pp. 3-15). Washington, DC: National Association of Education of Young Children.

Sutton-Smith, B. (1997). *The ambiguity of play*. Cambridge, MA: Harvard University Press.

Tharp, R. G., & Gallimore, R. (1995). *Rousing minds to life: Teaching, learning, and schooling in social context*. New York, NY: Cambridge University Press.

Tovey, H. (2007). *Playing outdoors: Spaces and places, risk and challenge*. Berkshire, UK: Open University Press.

Vecchi, V. (1993). The role of the Atelierista. In C. Edwards, L. Gandini & G. Forman (Eds.), *The hundred language of children: The Reggio Emilia approach to early childhood education.* Norwood, NJ: Ablex.

Vergeront, J. (1988). *Places and spaces for preschool and primary (outdoors)*. Washington, DC: National Association for the Education of Young Children.

Vygotsky, L. S. (1976). Play and its role in the mental development of the child.

In J. S. Bruner, A. Jolly, & K. Sylva (Eds.), *Play: Its role in development and evolution* (pp. 537-554). New York, NY: Basic Books.

Vygotsky, L. S. (1978). *Mind in society: The development of higher psychological process.* Cambridge, MA: Harvard University Press.

Vygotsky, L. S. (1991). *Thought and language* (5th ed.). MA: Massachusetts Institute of Technology.

Wilson, R. (2008). *Nature and young children: Encouraging creative play and learning in natural environments*. New York, NY: Routledge.

Wood, D., Bruner, J., & Ross, G. (1976). The role of tutoring in problem solving. *Journal of Child Psychology and Psychiatry, 17*, 89-100.

Wood, E. (2010a). Reconceptualizing the play-pedagogy relationship: From control to complexity. In L. Brooker & S. Edwards (Eds.), *Engaging play* (pp. 11-24). Buckingham, UK: Open University Press.

Wood, E. (2010b). Developing pedagogical approaches to play and learning. In P. Broadhead, J. Howard & E. Wood (Eds.), *Play and learning in the early years* (pp. 9-26). London, UK: Sage.

Wood, E., & Attfield, J. (2006). *Play, learning and the early childhood curriculum* (2nd ed.). London, UK: Paul Chapman Publishing.

Xing, P., Lee, A. M., & Solomon, M. A. (1997). Achievement goal and their correlates among American and Chinese students in physical education. *Journal of Cross-Culture Psychology, 28*(6), 640-660.

Notes

Notes

Notes

國家圖書館出版品預行編目（CIP）資料

遊戲 VS.課程：幼兒遊戲定位與實施／
周淑惠著.--初版.--臺北市：心理，2013.03
面；　公分.--（幼兒教育系列；51161）
ISBN 978-986-191-533-3（平裝）

1.幼兒遊戲 2.學前教育 3.兒童發展

523.13　　　　102001445

幼兒教育系列 51161

遊戲VS.課程：幼兒遊戲定位與實施

作　　者：周淑惠
執行編輯：高碧嶸
總 編 輯：林敬堯
發 行 人：洪有義
出 版 者：心理出版社股份有限公司
地　　址：231 新北市新店區光明街 288 號 7 樓
電　　話：(02) 29150566
傳　　真：(02) 29152928
郵撥帳號：19293172　心理出版社股份有限公司
網　　址：http://www.psy.com.tw
電子信箱：psychoco@ms15.hinet.net
駐美代表：Lisa Wu（lisawu99@optonline.net）
排 版 者：辰皓國際出版製作有限公司
印 刷 者：辰皓國際出版製作有限公司
初版一刷：2013 年 3 月
初版三刷：2019 年 5 月
I S B N：978-986-191-533-3
定　　價：新台幣 350 元